필리핀 다이빙 여행 가이드

이 책에 대하여

이 책은 스쿠바다이빙 교습서가 아니라 여행 가이드 북이며, 저자가 세계의 여러 지역을 여행하며 다이빙을 즐긴 경험과 정보를 독자들과 공유하고자 쓴 것이다. 목표 독자층은 우리나라 다이버들의 대부분을 차지하고 있는 오픈 워터 다이버와 어드밴스 드 다이버들이지만, 투어를 많이 다녀야 하는 텍다이버나 수중 사진 작가, 그리고 스노클러를 포함하여 스쿠바 다이빙에 관심이 있는 예비 다이버 여행자들까지도 염두에 두고 내용을 작성하였다.

스쿠바 다이빙의 기술적인 측면에서는 아마추어보다는 프로들의 조언이 훨씬 더 가치가 있을 것이다. 스쿠바 다이빙을 직업으로 하는 프로에는 다이브센터를 운영하여 오퍼레이터Operator, 특정 지역의 바닷속에서 고객 다이버들을 안내하는 가이드Guide, 다이버가 되고자 하는 사람들을 가르치는 강사Instructor 등이 있지만, 이들 프로들은 다이빙을 생업으로 삼기 위해서 대개 일정한 지역에 정착하여 활동하게 되므로 상대적으로 다른 지역을 여행할 기회는 오히려 적은 것이 보통이다. 시중에 다양한 여행 가이드북이 출판되어 있지만, 제대로 된 다이빙 여행 가이드를 찾아보기 어려운 것은 이러한 점에 기인하는 것이 아닌가 한다.

이 책은 크게 1부와 2부로 나뉘어 있다. 1부에서는 필리핀을 여행하기 위해서 필요한 공통적인 내용들이 소개되어 있으며, 일반적인 여행 정보와 다이빙 여행에 특화된 정보로 구분되어 있다.

제 1부의 첫째 장에서는 우리가 방문하게 될 나라인 필리핀에 대해서 여행자로서 알아야 할 기본적인 정보들을 다루고 있다. 필리핀의 개요, 간략한 역사, 날씨, 음식과 문화, 환전과 같은 돈 문제, 치안과 안전 문제, 그리고 필리핀에서의 각종 교통수단과 통신 수단 등이 정리되어 있다.

제 1부의 둘째 장에는 다이버가 필리핀을 여행할 때 필요한 필수적이고 공통적인 다이빙 여행 정보가 수록되어 있다. 필리핀 다이빙의 개요와 특징, 여행 준비와 짐 싸기, 필리핀 입·출국 절차, 필리핀에서의 다이빙 절차와 방법 등 실질적인 내용들이다. 이 부분은 육지에 있는 다이브 리조트를 이용하는 경우와 다이빙 보트를 타고 바다에서 생활하는 리브어보드Live-Aboard로 구분하여 정리되어 있다.

제 2부에서는 필리핀 각 지역의 주요 다이브 사이트Dive Sites들을 다룬다. 크게 루손 및 민도로 지역, 비사야 지역, 팔라완 및 술루해 지역 그리고 민다나오 지역 등 네 개의 지역으로 나누어 각 지역을 각각 하나의 장으로 편성하였다. 또 각 지역별로 다이버들이 많이 찾는 총 16개의 세부 지역을 선정하여 그 지역의 개요, 다이빙의 특징, 지역 내에 있는 주요 다이브 리조트, 찾아가는 방법, 그리고 그 지역에 있는 중요한 다이브 포인트들에 대한 구체적인 설명을 담았다.

지역별로 추천한 다이브 센터나 다이브 리조트들은 필자의 경험과 조사를 토대로 선정된 것이다. 각 업소의 정보에는 웹사이트, 숙박비 및 다이빙 비용 등이 포함되어 있는데, 이는 이 책을 집필하고 있는 2014년 4월 현재를 기준으로 조사된 것이므로 독자들이 읽는 시점에서의 가격은 다소 달라질 수 있을 것이다. 모든 가격은 쉽게 비교가 가능하도록 미화美貨로 환산하여 표기하였다. 리조트들은 숙박비와 하루 3회의 다이빙 비용을 종합하여 Budget(1일 150불 이하), Medium(1일 200불 이하), Luxury(1일 200불 이상)의 3등급으로 구분하였다. 다이브 리조트 중에서 아고다(agoda.com)를 통해 예약이 가능한 곳은 〔agoda〕 기호로 표시해 두었다.

다이빙 투어와 직접적인 관계는 없지만, 책의 본문 내용과 관련하여 독자들이 궁금해하거나 알아두면 좋을 만한 내용은 해당 부분에 별도의 참고 자료(TIP) 형태로 정리해 두었다. 책의 말미에는 다이빙 여행과 관련한 참고 자료들이 부록 형식으로 정리되어 있다.

이 책에 이어서 《동남아시아 편 다이빙 여행 가이드》와 《다이빙 세계 일주 편》 또한 준비되는 대로 출판할 예정이다.

Prologue

한국에서 비행기로 불과 네 시간 정도면 도착할 수 있는 서태평양 상의 섬나라인 필리핀은 한국인 다이버들에게는 낙원이나 다름없는 소중한 곳이다. 필리핀은 7,000여 개의 섬으로 이루어진 나라답게 헤아릴 수 없을 정도로 많은 해변과 다이브 사이트가 있다. 세계적으로 손꼽히는 천혜의 산호초 지역인데다 아름다운 수중 경관과 다양한 해양 생태계, 그리고 연중 따뜻한 수온 등 다이빙 장소로서 이상적인 조건을 고루 갖추고 있는 곳이기도 하다. 필리핀 정부도 이런 점을 인식하여 일찍부터 다이빙을 관광 산업으로 개발하여 왔으며, 덕분에 필리핀을 찾는 다이버들은 쾌적한 조건에서 저렴한 비용으로 편안한 다이빙을 즐길 수 있게 되었다.

필리핀 전역에는 나름대로의 개성과 특징을 지닌 많은 다이브 사이트가 있고 지금도 새로운 장소들이 계속 개발되고 있어서 세계 전역에서 수많은 다이버들이 꾸준히 몰려들고 있다. 어떤 다이버들은 자신이 좋아하는 장소를 매년 반복해서 찾는 반면, 어떤 다이버들은 매번 새로운 곳을 찾아다니기도 한다. 필자도 스쿠바 다이빙이라는 경이로운 취미에 입문한 이후 지금까지 헤아릴 수 없을 정도로 자주 필리핀을 찾았고, 또 많은 시간을 필리핀의 바다에서 보내왔지만, 아직도 가 보지 못한 곳들이 많이 남아 있다.

다이버들은 숙명적으로 여행자들이다. 물론 일반 관광객들에게도 잘 알려진 유명한 장소에서 다이빙을 하는 경우도 있겠지만, 대부분의 다이브 사이트는 대도시에서 멀리 떨어진 바닷가의 외딴 작은 섬이나 어촌 마을에 자리 잡고 있다. 일반 관광을 목적으로 하는 여행이라도 우리는 떠나기에 앞서 많은 준비와 연구를 한다. 다이빙 투어라면 준비하고 고려해야 할 것들이 더 많다. 목적지를 결정하고, 찾아가는 방법을 확인하고, 묵을 곳을 정한 후 다이빙 할 장소들을 미리 파악하고, 준비물을 챙기는 등 여행을 계획하고 준비하는 것 자체가 다이빙 투어의 중요한 일부이다. 이런 여행의 준비 과정에서 목적지에 대한 정보가 얼마나 중요한지는 굳이 말할 필요가 없을 것이다.

필자는 순수하게 취미로 다이빙을 즐기는 아마추어 다이버이며, 다이빙을 직업으로 하는 프로는 아니다. 그러나 필자는 그동안 아시아, 태평양 지역의 다양한 곳은 물론 중동, 아프리카 지역, 그리고 멕시코와 캐리비언 제도, 갈라파고스 제도를 포함한 아메리카 지역에 이르기까지 지구 상의 수많은 곳으로 다이빙 여행을 다녀왔다. 필자가 가진 풍부한 여행 경험과 필리핀 바다에서의 다양한 체험이 이곳을 찾고자 하는 다른 동료 다이버들에게 어느 정도 실질적인 도움을 줄 수 있을 것이라는 생각에서 자료들을 정리하게 되었다. 굳이 다이버가 아니더라도 필리핀 바다를 찾으려는 분들에게 이 책이 도움이 될 수 있을 것으로 믿는다. 모쪼록 많은 분들이 아름다운 필리핀 바다를 즐기는 데 이 책이 조금이라도 보탬이 될 수 있었으면 하는 바람이다.

2014년 6월
저자 박승안

이 책에 대하여 03
Prologue 05

PART 1
필리핀 여행
일반 가이드

chapter 1
필리핀 일반 정보

1-1 필리핀 개요 15
국토와 지형
국기와 국화
행정 구역
역사
인구와 인종
종교
언어
TIP 간단한 타갈로그어 표현

1-2 필리핀의 기후 30
기후, 계절 및 기온
태풍

1-3 필리핀의 음식과 문화 33
음식

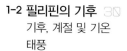

엔터테인먼트와 나이트 라이프
스포츠와 레저
골프
카지노
TIP 레이디 드링크Lady's Drink와
바 파인Bar Fine

1-4 통화通貨 및 환전 44
통화
환전
외환과 송금
신용 카드 및 ATM
팁Tipping

1-5 치안 및 안전 50
치안
개인 위생 및 건강
재압 챔버Recompression Chamber
여행자 안전 수칙
TIP 다이버 보험Diver's Insurance

1-6 교통 60
항공
선박
버스
택시
렌터카 및 대절 차량
지프니Jeepney
트라이시클Tricycle
TIP 필리핀의 수상비행기Seaplane

1-7 우편, 통신 및 전기 74
우편
통신
전기

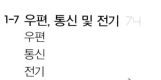

chapter **2**
필리핀 다이빙 투어

2-1 필리핀 다이빙 개요 82
다이브 센터/다이브 리조트
다이빙 보트
다이빙 서비스
다이빙 비용
TIP 보트 용어Boating Terms
TIP 다이버가 되는 방법

2-2 여행 준비 및 짐 싸기 92
짐 싸는 요령
다이빙 투어 패킹 수순

2-3 필리핀 입출국 104
항공편
환승Transfer
화물Baggage
필리핀 입국 심사 및 비자
필리핀 세관
필리핀 출국
TIP 필리핀 노선 항공 수하물

2-4 일반적인 다이빙 절차(다이브 리조트) 118
리조트 예약
리조트 도착과 등록
다이빙 횟수와 방식
브리핑
보트 승선 및 장비 점검
입수入水 및 다이빙 진행
안전 정지와 출수出水
샤워 및 휴식
정산 및 출발
TIP SMBSurface Marker Buoy

2-5 필리핀 리브어보드 Live-Aboard 128
리브어보드 개요
리브어보드 항로
리브어보드 예약
리브어보드에서의 고려 사항
리브어보드에서의 생활
리브어보드 다이빙
필리핀 주요 리브어보드 소개
TIP Ship Prefix

PART **2**
필리핀 주요
다이브 사이트 가이드

chapter **3**
루손 및 민도르 지역

3-1 아닐라오 148
아닐라오 지역 개요
아닐라오 지역 다이브 리조트
아닐라오 지역 참고 사항
찾아가는 법
아닐라오 지역 다이브 포인트
TIP 베스트 마크로 다이빙 사이트

3-2 수비크 만 Subic Bay 164
수비크 만 지역 개요
수비크 만 지역 다이브 리조트
수비크 만 지역 참고 사항
찾아가는 법
수비크 만 지역 다이브 포인트
TIP 베스트 렉 다이빙 사이트

3-3 푸에르토갈레라/사방 비치 177
푸에르토갈레라 지역 개요
사방 비치 다이브 리조트
푸에르토갈레라 지역 참고 사항
찾아가는 법
푸에르토갈레라 지역
다이브 포인트
TIP 존 베넷John Bennett과 사방 비치

3-4 돈솔 Donsol 195
돈솔 지역 개요
돈솔 지역 다이브 리조트
돈솔 지역 참고 사항
찾아가는 법
돈솔 지역 다이브 포인트
TIP 고래상어Whale Shark
TIP 고래상어 투어 주의사항
TIP 조류걸이Reef Hook

chapter **4**
비사야Visaya **지역**

4-1 세부시와 막탄 Cebu City & Mactan 218
막탄 지역 개요
막탄 지역 다이브 리조트
찾아가는 법
막탄 지역 다이브 포인트
TIP 베스트 초보자용 다이빙 사이트

4-2 모알보알 Moalboal 226
모알보알 지역 개요
모알보알 지역 다이브 리조트
모알보알 지역 참고 사항
찾아가는 법

모알보알 지역 다이브 포인트
TIP 베스트 대형 어류 다이브 사이트

4-3 보홀 Bohol 240
보홀 지역 개요
보홀 지역 다이브 리조트
보홀 지역 참고 사항
찾아가는 법
보홀 지역 다이브 포인트
TIP 보홀 안경원숭이Tarsier

4-4 두마게테 Dumaguete 250
두마게테 지역 개요
두마게테 지역 다이브 리조트
두마게테 지역 참고 사항
찾아가는 법
두마게테 지역 다이브 포인트
TIP 해저 지형Underwater Topography

4-5 말라파스쿠아 Malapascua 264
말라파스쿠아 지역 개요
말라파스쿠아 지역 다이브 리조트
찾아가는 법
말라파스쿠아 지역 다이브 포인트
TIP 환도상어Thresher Shark
TIP 말라파스쿠아 만타레이Manta Ray

4-6 보라카이 Boracay 279
보라카이 지역 개요
보라카이 다이브 리조트
보라카이 지역 참고 사항
찾아가는 법
보라카이 지역 다이브 포인트
TIP 베스트 비치 다이빙 사이트

chapter **5**
팔라완Palawan 및
술루해Sulu Sea 지역

5-1 코론 Coron 291
코론 지역 개요
코론 지역 다이브 리조트
코론 지역 참고 사항
찾아가는 법
코론 지역 다이브 포인트
TIP 렉 다이버Wreck Diver

5-2 엘니도 El Nido 314
엘니도 지역 개요
엘니도 지역 다이브 리조트
찾아가는 법
엘니도 지역 다이브 포인트
TIP 베스트 월 다이빙 사이트

5-3 아포 리프 Apo Reef 326
아포 리프 지역 개요
아포 리프 다이빙 옵션
아포 리프 지역 다이브 포인트
TIP 베스트 어드밴스드 다이빙 사이트

5-4 투바타하 346
국립공원Tubbataha Reef National Park
투바타하 지역 개요
투바타하 다이빙 시즌과 리브어보드
찾아가는 법
투바타하 지역 다이브 포인트
TIP 투바타하 리브어보드 트랜지션
트립Transition Trip

chapter **6**
민다나오Mindanao 지역

6-1 카미긴 Camiguin 359
카미긴 지역 개요
카미긴 지역 다이브 리조트
찾아가는 법
카미긴 지역 다이브 포인트

6-2 다바오 Davao 364
다바오 지역 개요
다바오 지역 다이브 리조트
찾아가는 법
다바오 지역 다이브 포인트
TIP 다바오의 프라이비트
다이빙Private Diving

부록 374
필리핀 주요 다이브 포인트 요약
다이빙 트립 체크 리스트
필리핀 주요 골프장 목록
세계 베스트 다이브 사이트

찾아보기 383
사진, 그림, 지도, 표 목록

비사야 모알보알의 페스카도르 섬

루손 북부 바기오의 산악 지대 마을

민다나오 다바오의 한 리조트 해변

루손 남부 비콜의 마욘 화산

PART 1

Philippines

여행 일반 **가이드**

chapter 1
필리핀 일반 정보

필리핀은 태평양의 서쪽 끝에 있는 동남아시아에 속한 섬나라이다. 동쪽으로는 태평양Pacific Ocean의 망망대해와 접해 있고 서쪽으로는 남중국해South China Sea를 사이에 두고 인도차이나 반도의 베트남과 면해 있다. 북쪽으로는 똑 바로 올라가면 대만이 있으며, 남쪽으로는 술루해Sulu Sea 및 술라웨시해Sulawesi Sea를 끼고 말레이시아와 인도네시아를 바라보는 위치에 있다.

한국에서 비행기로 채 네 시간이 걸리지 않는 가까운 곳에 있는 필리핀, 그 필리핀의 아름다운 바다를 찾아 여행을 떠나 보자.

시 광족
\치구

대만

홍콩

에노

루손 섬

마닐라

남중국해

필리핀

사마르 섬

팔라완 섬   네그로스 섬

술루 해   민다나오 섬

디바오

말레이시아

술라웨시 해

인도네시아

▲ (지도1–1) 필리핀 위치

1-1
필리핀 개요

국토와 지형

필리핀에는 다양한 지형들이 존재한다. 남쪽 지역에는 평야 지대도 많지만, 북쪽 지역은 필리핀이 섬나라라는 것을 믿기 어려울 정도의 험한 산악 지대이로 형성되어 있다. 중부의 평야 지대는 물론 북쪽 산악 지대에도 계단식의 라이스 테라스Rice Terrace 형태로 논들이 개간되어 있어서 1년 3모작을 통해 풍부한 쌀을 생산한다. 열대 우림Rainforest과 화산들, 그리고 그림처럼 아름다운 바다와 섬들이 공존하고 있는 나라가 필리핀이다.

▲ (지도 1-2) 필리핀의 3개 지역
가장 북쪽 지역이 루손, 중부 지역이 비사야.
그리고 남부 지역이 민다나오이다.
팔라완은 대개 비사야 지역으로 분류한다.

필리핀은 크게 세 개의 큰 지역으로 구분된다. 북쪽의 본 섬이라고 할 수 있는 '루손Luzon' 지역에는 수도인 마닐라Manila와 민도로 섬 지역을 포함한다. 필리핀 제2의 도시인 세부Cebu를 비롯한 많은 섬들로 이루어진 중부 지방이 '비사야Visayas' 지역이다. 다이버들에게 많이 알려져 있는 모알보알, 두마게테, 보홀, 말라파스쿠아 같은 곳은 물론이고, 서쪽의 술루해 건너에 자리 잡고 있는 팔라완 또한 크게 보면 비사야 지역으로 분류된다. 필리핀의 남쪽에는 커다란 섬으로 이루어진 '민다나오' 지역이 있다. 다바오를 거점 도시로 삼고 있는 민다나오는 필리핀에서 회교도들이 많이 살고 있는 지역이며, 종교적·정치적 이유로 인해 필리핀 정부에게는 다소 골치 아픈 지역이기도 하다.

필리핀은 많은 섬으로 이루어진 전형적인 섬나라이다. 필리핀 정부의 공식 통계에 따르면 모두 7,107개의 섬이 필리핀에 존재한다. 그러나 이 중에서 1㎢를 넘는 섬들은 1,000여 개 정도이며, 2,500여 개의 섬은 지도 상에 이름도 없는 것들이다. 섬 자체로서 가장 큰 섬은 북쪽의 루손 섬과 남쪽의 민다나오 섬인데, 이 두 개의 섬이 전체 국토의 66%를 차지하고 있다. 필리핀은 국토 전역에 37개의 화산들이 있으며 그 중 18개가 아직도 활동을 하고 있는 활화산들이다. 필리핀 국토의 많은 부분이 오랜 세월에 걸친 화산 활동으로에 의해 형성되었으며, 토양 또한 화산재가 쌓여 형성된 경우가 대부분이다. 루손 섬 북쪽 지역은 대부분 열대 우림으로 이루어진 밀림 지대인데, 아직도 개발이 되지 않은 곳들이 많다.

국기와 국화

필리핀 국기는 'Three Stars and Sun'이라는 애칭으로도 불린다. 깃발의 오른 쪽은 파란 색과 빨간 색의 밴드로 나뉘어 있으며 좌측에는 흰 색의 이등변 삼각형이 자리 잡고 있는 모습이다. 삼각형 안에는 여덟 8개의 햇살 무늬를 가진 황금색의 태양 문양이 있는데, 이 8개의 햇살은 1896년 스페인을 상대로 한 독립 혁명 당시의 초기 여덟 개의 필리핀 '주州, Province'를 의미한다. 이 국기 자체도 혁명을 이끌던 아기날도Aguinaldo 장군에 의해 만들어진 것이다. 삼각형 세 개의 꼭지점 부근에는 세 개의 황금색 별이 그려져 있는데 이것은 루손, 비사야, 민다나오의 필리핀 3대 지역을 의미한다. 평상시에는 파란 색이 위로 향하도록 게양하는데, 빨간 색이 위로 향하도록 게양하게 되면 국가가 전쟁 중임을 의미하는 것이라고 한다.

필리핀의 국화國花는 '삼파기타Sampaguita'라는 꽃이다. 우리나라에서는 말리꽃이라고 알려진 삼파기타는 우리나라의 국화인 무궁화와 비슷하게 생긴 작은 나무에서 흰색의 조그마한 꽃을 피운다. 주로 해 질 무렵에 꽃을 피우며, 독특한 향기를 내뿜는다. 필리핀 국민들에게 사랑 받는 이 꽃은 순수, 인내, 단순함, 겸손함, 강인함 등을 상징한다고 한다.

(그림 1-1) ▶
필리핀의 국기 'Three Stars and Sun'.
세 개의 별은 필리핀의 3대 지방을,
여덟 개 햇살 무늬는 필리핀 독립 당시
여덟 개 주를 상징하다.

행정 구역

　　앞서 언급한 바와 같이 필리핀은 크게 루손, 비사야, 민다나오의 세 지역으로 구분되지만, 행정적인 기준으로는 Province, City, Municipal, Barangay 순으로 구분된다. 'Province'는 우리 나라의 도道 정도에 해당하는 큰 지역 구분이고, 'City'는 시市, 'Municipal'은 군郡, 'Barangay'는 읍, 면, 동 정도에 해당하는 가장 작은 지방 자치 지역이다.

지방 자치 제도가 일찍부터 발달한 필리핀에서는 대통령, 부통령, 상·하원 의원들은 물론 우리나라로 치면 동장에 해당하는 바랑가이 캡틴Barangay Captain과 동네 의회 의원들까지도 선거로 선출한다. 선출직 공직자들의 임기는 대개 6년이지만, 선거는 2년마다 한 번씩 실시되어 전체 대상자의 3분의 1씩을 교체한다. 필리핀의 선거일은 5월의 둘째 월요일인데 이 시기에는 필리핀 전역이 시끄러워진다. 선거철에 워낙 사건 사고가 많이 발생하다 보니 선거가 있는 날 직전의 며칠 동안은 필리핀 전역에서 술을 팔지 못하는 '리커 밴Liquor Ban'이 시행된다. 물론 외국인들이 주로 이용하는 호텔의 바 등은 예외이기는 하다.

역사

　　필리핀의 현대사와 정치적 역정을 들여다보면 필리핀이 우리나라와 상당히 비슷한 고난의 과정을 거쳐 왔다는 점을 이해하게 된다. 얼핏 복잡해 보이는 필리핀의 문화를 이해하기 위해서는 이런 필리핀의 역사를 어느 정도 먼저 이해할 필요가 있다고 생각한다.

필리핀의 기원은 약 30만 년 전으로 추정되고 있는데, 당시 육지로 연결된 아시아 대륙으로부터 유입된 인류가 현재 필리핀 사람들의 뿌리로 여겨지고 있다. 약 25,000년 전에 아에타Aeta족이 필리핀 땅에 자리를 잡은 이후 여러 차례에 걸쳐 인도네시아와 말레이시아 쪽에서 살던 종족들이 바다를 통해 필리핀 땅에 유입되었다. 서기 1380년대에 아랍권의 인물인 막둠Makdum이 술루해Sulu Sea 제도 쪽에 상륙한 이래 이 일대에서 수백 년에 걸친 이슬람 영향권이 구축되었다. 이 대목은 술루해를 사이에 두고 필리핀과 마주하고 있는 말레이시아의 보루네오(사바) 지역과 지금까지도 복잡한 분쟁 관계를 이어 온 원인이 되고 있다.

1521년에 스페인의 탐험가 페르디난드 마젤란Ferdinand Magellan이 필리핀의 세부 지역에 상륙하여 이 일대가 필리핀 식민지임을 선포하게 된다. 마젤란은 이후 세부 막탄 지역의 추장이었던 라푸라푸Lapu-Lapu에게 살해당하는데, 이 대목은 비사야 지역 사람들에게는 영웅담이지만, 스페인은 물론 필리핀의 역사가들 사이에서도 아직 공인되지는 않고 있다고 한다. 스페인의 필리핀 통치는 1565년부터 본격화되었는데, 1571년에는 이슬람권이 지배하고 있던 술루해 일부 영역을 제외한 필리핀의 거의 모든 영토가 스페인의 식민지가 된다.

스페인 식민 통치하에 있던 필리핀이 독립을 추구하기 시작한 것은 19세기 들어서부터인데, 1898년 발발한 스페인과 미국 간의 전쟁에서 필리핀은 스페인으로부터의 독립이라는 희망을 품고 미국 쪽에 가담

한다. 스페인이 패전하자 필리핀의 에밀리오 아기날도Emilio Arguinaldo 장
군은 즉각 필리핀의 독립을 선언하지만, 정작 미국은 다른 속셈을 가
지고 있어서 패전국인 스페인으로부터 2천만 불을 주고 필리핀을 사
들인다. 그러나 미국은 얼마 지나지 않아 독립을 열망하는 필리핀 국
민들의 염원을 더 이상 무시할 수 없게 되어 드디어 1935년 필리핀 과
도 임시 정부Philippines Commonwealth가 세워지고, 완전한 독립 정부로의
과도기를 이끌 초대 대통령으로 마누엘 케손Manuel L. Quezon이 선출된다.
그러나 얼마 되지 않아 2차 세계 대전이 발발했고, 제국주의 일본이
1942년에 필리핀을 침공함으로써 필리핀의 염원이었던 독립은 또다시
수포로 돌아갈 위기에 처했다. 일본의 잔인하고도 강압적인 통치는
미국이 필리핀을 다시 수복하기까지 2년 동안 계속된다. 2차 대전이
끝난 후 필리핀은 결국 우리나라보다 1년 늦은 1946년에 완전한 독립
을 쟁취한다. 독립한 후 얼마 되지 않아 같은 동족끼리의 참혹한 전
쟁에 휩싸인 한국과는 달리, 필리핀은 미국 등 우방의 도움으로 눈부
신 발전을 거듭하여 일본에 이은 아시아에서의 두 번째 강국으로 성
장하게 된다.

정작 필리핀 현대사에서의 사단은 1965년 페르디난드 마르코스
Ferdinand Marcos가 대통령으로 선출되면서 시작된다. 강력한 정치적 반대
세력에 직면하게 된 마르코스는 1972년 계엄령을 선포하여 1986년까
지 20년 넘게 독재 권력을 이어가게 된다. 마르코스를 공격해 왔던 정
치적 적대 세력은 원래는 공산주의자들과 이슬람 혁명주의자 게릴라
들이었지만, 1983년 야권 정치 지도자였던 베니그노 니노이 아키노

Benigno Ninoy Aquino가 마닐라 공항에서 암살되는 사건이 벌어지면서(이후 마닐라 공항은 그의 이름을 따서 니노이 아키노 국제 공항으로 명명된다.) 본격적인 반독재 반정부 시민 투쟁의 불이 붙기 시작한다. 이 와중에 1986년에 치러진 선거는 마르코스와 아키노의 미망인인 코리 Cory Aquino 간의 치열한 접전으로 이어져 선거가 끝난 직후 양측이 모두 자신들의 승리를 선언하는 상황에 이르게 된다. 마르코스 정부는 자신들의 승리를 주장했지만, 대부분의 필리핀 국민은 코리의 승리를 믿게 되고, 이 후 코리는 본격적인 반 마르코스 투쟁을 전개하여 결국 궁지에 몰린 마르코스는 미국 공군의 도움을 받아 괌을 거쳐 하와이로 망명하는 처지로 전락한다.

집권에 성공한 **코리 아키노** 대통령은 민주적 정권 수립에는 성공했지만, 산적한 경제적 문제들을 해결하지 못했고 군부를 포함한 필리핀의 엘리트 기득권층을 장악하는 데 실패함으로써 필리핀은 또다시 총체적인 난국에 봉착하였다. 필리핀이 스페인으로부터 독립을 쟁취하는 데 결정적으로 기여했던 미국은 이후 필리핀에 강력한 영향력을 행사해 왔지만, 1991년 피나투보 화산 폭발로 인해 클라크 공군 기지가 완전히 파괴되고, 필리핀 상원이 수비크 만Subic Bay에 자리 잡고 있던 미국 해군 기지의 계속 주둔을 거부함으로써 급격하게 그 영향력을 잃게 된다.

아키노 대통령이 집권한 이래 6년 동안 무려 일곱 차례의 쿠데타 시도가 있었지만, 아키노는 살아 남았고, 1993년에 당시 아키노 정권에서 국방 장관이었던 피델 라모스Fidel Ramos에게 정권을 넘겨주게 된다. 라모스 대통령은 적극적인 외자 유치를 통한 경제의 재건과, 장기 독재로 고착화된 부정부패의 일소, 그리고 취약한 전기 공급 체계의 혁신 등을 국정의 목표로 삼아 매진하게 된다. 그 자신이 열혈 다이버이기도 한 라모스 대통령은 투바타하 국립 해상공원에 자원 봉사자를 중심으로 한 레인저를 설립하고 다이빙 관광 지역으로 개발하는 등 본격적인 다이빙 관광 정책을 적극적으로 전개함으로써 필리핀이 오늘날 다이빙 천국이라는 명성을 얻게 한 장본인이기도 하다.

(사진 1-1) ▶
피델 라모스 전 필리핀 대통령(우측)과 필자(좌측).
라모스 전 대통령은 그 자신이 다이버였으며,
스포츠 다이빙을 주력 관광 산업으로
육성시켜 오늘날 필리핀을 다이버들의 천국으로
만든 장본인이다.

1998년 라모스 대통령에 이어 마닐라 빈민가 출신이자 영화배우 출신인 조지프 에스트라다Joseph Estrada가 대통령에 당선되면서 필리핀은 또다시 시련에 직면하게 된다. 에스트라다 대통령은 필리핀 경제에 관해 수많은 장밋빛 청사진을 공약했지만, 정작 이루어진 것은 거의 없었다. 게다가 대규모 뇌물 수수와 카지노 카르텔과의 유착 비리, 개인적인 부정 축재, 복잡한 사생활 등이 드러남으로써 의회와의 대립과 시민 봉기로 결국 2001년 1월 대통령직에서 하야를 선언하게 되었다. 당시 부통령이던 글로리아 마카파갈 아로요Gloria Macapagal Aroyo가 대통령직을 승계함으로써 코라손 아키노(코리)에 이어 필리핀 역사상 피플 파워로 집권하는 두 번째 여성 대통령이 된다.

아로요 대통령이 추구했던 정치적 목표는 빈곤과 부패 추방으로 압축된다. 집권 초기의 우려와는 달리 그녀의 정책 방향과 강도는 전임 라모스 대통령의 그것과 비교될 만큼 강력했다는 평가이며, 특히 스포츠 다이빙을 포함한 관광 산업 육성 정책은 필리핀 국민들은 물론 많은 우방국들로부터도 지지를 얻은 바 있다. 아로요 대통령은 2010년 실시된 선거에서 당선된 같은 정당 소속의 **베니그노 노이노이 아키노**Benigno Noinoi Aquino(아키노 3세) 현 대통령에게 정권을 승계한다.

현 아키노 대통령은 전 코라손 아키노 대통령과 전 베니그노 아키노 상원 의원 사이에 태어난 아들이다. 아키노 대통령의 정책은 대부분 전임 아로요 대통령의 그것을 이어 받고 있으며, 특별 은퇴 비자(SRRV) 제도의 시행 등 나름대로 강력한 혁신 정책을 추구하면서 국민들의 신뢰를 얻고 있지만, 워낙 필리핀 사회가 오랜 세월에 걸친 구조적 문제들을 안고 있어서 획기적인 결과는 아직 나타나고 있지 않은 듯하다. 필리핀을 좋아하는 한국인의 한 사람으로써, 그리고 아름다운 필리핀 바다를 사랑하는 다이버의 한 사람으로써 필자 또한 모쪼록 필리핀의 경제 부흥과 부패 척결이 성공적으로 이루어져서 필리핀 국민들이 지금보다 더 나은 경제적, 정치적 환경에서 더 큰 자부심을 가지고 살아갈 수 있기를 기원해 본다.

인구와 인종

2013년 통계상 필리핀 인구는 **9,800만** 명으로 추산되고 있다. 가톨릭 신도가 국민 대다수를 차지하고 있기에 인구 증가율은 다른 어느 국가보다도 높은 3.0%대를 유지하고 있으며 현재 추세대로라면 2015년에 1억 명을 돌파할 것으로 예상되며, 2020년에는 1억 1천만 명, 2030년에는 1억 2,600만 명, 그리고 2050년에는 1억 5,300만 명을 넘어설 것으로 전망되고 있다.

인종 측면에서의 주류는 비사야인Visayan이며, 타갈로그Tagalog인들이 그 뒤를 잇고 있다. 이들 주류 인종 외에도 필리핀에는 헤아릴 수 없을 정도의 많은 인종과 그 혼혈들이 존재한다. 이러한 복잡한 인종 구성은 그만큼 복잡하고 다양한 문화 분파를 형성하는 원인이 된다.

종교

필리핀 헌법은 정치와 종교의 분리를 표방하고 있으며, 공식적인 국교는 존재하지 않는다. 그러나 모든 사람이 알고 있는 것처럼 필리핀은 가톨릭이 주종을 이루고 있는 나라이며, 가톨릭 신도의 비율은 전체 국민의 **81%**에 달한다. 그만큼 필리핀 사람들과 그들의 문화에서 가톨릭의 영향력은 엄청난 것이다. 필리핀이 가톨릭의 강력한 영향권에 들게 된 것은 당연히 오랜 기간 동안에 걸친 스페인 식민 통치의 결과라고 볼 수 있다.

필리핀은 지금까지 5명의 추기경을 배출한 바 있으며, 1970년 요한 6세가 필리핀을 처음 방문한 이래 세 명의 교황이 네 차례나 필리핀을 방문하였다. 현 프란치스코 교황도 2016년 1월 필리핀을 방문할 예정이라고 한다. 특히 1995년 필리핀을 방문한 요한 바오로 2세가 마닐라에서 집전한 미사에는 무려 4백만 명의 신도들이 참석함으로써 교황청 역사상 전무후무한 기록을 세웠을 정도이다. 가톨릭 외에도 개신교 비율이 약 4.5%, 회교도 비율이 5% 정도이다.

▲ (사진 1-2)
필리핀 어디를 가든 볼 수 있는 천주교 성당
필리핀 국민의 81%를 차지하는 천주교는 필리핀 문화와 뗄 수 없는
관계를 가진다.

언어

　　　　1987년에 공포된 필리핀 헌법은 공식 언어로 영어와 필리핀어Filipino를 동시에 인정하고 있다. 그러나 실생활에서 필리핀 국

민들은 영어보다는 필리핀어를 사용하며, 특히 그중에서도 타갈로그 Tagalog 언어가 사실상의 표준 언어로 되어 있다. 타갈로그 외에도 지방에 따라 다양한 필리핀어가 존재하는데, 단순한 방언Dialect 수준을 넘어 통역이 필요할 정도로 다른 언어인 경우가 많다. 필리핀 전역에서 사용되는 언어는 175개에 달한다고 하며, 이 중에서 실제로 많이 사용되는 말은 80여 종류이다. 방언까지 합치면 필리핀어는 500종이 넘는다고 한다. 같은 타갈로그 언어라도 지방에 따라 발음과 어법이 많이 달라서 필리핀 사람들은 다른 사람이 이야기하는 것을 잠시만 들어도 그 사람이 어느 지역 출신인지를 금세 알아차릴 수 있다고 한다.

영어는 정치인을 포함한 엘리트 계층에서 주로 사용되는데, 특히 각 지방의 대표들이 참석하는 필리핀 의회(상원 및 하원)에서는 의원들의 출신 지역별로 언어가 달라서 공식 통용어로 영어를 사용한다. 그러나 대부분 일반 서민들은 영어를 어느 정도 이해할 뿐 대부분의 의사 소통은 타갈로그를 비롯한 필리핀어로 이루어진다. 특히 대도시나 관광 지역이 아닌 지방으로 갈수록 영어의 이해도는 급격히 낮아진다. 한국에서는 필리핀이 영어 상용 국가 중 하나로 알려져 있지만, 실제로 이런 인식은 현실과 상당한 차이가 있다고 볼 수 있다.

Tip

간단한 타갈로그어 표현

다이버들이 묵는 지역이라면 필리핀 어디서든 간단한 영어로 의사소
통을 하는 데 문제가 없으므로 군이 필리핀어를 일부러 배우거나 쓸
필요는 없을 것이다. 특히 한국인 리조트에 묵는 경우라면 더욱 그렇
다. 그러나 간단한 몇 마디 현지어를 알아 둔다면 더러 요긴하게 써
먹을 수 있다. 필리핀어의 표준말이라고 할 수 있는 타갈로그Tagalog는
문자가 없어서 알파벳을 빌려서 표현한다. 따라서 알파벳 표기 그대
로 읽으면 된다. 알아 두면 좋을 만한 간단한 표현들은 다음과 같다.

감사합니다	살라맛
환영합니다	마부하이
안녕하세요?	꾸무스타 까?
굿 모닝	마간당 우마가
굿 애프터눈	마간당 하폰
나I, me	아코
당신	이카우
얼마예요?	마카노?
비싸요	마할
싸요	무라

네(예)	오오
아니요	힌디
예뻐요(미인)	마간다
멋있어요(미남)	꾸무스타
맛있어요(좋아요)	마사랍
사랑해요	마할기타
아가씨, 아줌마, 언니	아테
아저씨, 오빠, 형	꾸야
화장실 어디예요?	사앙 씨알?
세워 주세요	빠라

필리핀에서는 화장실을 씨알C.R:Comfort Room이라고 부른다. 같은 말이라도 끝에 '뽀'를 붙이면 높임말 표현이 된다. 예를 들어 그냥 '고마워요'라는 정도의 표현은 '살라맛' 하면 되지만, 더 정중하게 표현할 때에는 '살라맛 뽀'라고 한다.

1-2
필리핀의 기후

기후, 계절 및 기온

필리핀 전역은 전형적인 열대성 기후 지역에 속한다. 일반적으로 7월부터 10월까지는 우기이고, 11월부터 6월까지는 건기로 분류되지만, 실제로는 루손 서북부 일부 지역과 팔라완 서쪽 지역 외에는 이 구분은 더 이상 의미가 없다. 다만, 7월부터 10월까지가 태풍Typhoon이 많이 발생하는 시기이기는 하다. 공식 통계상으로 필리핀의 연중 평균 기온은 섭씨 22도이나 이 역시 연중 날씨가 선선한 북쪽의 바기오Baguio 지역이 포함된 숫자이므로 실제 대부분 지역에서의 평균 기온은 이보다는 훨씬 높다.

가장 더운 시기는 3월부터 5월까지로 마닐라 같은 대도시의 경우 이 기간의 낮 기온은 섭씨 34도 정도까지 올라간다. 다이버들이 많이 찾는 해안 지역은 바닷바람의 영향으로 기온에 비해 실제로 체감하는 더위는 그다지 심하지 않으며, 6월 이후에는 저녁에 쌀쌀하다는 느낌을 받는 경우도 많다. 12월부터 2월까지의 3개월이 연중 가장 기온이 낮은 시기여서 전반적으로 쾌적한 날이 많다.

루손 북부에 있는 바기오 지역은 위도도 높고 해발고도도 높아 연중 선선한 기후를 보이며, 반대로 적도에 가까운 남쪽의 민다나오 다바오 지역은 태풍과는 전혀 관계 없는 지역으로 연중 햇살이 비친다.

한국인 다이버들이 많이 찾는 마닐라 지역과 세부 지역의 월별 평균 기온은 다음과 같다.

마닐라와 세부의 월별 평균 기온 (표 1-1)   (단위 : ℃)

		1월	2월	3월	4월	5월	6월	7월	8월	9월	10월	11월	12월
마닐라	최고	30.2	31.1	32.8	34.3	34.2	32.4	31.3	30.8	31.1	31.2	31.0	30.3
	최저	20.9	21.1	22.5	24.0	24.8	24.4	24.1	24.0	24.0	22.5	22.8	21.6
세부	최고	29.8	30.2	31.2	32.3	33.0	32.1	31.7	31.9	31.7	31.6	31.2	30.3
	최저	23.8	23.7	24.4	25.4	25.9	25.3	24.9	25.0	25.8	24.7	24.7	24.2

출처 : en.wikipedia.org

바다 수온은 지역에 따라 다소 다르지만, 다이브 포인트들이 집중되어 있는 세부 지역을 기준으로 보면 연중 27도에서 30도 사이이다. 따라서 필리핀의 어느 지역에서든 대부분 3㎜ 풀 수트를 입으면 충분하며, 많은 다이버들이 반팔 수트 또는 얇은 래시가드 차림으로 다이빙을 즐긴다.

태풍

2013년 11월, 타클로반 인근 필리핀 중남부 지역을 강타한 특급 태풍 하이엔Haiyan으로 많은 사람이 죽거나 집을 잃는 불행을 겪은 것처럼, 필리핀은 지리적 위치 탓에 매년 태풍 피해를 보고 있다. 열대성 저기압인 태풍은 주로 태평양의 미크로네시아 지역에서 만들어져서 필리핀해Philippines Sea를 지나 남중국해South China Sea 쪽으로 진행되는데, 필리핀해를 지나면서부터 그 세력이 가장 발달하게 되어 위력이 강해지는 것으로 알려져 있다. 따라서 필리핀해에서 가장 강력한 상태로 발달한 태풍이 이어서 필리핀 본토를 타격할 경우 그 피해가 엄청나게 커지는 것이다. 일반적으로 7월부터 10월까지가 태풍이 가장 많이 발생하는 시기이기는 하지만, 연중 어느 때든 태풍은 생길 수 있다.

보통 필리핀의 태풍은 시속 200㎞ 정도의 강한 바람과 함께 엄청난 비를 동반하여 빈약한 건물과 주택들을 휩쓸어 버리고 도시 전체를 물바다로 만들어 버린다. 그러나 아이러니하게도 일단 태풍이 필리핀을 지나 베트남이나 타이완, 한국, 일본 쪽으로 빠져나가면 바다는 거울처럼 잔잔해지고 수중의 시야 또한 매우 맑아져서 다이버들에게는 최적의 다이빙 조건을 가져다 준다. 다이빙 여행 중에 태풍을 만났다면 마음을 편히 먹고 이틀이나 사흘 정도 태풍이 지나갈 때까지 느긋하게 쉬면서 기다리도록 하자.

1-3
필리핀의 음식과 문화

음식

　　필리핀의 음식은 비교적 단순하나, 한국 사람 입에는 대체로 짜거나 달다. 더운 나라이므로 음식은 기름에 튀기거나 볶은 것이 대부분이다. 필리핀 사람들의 주식은 역시 쌀밥이다. 물론 우리의 쌀과는 달리 찰기가 거의 없는 다소 푸석한 느낌의 밥이지만, 여기에 튀긴 닭고기 한 조각이나 생선 한 토막을 곁들여 한 끼를 해결하는 것이 필리핀 서민들의 일반적인 식사이다. 필리핀 사람들이 즐겨 먹는 음식은 닭고기와 돼지고기, 그리고 생선이며 야채는 많이 재배되지 않고 가격도 비싼 편이어서 그다지 흔하지는 않다.

섬이 많은 필리핀에는 해산물이 다양하고 많지만, 서민들이 주식으로 먹기에는 비싼 것들이 많아서 보통 사람들이 주로 먹는 생선은 가격이 싼 민물고기인 **틸라피아**Tilapia와 바다 생선인 **방구스**Bangus, Milkfish이다. 필리핀 물가를 기준으로 본다면 비싼 편이지만, 한국인의 입맛에 가장 잘 맞는 해물로는 게Alimango와 다금바리Lapu-Lapu를 들 수 있다.

고기 종류로는 숯불에 구운 **바비큐**Barbeque가 필리핀에서 흔한 음식이다. 필리핀 사람들이 결혼식처럼 큰 행사를 치를 때 반드시 등장하는 잔치 음식이 바로 **레촌**Lechon baboy인데, 어린 돼지를 통째로 오랜 시간에 걸쳐 숯불로 구운 통돼지 바비큐이다. 껍질은 파삭하고 속살은 부드러운 레촌을 잘라서 필리핀식 새우젓인 바구웅Bagoong에 찍어 먹는다. 닭을 통째로 숯불에 구운 레촌 마녹Lechon Manok(마녹은 타갈로 그어로 닭이라는 뜻이다.) 또한 필리핀의 어느 곳에서나 흔히 맛볼 수 있다. 이 외에도 닭고기, 돼지고기, 생선 등을 꼬치에 꽂아 숯불에 구운 꼬치구이도 있다. 야채와 고기 또는 해물을 주 재료로 하여 식초를 넣어 맑고 새콤하게 끓인 시니강Sinigang이라는 국물 요리도 우리 입맛에 잘 맞는 음식이다.

필리핀 사람들이 간식, 또는 디저트로 즐기는 음식으로는 계란을 넣어 부드럽게 구운 빵인 비빙카Bibinka, 우리 나라의 팥빙수와 비슷하게 얼음을 갈아서 여러 가지 과일 조각과 연유, 그리고 보라색 과일인 우베Ube로 만든 아이스크림을 넣은 할로할로Halo-Halo, 부화하기 직전의 계란을 쪄낸 발롯Ballot 등이 있다. 필리핀에서 가장 흔한 과일은 역시 망고와 파인애플, 그리고 어린 코코넛인 부코Buko이다. 부코는 빨대로 과일 안에 있는 주스를 마신 후 뚜껑과 벽면에 붙어 있는 흰색의 부드러운 과육을 스푼으로 긁어 먹는다.

엔터테인먼트와 나이트 라이프

먹고 노는 것을 좋아하는 필리핀 사람들의 성향으로 필리핀은 다이빙 못지않게 놀고 즐기는 목적의 여행지로도 유명하다. 또한 필리핀 사람들은 음악을 좋아하는데, 인구 대비 음악을 직업으로 하는 사람의 비율이 가장 높은 나라가 바로 필리핀이라고 한다. 크리스마스와 같은 축제 기간에는 어느 시골 동네를 가든 흥겨운 음악이 넘쳐 흐르고, 토요일 저녁에는 마을마다 디스코 파티가 벌어지는 것이 보통이다. 마닐라와 같은 대도시는 물론이고 꽤 작은 시골 마을에도 소규모 밴드가 연주하는 라이브 음악을 들으며 산미구엘 맥주를 마실 수 있는 바나 클럽이 많아서 외롭게 여행하는 사람들을 즐겁게 한다. 루손의 수비크 만이나 민도로의 사방 비치 같은 곳은 마닐라에서 가까운 다이빙 장소로도 인기가 높지만, 해가 지고 어둠이 찾아들면 수많은 바와 클럽이 문을 열고 예쁜 필리핀 아가씨들이 다이버와 관광객들을 유혹하는 곳으로도 많이 알려져 있다.

멕시코에 세계적으로 알려진 코로나Corona 맥주가 있다면 필리핀에는 산미구엘San Miguel 맥주가 있다. 산미구엘은 필스너 계통의 다소 맛이 강한 맥주로, 도수는 우리나라 맥주보다 약간 높은 5도이다. 산미구엘은 필스너 외에도 다양한 맥주를 생산한다. 산미구엘보다 더 독한 맥주인 레드홀스Red Horse 또한 필리피노들이 즐겨 마시는 맥주이다. 산

▲ (사진 1-3)
필리핀의 대표적인 맥주인 산미구엘.
알코올 도수 5도의 필스너 에일 계통의 맥주이다.

미구엘을 포함한 필리핀 맥주는 유리병에 든 것과 알루미늄 캔에 든 것이 있는데 캔에 든 맥주가 병에 든 맥주보다 조금 더 비싸다. 맥주 외에 **탄두아이**Tanduay라는 술이 있는데 태국의 상솜Sang Som과 비슷하게 사탕수수를 주원료로 만든 40도짜리 럼 계통의 증류주로, 값이 싸서 우리나라의 소주처럼 필리핀 사람들이 즐겨 마시는 국민주 같은 존재이다.

스포츠와 레저

필리핀에서 가장 인기 있는 운동 경기는 단연 농구이다. 어느 동네를 가든 농구 코트를 볼 수 있고 프로 팀을 포함한 수많은 농구 팀이 활동하고 있다. 프로 복싱 또한 농구 못지않게 필리핀 사람들에게 인기가 높아서 필리핀 복서가 출전하는 큰 경기가 있는 날이면 온 동네 사람들이 모여서 함께 텔레비전 중계를 보며 열광한다. 반면, 아시아 각국에 보편화된 축구는 필리핀에서는 찾아보기 어려우며, 미국의 영향권에 오래 있었음에도 불구하고 야구 또한 필리핀에서는 매우 희귀한 스포츠이다. 스포츠 다이빙은 보통의 필리핀 사람들이 즐기기에는 너무 비용이 많이 드는 스포츠로 인식된 탓에 필리핀인 다이버 수는 그다지 많지 않지만, 경제 상황이 호전됨에 따라 그 숫자는 조금씩 늘어가고 있는 추세이다.

닭싸움Cock Fighting은 필리핀 사람들이 열광하는 국민 레저이다. 매주 일요일마다 필리핀의 여러 동네에서는 닭싸움이 벌어지는데, 닭싸움만을 위해 공들여 기른 싸움닭들이 주인의 명예를 걸고 싸움판에 나

선다. 마을 사람들은 마치 경마를 하듯 싸움에 돈을 거는데, 경기 결과에 따라 돈은 승리한 닭의 주인과 이 닭에 베팅을 한 사람들에게 분배된다. 싸움에 진 닭은 큰 부상을 입는 경우가 많은데 대개 바로 현장에서 바비큐 신세로 전락하게 마련이다. 일견 잔인해 보이기도 하는 이 닭싸움은 스페인의 투우처럼 필리핀 사람들에게 있어서 빼놓을 수 없는 삶을 즐거움이기도 하다.

골프

필리핀의 전통적인 관광 산업 육성 정책과 오랜 기간 대규모 미군 주둔 등의 영향으로 필리핀 전역에는 수많은 골프 코스가 있다. 필리핀은 한국 다이버들에게 인기가 높은 다이빙 여행의 대상국일 뿐 아니라 많은 한국 골퍼들 또한 필리핀으로 골프 여행을 떠난다. 지리적으로 가까울 뿐 아니라, 골프 비용도 한국에 비해 훨씬 저렴하고, 연중 어느 때나 라운딩을 즐길 수 있으며, 캐디들의 극진한 서비스를 받으며 여유 있는 황제 골프를 즐길 수 있기 때문이다. 특히 한국 골퍼들이 선호하는 골프장에는 한국어를 하는 직원이 상주하기도 하고 클럽 하우스에서 한국 음식을 제공하기도 한다.

골프 그린피는 클럽에 따라 차이가 크지만, 마닐라 인근 괜찮은 수준의 클럽일 경우 대개 18홀당 40불에서 80불(1,500페소에서 3,000페소) 정도이다. 여기에 전동 카트, 캐디 피, 캐디 팁 등으로 평균 35불 정도가 추가된다. 티타임 예약은 해당 골프장으로 직접 전화해서 할 수도 있고, 마닐라 등에 산재한 골프 전문 여행사를 통해 할 수도 있다. 물론 한국에서 해외 골프 투어를 전문으로 하는 여행사를 통해 미리 예약한 후 현지로 가서 이용할 수도 있다. 여행사를 통해 예약하는 경우 약간의 수수료가 추가되지만, 편하게 좋은 티타임을 받을 수 있고 현지에서의 교통편이나 가이드까지 함께 예약할 수 있는 장점이 있다. 일부 퍼블릭 골프장의 경우 예약 없이 바로 가도 라운딩을 할 수 있는 경우가 많다. 대부분의 골프장에는 렌탈 클럽이 준비되어 있다. 필리핀으로의 다이빙 투어와 함께 골프를 즐길 수 있는, 마닐라 인근 지역과 주요 다이빙 사이트에 가까운 골프장들의 목록은 별첨 자료에 실었다. 현지 교민들이 많이 이용하는 현지의 골프 전문 여행사는 다음과 같다.

·· **골프앤스카이** (www.golfensky.com)
☎ +63-2-567-3594, 070-8257-3656

·· **골프황제닷컴** (cafe.naver.com/6golf)
☎ +63-915-987-1100, 070-4633-3447

라운딩 방식은 한국의 골프장과 크게 다르지 않다. 클럽에 도착하면 등록을 하는데 미리 예약하고 대금까지 지불한 경우에는 가져간 바우처를 프론트에 제시한다. 전동 카트가 필요하다면 이때 신청하는데, 비용은 대개 18홀당 10불 정도이다. 골프장에 따라서는 전동 카트 대신 풀 카트Pull Cart만 사용하는 곳도 있다. 라커 키를 받아 옷을 갈아 입고 티타임 전까지 스타팅 장소로 가면 된다. 캐디Caddie는 대개 골퍼 한 사람당 한 명이 붙는데, 캐디 외에도 우산을 받쳐 주는 엄브

렐라 걸Umbrella Girl을 이용할 수 있는 곳이 많으며, 이 또한 프런트에서 미리 신청하면 된다. 캐디 피와 엄브렐라 걸 비용은 18홀 기준으로 인당 10불 정도가 보통이며, 팁은 인당 5불 정도면 무난하다. 점심 식사는 티타임에 따라 라운드 전후, 또는 중간에 클럽 하우스 식당에서 먹게 되는데, 한국 음식은 1인분에 평균 10불 정도 한다. 현지 교민들은 클럽 하우스에서 식사하는 대신 집에서 도시락을 준비해 가는 경우가 많다.

필리핀은 더운 나라이니만큼 복장이 한국처럼 까다롭지 않다. 많은 골퍼들이 폴로 반팔 셔츠에 반바지를 입고 라운딩을 즐긴다. 그러나 수영복이나 비치 웨어 같은 복장, 청바지와 칼라가 없는 티셔츠 차림은 예의상 피하는 것이 좋다. 고급 클럽의 경우 드레스 코드가 정해져 있기도 하다.

카지노

        필리핀에는 전국에 걸쳐 수많은 카지노가 있으며, 외국인은 물론 필리핀 현지인들도 별 다른 제한 없이 출입할 수 있다. 대도시의 주요 호텔에는 대개 카지노가 딸려 있다고 보면 될 정도이다. 규모가 작아 슬롯머신만 갖추고 있는 곳도 있지만, 대부분 블랙잭, 폰툰(블랙잭의 변형 게임), 캐리비언 스터드 포커, 룰렛, 바카라 등 다양한 종류의 테이블 게임을 갖추고 있으며, 손님들 간에 텍사스홀덤 Texas Hold'em 방식으로 게임을 하는 포커룸을 운영하는 곳도 많다. 블랙잭이나 폰툰 게임은 카지노마다 하우스 룰이 조금씩 다르기 때문에 테이블에 앉기 전에 먼저 룰을 살펴보는 것이 좋으며, 게임 중이라도 룰에 의문이 있을 경우 딜러에게 확인한 후 액션을 하는 것이 좋다.

필리핀의 카지노들은 원래는 국영 기업인 파코르PAGCOR:Philippine Amusement And Gaming Corp가 독점권을 가지고 있었으나 최근 국제적인 카지노 기업인 '리조트 월드'와 '솔레이어'가 진출하여 대규모 카지노를 오픈하였다. 카지노는 대부분 24시간 영업한다. 사용하는 화폐는 페소화이며 카지노 안에는 당연히 환전소나 ATM 등이 있다. 카지노에 따라서는 칩을 카지노 밖으로 가지고 나갈 수 없는 곳도 있다. 메트로 마닐라 지역과 다이버들이 주로 찾는 지역에 있는 카지노들은 다음과 같다.

◀ (사진 1-4)
마닐라 파사이에 있는
리조트월드마닐라 카지노.
마닐라를 포함하여
필리핀 전역에는 카지노가 많다.

··· 메트로 마닐라 지역

리조트월드마닐라RWM (파사이 마닐라 공항 터미널3 건너편)

솔레이어Solaire (파사이 인근 파라냐케)

하얏트 호텔 (말라테)

뉴월드 호텔 (파사이)

마이다스 호텔 (파사이)

오리엔탈 호텔 (파사이)

아트리움 호텔 (파사이)

앰배서더 호텔 (마닐라 시)

팬 퍼시픽 호텔 (마닐라 시)

트로피카나 카지노 (마닐라 시)

파라오 호텔 (마닐라 시)

파빌리언 호텔 (에르미타)

카지노 필리피노 타가이타이 (타가이타이 아기날도 하이웨이 선상)

카지노 필리피노 카비테 (카비테 바쿠르)

··· 수비크 만/앙헬레스 지역

카지노 필리피노 앙헬레스 (앙헬레스 시 맥아더 하이웨이 선상)

카지노 필리피노 올롱가포 (올롱가포 시 막사이사이 에비뉴 선상)

카지노 필리피노 미모사 (수비크 팜팡가 시 클라크필드)

골든나일 카지노 (앙헬레스 시)

오리엔탈 파라다이스 카지노 (수비크 만 자유 무역 지구 내)

··· 세부 및 다바오 지역

카지노 필리피노 세부 (세부 시내 워터프론트 호텔 내)

카지노 필리피노 막탄 (세부공항 터미널 건너편 워터프론트 호텔 내)

라자 파크 호텔 (세부 시)

카지노 필리피노 다바오 (다바오 시 그랜드리갈 호텔 내)

Tip

레이디 드링크Lady's Drink와 바 파인Bar Fine

마닐라와 같은 대도시는 물론이고 필리핀에서는 어디를 가든 바와 클럽을 쉽게 볼 수 있다. 조그만 앉은뱅이 의자 몇 개가 전부인 시골의 작은 바에서부터 DJ나 밴드가 음악을 연주하고 백여 명이 넘는 아가씨들이 손님을 맞는 대규모 클럽에 이르기까지 규모와 종류 또한 다양하다. 이런 곳에 있는 아가씨들은 대부분 가난한 가족들을 부양하기 위해 필리핀 시골 동네에서 도시로 올라와 관광객들이 많이 몰리는 유흥 업소로 일하러 온 이들이다. 대규모 바에는 이러한 아가씨들을 거느리고 일종의 매니저 역할을 하는 마마상(또는 파파상)들이 있다. 바에서 일하는 아가씨들은 무대에서 춤을 추는 댄서들과 홀에서 손님에게 주문을 받고 서빙을 하는 웨이트리스들로 나뉜다. 이 외에도 그냥 자리에 앉아서 손님들을 기다리는 아가씨들도 있는데, 이런 사람들을 필리핀 바의 세계에서는 'GRO Guest Relations Officer'라고 부른다. 다이버들이 많이 찾는 지역 중에서 민도로 섬 푸에르토갈레라의 사방 비치, 수비크 만 지역과 그 인근의 앙헬레스Angeles 등이 특히 바 문화가 발달한 곳으로 알려져 있다.

필리핀 바의 술값은 그다지 비싸지 않다. 대개 산미구엘 맥주 한 병의 가격은 아주 고급 바가 아닌 이상 100페소(2,500원)를 넘는 경우가 거의 없다. 마음에 드는 아가씨를 불러 같이 앉아서 담소를 나눌 수도 있는데, 이런 경우 대개 음료수를 사 주게 되고 이것을 '레이디 드링크Lady's Drink'라고 하며, 같은 종류라도 손님이 마시는 것에 비해 가격이 비싸서 한 잔에 150페소에서 250페소 정도 한다. 물론 이 가격에는 아가씨의 접대 서비스 비용이 포함되어 있다. 쌍방이 동의할 경우 바에서 나와 데이트를 즐기는 경우도 있는데, 이런 경우 마마상에게 지불하는 금액을 '바 파인Bar Fine'이라고 한다. 아가씨가 그날은 더 이상 바에서 일하지 못하기 때문에 그것을 보상한다는 의미의 용어이다. 이 바파인은 일정한 비율로 마마상과 아가씨가 배분한다. 이러한 필리핀의 밤 문화에 대해 한국 사회에서는 물론 필리핀 현지에서도 논란이 많은 것이 사실이지만, 이 역시 필리핀의 현재 모습 가운데 하나라고 보아야 할 것이다.

1-4
통화通貨 및 환전

통화

필리핀의 법정 통화는 '필리핀 페소Philippine Peso, PHP'이다. 지폐는 1,000페소, 500페소, 200페소, 100페소, 50페소 및 20페소권이 유통된다. 최근 새로운 도안의 신권이 발행되어 구권과 함께 유통되고 있다. 신권 중 가장 고액권인 1,000페소권의 뒷면에는 투바타하 국립 해상공원과 진주조개의 모습이, 100페소권의 뒷면에는 돈솔 지역의 명물인 마욘 화산과 고래상어가, 50페소권에는 바탕가스 지역의 타알 호수와 함께 필리핀 바다에서 흔히 발견되는 잭피시(트레벨리)가 그려져 있다.

▲ (사진 1-5) 필리핀 주요 화폐의 도안(신권)
금액권별로 필리핀 사람들이 자랑거리로 여기는 자연과 동물이 도안으로 채택되었다.

환전

　　필리핀에서의 외화 환전은 자유롭지만, 교환 환율은 미국 달러에 대한 비중이 커서 변동폭이 크기 때문에 환율 추이를 잘 살펴보고 환전하는 것이 좋다. 2014년 4월 현재 1달러당 45페소 정도의 환율이 유지되고 있다. 1,000페소가 한화로 약 25,000원 정도 된다고 보면 되겠다. 한국에서도 필리핀 페소를 살 수 있지만, 페소화 자체의 가치가 강하지 않아서 원화로 직접 페소를 구입하는 것보다는 일단 미화로 환전한 후 현지에서 다시 페소로 바꾸는 편이 더 유리하다. 다만 달러는 100불권 등 고액권으로 바꾸도록 한다. 필리핀을 포함한 동남아 일대에서는 고액권을 선호하며 소액권은 환전할 때 환율을 낮게 쳐 주거나 아예 환전해 주지 않는 경우도 있기 때문이다.

환전은 은행은 물론 시내 곳곳에 있는 환전소에서 할 수 있다. 공항은 물론 대형 백화점이나 슈퍼마켓 등에도 대부분 환전소가 있다. 그런데 환전소마다 교환 환율이 모두 다르기 때문에 반드시 환율을 비교해 본 후 가장 유리한 곳에서 바꾸는 것이 좋다. 마닐라 공항 1청사에 내려 입국 수속을 마치고 세관을 통과하여 나오다 보면 환전을 위한 은행 창구가 여섯 개 정도 늘어서 있는 것을 볼 수 있는데, 자세히 보면 각 은행에서 게시해 놓은 환율이 모두 다르다는 것을 알 수 있을 것이다. 일부 환전소에서는 서류 작성과 서명을 요구하고, 50불 이상의 지폐에 대해서는 일일이 일련번호를 기재하라는 곳도 있으므로 이런 복잡한 곳은 가능한 한 피하도록 한다. 카지노에서도 당연히 환전을 해 주는데, 카지노의 환전소는 일반적으로 환율이 가장 불리하므로 가급적 외부의 환전소를 이용하는 편이 좋다.

외환과 송금

필리핀은 자체적으로는 외환에 대한 규제가 별로 없는 국가이다. 따라서 필리핀 국민이라면 누구든 외화를 소유하거나 은행에 달러화 구좌를 열어 예치할 수 있다. 그러나 국제 사회는 부정부패가 심한 필리핀을 자금 세탁 위험 국가로 간주하고 해외로부터의 송금 등 금융 거래에 규제를 많이 한다. 따라서 필리핀에서는 돈을 보낼 때는 은행 구좌를 통한 송금보다는 웨스턴유니언Western Union을 통한 송금이 더 일반화되어 있다.

한국에서는 기업은행, 하나은행, 농협, 국민은행 등에서 웨스턴유니

▲ 〈사진 1-6〉
필리핀 어디에서든 쉽게 발견할 수 있는 '웨스턴유니언' 점포.
이곳에서 필리핀 국내는 물론 해외 대부분의 나라로 돈을 보내거
나 받을 수 있으며 환전도 할 수 있다.

언 송금을 취급하고 있으므로 이를 통해 필리핀에서 돈을 보내거나 한국으로부터 돈을 받을 수 있다. 이 서비스는 특별한 신분증이 없더라도 송금 번호만으로 즉시 현금을 보내고 받을 수 있어 여행자들에게도 요긴하게 사용된다.

신용 카드 및 ATM

필리핀은 신용 카드보다 현금을 선호한다. 대도시의 대규모 쇼핑센터나 고급 식당 정도에서는 신용 카드를 받지만, 한국에서 발행한 신용 카드는 사용하기가 까다로운 경우가 많다. 다이브 리조트들도 신용 카드를 받지 않는 곳이 대부분이다. 신용 카드를 받더라도 3%에서 6% 정도의 수수료를 추가로 받는 경우가 많다. 필리핀의 경제 규모에 비해 은행의 수는 엄청나게 많아서 어지간한 도시에서는 거의 10m 간격으로 은행 점포들이 들어서 있는 모습을 볼 수 있다. 따라서 ATM도 쉽게 찾을 수 있다. 신용 카드를 이용한 현금 서비스는 대부분의 ATM에서 가능하지만, 한국의 은행에서 발행한 현금 카드를 사용할 수 있는 ATM은 그리 흔치 않다. 따라서 필리핀을 여행할 때에는 여행 경비에 맞게 충분한 현금을 미화로 환전해 가서 현지에서 필요한 만큼씩 페소로 환전하여 사용하는 것이 최선의 방법이다. 작은 시골 마을이나 외딴 섬에 있는 다이빙 사이트에는 은행은 물론 ATM도 없는 곳이 많으며, 환전할 수 있는 곳도 없을 수 있으므로 이런 오지 지역에 들어갈 때에는 미리 페소화를 여유 있게 준비해 가도록 한다.

필리핀에서는 팁이 보편적인 것은 아니다. 특히 지방의 작은 도시나 타운의 경우에는 팁이 일반화되어 있지 않다. 그러나 관광객이나 외국인들을 자주 접하는 장소나 지역에서는 서비스에 대해 팁을 기대하는 경우가 많다. 대도시의 식당에서는 10% 내외의 서비스 비용이 붙어 청구되는 경우도 있는데, 이런 경우에는 잔돈 정도만 남겨 두는 것으로 충분하다. 그렇지 않은 경우 식당에서의 팁은 보통 음식 값의 5% 정도면 무난하다. 호텔에서 짐을 들어 준다거나 택시를 잡아 주는 등의 작은 서비스에 대해서는 20페소에서 40페소(미화 1불 이하) 정도의 팁이 적당하다. 여행하다 보면 이러한 소소한 팁을 주어야 할 상황이 생각보다 더 자주 생긴다. 또 작은 동네에서는 물건을 사고 500페소나 1,000페소짜리 지폐를 내면 거스름돈이 없는 경우도 많다. 그래서 여행할 때에는 20페소나 50페소짜리 잔돈을 항상 넉넉하게 준비해 두는 습관을 들이는 것이 좋다.

다이빙 여행을 다닐 때 생기는 곤란한 상황 중의 하나가 다이빙 서비스에 대해 어느 정도의 팁을 지불해야 하는가이다. 지역에 따라서는 어느 정도 팁에 대한 가이드라인이 정해져 있어 별 문제가 없지만, 대부분의 동남아 국가에는 이런 가이드라인이 없다. 필리핀의 다이브 리조트나 리브어보드에서의 팁 또한 일정한 가이드라인이 없어서 고민스러울 수 있다. 국제 표준으로 본다면 전체 비용의 10% 정도를 팁으로 지불해야 하지만, 필리핀의 경우 필자의 경험으로 볼 때 **전체 비용의 5% 정도**가 무난한 선이라고 여겨진다. 이 금액을 다이브 마스

터를 포함한 다이빙 스텝과 식음료 및 숙박 서비스 스텝들에게 절반
씩 나누어 주면 된다.

예를 들어, 일반적인 리조트에서 머무르면서 5일간 다이빙을 하고 총
비용이 1,000불 정도가 나왔다면, 스텝들에 대한 팁은 1,000불의 5%
인 50불에 해당하는 2,000페소 정도면 무난하다고 생각한다. 물론
이 금액은 기간이나 비용, 실제 서비스의 질 등에 따라 조정되어야
한다. 보기에 따라서 이 기준이 너무 높다고 생각할 수도 있고 반대
로 너무 낮다고 생각할 수 있을 것이다. 그러나 필리핀 다이빙 리조트
에서의 서비스 수준, 현지 스텝들의 평균 인건비 수준, 다른 지역에서
의 일반적인 티핑 기준 등을 종합적으로 고려할 때 이 기준이 적당한
선이라는 것이 필자의 견해이다.

치안 및 안전

치안

　　한국인들에게 필리핀은 여행하기에 위험한 국가라고 알려져 있다. 실제로 외교통상부 홈페이지에는 필리핀 전역이 '여행 자제 지역'으로 고시되어 있다. 심지어 민다나오 및 팔라완 상당 지역은 '여행 제한 지역'으로 지정되어 있는 상황이다. 또한, 필리핀에서 한국인 납치와 같은 사건이 한국 언론에 심심치 않게 보도되고 있기도 하다. 쇼핑몰 같은 곳에 들어가려 해도 마치 공항에 들어가는 것처럼 몸수색을 하고, 규모가 그리 크지 않은 상점이나 심지어 다이브 리조트도 장총으로 무장한 경비원이 지키고 있다. 그럼에도 불구하고 하루 10여 편이 넘게 운행되는 필리핀행 비행기에서는 거의 빈자리를 찾아보기 어렵다.

도대체 어떻게 된 일일까? 필리핀은 정말 여행하기에 위험한 국가인가? 매년 꾸준히 10여 차례 이상 필리핀을 방문해 왔고, 세계의 거의 모든 다이빙 사이트들을 여행해 본 필자는 그렇지 않다고 본다. 물론 필리핀이 한국이나 일본과 같은 국가에 비해 더 안전한 나라는 결코 아니다. 경제적으로 가난한 사람이 많은 나라인 만큼 절도와 강도 같은 재물을 노린 범죄가 있을 수밖에 없다. 그러나 필리핀이 다른 동남아 국가들이나 중남미 국가들에 비해 더 위험한 나라라는 것에 대해서는 동의하지 않는다. 당연히 어느 정도 안전에 관해 주의를 기울여야만 하는 곳이지만, 여행하기에 부적합할 정도로 위험한 나라는 아니라는 것이다.

필리핀에서의 위험 요인은 절도, 강도, 납치와 같은 재물을 노린 범죄, 태풍이나 지진과 같은 자연재해, 테러리스트들에 의한 납치나 테러, 음식이나 감염에 따른 질병 등으로 구분할 수 있다. 다이버들의 경우 감압병 등과 같은 다이빙 관련 사고가 추가될 수 있으나 이 문제는 다른 지역에서 다이빙을 하더라도 마찬가지이므로 일단 논외로 치기로 한다. 자연재해 역시 가급적 태풍이 잦은 시기에는 여행을 자제하는 정도로 충분할 것으로 본다. 테러에 대한 위험은 다분히 필리핀의 정치·종교적 문제에 원인이 있는 것이며, 그 지역도 민다나오와 술루해 일부 지역에 집중되어 있으므로 이러한 지역만 피한다면 별다른 위험 요인은 되지 않는다. 결국 범죄의 대상이 되는 상황과 음식 및 감염으로 병에 걸리는 것을 피하는 것이 필리핀에서의 안전 대책 요점이며, 이 점만 충분히 조심한다면 필리핀은 그 어느 나라 못지않게 안전하게 여행할 수 있는 나라이다.

개인 위생 및 건강

필리핀이 특별히 위험한 질병에 노출된 국가는 아니므로 위생에 관해 지나치게 걱정하거나 조심할 필요는 없다. 그러나 다른 열대 지역 국가들과 마찬가지로 어느 정도 건강에 유의할 필요는 있다. 필리핀에서 가장 조심해야 할 질병은 모기에 의해 감염되거나 전염되는 것이다. 모기로 감염되는 대표적인 질병은 **말라리아**인데 필리핀에서는 일부 산간 지역 외에는 실제 발병하는 사례가 거의 없다고 한다. 사실 더 위험한 것은 뎅기열Dengue Fever인데, 꼭 이런 병에 걸리지 않더라도 필리핀의 모기는 세계에서 가장 똑똑하고 치사한 모기로 알려져 있을 정도로 지독하고, 일단 물리면 오랜 시간 괴로움을 겪게 되므로 모기에 물리지 않도록 대비하는 것이 최선이다. 뿌리거나 바르는 형태의 모기약Mosquito Repellent을 준비하는 것이 좋다. 스마트폰에서 동작하는 Mosquito Repellent 앱Application도 사용해 본 결과 상당히 효과가 있는 것 같다. 필리핀 사람들은 대개 수돗물을 그냥 마시지만, 그다지 권할 만한 것은 아니므로 반드시 병에 든 생수나 정수된 물을 마시도록 하고, 음식은 잘 익힌 것만 먹도록 한다. 보통 음식점에서 주는 물은 정수하지 않은 수돗물인 경우가 많으므로 가급적 마시지 않도록 한다.

▲ (사진 1-7) 코론 지역에 있는 한 병원.
지방 도시에 있는 병원 치고는 꽤 큰 규모에 속한다.
의료 보험이 없더라도 필리핀에서의 의료비는 싼 편이다.

병원의 의료 시설은 그다지 뛰어난 편이 아니지만, 어느 정도 규모 이상의 도시에는 반드시 병원이 있고, 작은 동네에도 우리나라로 치면 의원급 의료 시설들이 있어서 현지에서 의료 처치가 필요한 경우 이용할 수 있다. 약국도 어디서든 쉽게 찾을 수 있지만, 항생제나 전문 의약품은 의사의 처방이 있어야만 구입할 수 있다. 다이빙 여행 도중 의료 서비스가 필요한 경우에는 다이브 리조트의 현지인 직원들의 도움을 받아 의사를 찾는 것이 최선이다.

재압 챔버^{Recompression Chamber}

다이빙은 기본 기술을 익히고 제반 안전 수칙을 지키며 무리하거나 자만하지 않으면 다른 스포츠나 레저에 비해 특별히 더 위험하지는 않다. 그러나 운전을 잘하는 사람이 조심해서 차를 몰더라도 도로 상에 있는 한 누구에게나 교통사고는 발생할 수 있는 것처럼, 다이빙은 수중水中이라는 본질적인 위험 요인을 안고 하는 스포츠이니만큼 예기치 못한 사고는 누구에게나 발생할 수 있다. 이 경우 적절하고 신속한 대응 조치가 매우 중요하다. 다이버라면 누구든 절대로 신세를 지고 싶지 않은 것들이지만, 만의 하나 다이빙 사고가 발생했을 때 가장 중요한 것은 초기 단계에서 100% 순산소純酸素로 응급 처치를 하고 최대한 빨리 고압高壓의 재압 챔버Recompression Chamber로 들어가는 것이다. 대부분의 다이브 리조트에는 다이빙 사고가 났을 때 응급 조치를 취할 수 있는 순산소가 비치되어 있다. 필리핀에서 다이빙 질병(DCS)을 치료할 수 있는 재압 챔버를 보유한 의료 기관은 다음과 같으므로 유사시를 대비하여 다이브 리조트와 가장 가까운 재압 챔버 시설의 위치를 미리 알아두는 것이 좋겠다.

··· Batangas City

Batangas Hyperbaric and Wound Healing Center

St. Patrick's Hospital Medical Center

Lopez Jaena St. Batangas City 4200

Batangas, Philippines

☎ 63-43-723-8388

··· Cavite

Sangley Recompression Chamber

NSWG, Philippine Fleet

Naval Base Cavite

Sangley Point, Cavite City, Philippines

Contact Person : Capt. Pablo Acacio

☎ 63-46-524-2061

··· Makati City

DAN(Divers Alert Network) SE Asia Pacific :

Suite 123, Makati Medical Center,

2 Amorsolo St., Makati City 1200

☎ 63-2-817-5601

···Quezon City

AFP Medical Center — Recompression Chamber

V. Luna Road, Quezon City, Philippines

Contact Person : Jojo Bernardo, M.D., Fred C. Martinez

☎ 63–2–920–7183

···Subic

Subic Recompression Chamber

Subic Bay Freeport Zone,

SBMA, Olongapo City, Philippines

Contact Person : Randy Delara, Lito Roque

☎ 63–47–252–7566

···Cebu

Cebu Recompression Chamber

Viscom Station Hospital

Military Camp Lapu–Lapu

Lahug, Cebu City, Philippines

Contact Person : Mamerto Ortega, Mamerto Ortega

☎ 63–32–310–709 Chamber

여행자 안전 수칙

필리핀이 다른 국가들에 비해 특별히 더 위험한 곳은 아니라고 했지만, 비슷한 환경의 다른 나라들만큼의 범죄는 분명 존재한다. 문제의 소지는 일단 피하는 것이 상책이다. 필리핀 여행 중에 자신의 안전을 지킬 수 있는 팁들은 다음과 같다.

··· 마닐라나 세부 시내와 같은 대도시에서 당연히 범죄가 많이 발생한다. 이런 대도시, 특히 인적이 드물거나 밤 시간에는 혼자 돌아다니거나 관광객으로 보이는 행동은 피하도록 한다. 카메라나 스마트폰 같은 고가의 물품, 지갑, 현금 등은 다른 사람의 눈에 띄지 않도록 잘 간수한다. 가방을 휴대하는 경우 항상 눈을 떼지 않도록 한다.

··· 여행에서 가장 중요한 여권과 고액의 현금은 호텔이나 숙소의 금고에 보관하고, 외출할 때에도 꼭 필요한 경우가 아니면 가지고 다니지 않는다. 특히 여권은 복사본을 별도의 장소에 보관해 두거나 사진을 찍어 스마트폰에 저장해 두도록 한다.

··· 가까이 접근하여 유난히 친절하게 구는 사람은 일단 조심한다. 터무니없이 좋은 조건의 거래를 제안하거나 중개하겠다고 나서는 경우는 거의 무조건 위험 요소가 숨어 있다고 간주하여야 한다.

··· 최근 약물이 들어 있는 음료수를 권한 후 의식을 잃은 상태에서 강도를 당하는 범죄가 기승을 부리고 있다고 한다. 모르는 사람이 권하는 음

료수나 음식은 절대 받아먹지 않도록 한다.

··· 택시를 타고 가는 도중에 발생하는 사고가 의외로 많다. 택시에 타면 반드시 출입문을 잠그는 습관을 들이도록 한다. 택시 기사가 강도로 돌변하거나 가방을 실은 채 도주하는 사고도 심심치 않게 발생한다. 택시 기사와의 시비는 가급적 피하는 것이 좋지만, 바가지 요금을 받으려는 경우가 워낙 많아서 시시비비를 따져야 하는 경우도 어쩔 수 없이 발생한다. 만일 택시 기사와 요금 등으로 시비가 붙은 경우 일단 안전해 보이는 장소에 차를 세우도록 하여 자신의 짐을 모두 내린 후 대화를 진행하는 것이 좋다. 여권이나 현금, 귀중품이 들어 있는 작은 가방은 트렁크에 싣지 말고 들고 타도록 한다.

··· 불필요한 시비나 다툼은 최대한 피한다. 현지인들을 깔보거나 무시하는 행동은 위험하다. 필리핀 사람들은 다른 사람들 앞에서 모욕이나 비난을 받는 것을 특히 수치스러운 일로 받아들이므로 사람들이 있는 곳에서 언성을 높이는 일은 피하도록 한다.

Tip

다이버 보험Diver's Insurance

만의 하나 다이빙 사고가 발생할 경우 최대한 빠른 시간 안에 재압 챔버 시설을 갖춘 의료 기관으로 가서 치료하는 것이 중요하다. 그러나 다이브 사이트들 대부분이 외딴 섬 같은 오지 지역인 경우가 많아 이동에 시간이 걸리고, 이 때문에 제때에 적절한 조치를 하지 못해 상황이 악화되는 경우가 더러 발생한다. 가장 바람직한 것은 헬리콥터를 이용한 이동인데 막대한 비용이 문제가 된다. 이동 후에도 재압 챔버 치료 자체에 많은 돈이 들어가는 것이 현실이다. 이런 이유로 다이빙을 자주 하는 다이버들은 별도의 다이버 보험Diver's Insurance에 가입하는 것을 권하고 있다. 상대적으로 위험도가 높은 수역에서 집중적으로 다이빙을 하게 되는 리브어보드들은 다이버 보험 가입을 의무적으로 요구하는 경우도 많다.

세계적으로 가장 큰 네트워크를 가지고 있는 다이버 보험 기관은 DANDivers Alert Network(www.danasiapacific.org)이다. DAN은 한국과 필리핀을 포함하여 다이버 인구가 많은 대부분의 국가에 사무소를 두고 있는데 아시아/태평양 지역의 본부는 호주에 있다.

DAN의 회원에게는 다이빙 사고는 물론 여행 중에 사고가 발생한 경우에도 세계 어느 곳에서든 가장 가까운 적절한 시설을 갖춘 의료 기관으로의 후송 서비스를 제공한다. 자체적으로 다이빙 전문 의료진이 24시간 대기하며 후송 중인 환자와 의료 기관 사이에서 적절한 조언을 제공한다. 멤버십 회비는 1년에 60호주달러이다. 가족이 함께 가입할 경우에는 85호주달러가 된다.

멤버십에 추가하여 다이빙 사고에 대비한 보험을 선택할 수 있는데, 이 보험은 반드시 멤버십에 가입할 때 동시에 구입해야 한다. 보험의 종류에는 Standard, Master, Preferred 등이 있지만, Standard Plan은 재압 챔버 치료가 포함되지 않아 큰 의미가 없고, Preferred는 수심 50m 아래로 내려갈 수 있는 텍다이버들만이 가입할 수 있어서 대부분의 다이버들은 Master Plan을 선택하게 된다. Master Plan의 연간 보험료는 75호주달러인데 사고가 발생한 경우 최대 25만불까지 의료비가 보상된다. 단, 사고의 제한 수심은 최대 50m까지이므로 어떤 경우에도 이 수심은 넘지 않도록 하는 것이 중요하다.

일부 대형 다이브 센터나 리브어보드에서는 해당 체재 기간 동안만 유효한 단기 보험을 판매하기도 한다. 이런 단기 보험의 보험료와 보상 기준, 보상 금액은 지역과 보험 회사별로 차이가 크지만, 대개 보험료는 하루에 5불 이상이고 최대 수심이 40m로 제한되는 것이 보통이다. 다이빙을 자주 하는 다이버라면 DAN 보험에 가입해 두는 것을 권하고 싶다. DAN 멤버 및 보험 가입은 온라인으로 간단히 할 수 있으며 보험 카드와 정기 간행물은 우편으로 보내준다.

◀ (사진 1-8) DAN의 다이버 보험 카드
다이빙 사고가 발생한 경우 인근 의료
기관으로의 후송 서비스와 재압 챔버를
포함한 치료 비용을 보상해 준다.
온라인으로 간단하게 가입할 수 있다.

1-6
교통

필리핀은 워낙 많은 섬으로 이루어진 나라여서 항공과 해상 교통수단이 발달한 반면 철도는 거의 없다. 마닐라 시내에는 메트로Metro라고 부르는 도시 철도가 운영되고 있지만, 노선이 단순하고 이용하는 사람이 워낙 많아 외국인이 활용하기는 어렵다. 대도시에는 택시가 흔하고 요금도 싼 편이어서 이것을 이용하는 것이 가장 편리하다. 필리핀 전체를 통틀어 가장 보편화된 대중 교통수단은 지프니Jeepney와 트라이시클Tricycle로 어느 곳을 가든 이 지프니와 트라이시클을 이용할 수 있다. 4월의 부활절 시기와 12월 연말연시 기간에는 많은 사람들이 고향을 찾아 이동하는 시기이므로 항공, 선박, 버스 등 모든 교통편이 만석이 되고 도로도 많이 정체되므로 이 시기에 여행할 경우 미리 예약하고 준비해야 한다.

항공

필리핀에서 주요 도시 간을 이동하는 경우에는 항공편이 가장 편리하다. 필리핀항공, 에어필익스프레스, 세부퍼시픽, 제스트항공(에어 아시아), SEAIR 등 많은 국내선 항공사들이 필리핀 전역을 운항하고 있으며, 요금도 합리적인 편이다. 필리핀항공의 경우 위탁 수하물 허용 중량은 20kg이며, 세부퍼시픽 등 저가 항공사들은 사전에 위탁 수하물의 중량을 구입해야 한다. 위탁 수하물의 중량 규정은 철저하게 지켜지므로 초과 중량에 대해서는 체크인할 때 비용을 지불해야 한다. 수하물에 관한 자세한 내용은 별도의 참고 자료를 확인하자.

지방의 어지간한 관문도시에는 비록 규모는 크지 않더라도 공항이 있다. 따라서 이동할 때 목적지 인근에 공항이 있는 곳이라면 일단 항공편을 우선적으로 고려하는 것이 좋다. 마닐라 공항은 메트로 마닐라의 일부인 파사이 시에 있는데 모두 네 개의 청사가 있다. 이 중 제 1청사는 대한항공과 아시아나항공을 포함한 외국 항공사 국제선 전용이고, 제 2청사(센테니얼 터미널)는 필리핀항공 전용으로 국제선 전부와 국내선 일부에 사용한다. 제 3청사는 세부퍼시픽과 제스트항공 등이 역시 국제선과 국내선 겸용으로 쓰고 있으며 필리핀항공의 일부 국내선 노선도 3청사를 이용한다. 제 4청사(과거의 Domestic Terminal)는 그 밖의 소규모 항공사들이 주로 국내선 노선에 사용한다. 따라서 국내선 항공기를 타고 마닐라를 출발하는 경우에는 어떤 터미널을 이용하는지 미리 확인하여야 한다. 마닐라를 경유하여 다른 도시로 다시 이동하는 트랜짓Transit도 마닐라에서 비행기를 갈아타기 위해 터미널을 이동해야 하는지를 미리 확인하여야 한다. 교통 체증이 극도로 심한 마닐라에서 터미널 간의 이동에 최소한 30분, 심할 경우 1시간 이상이 소요되는 경우도 있기 때문이다. 마닐라 공항은 이용하는 항공편에 비해 활주로 등 수용 능력은 많이 떨어져서 이착륙을 위해서 땅이나 하늘에서 대기하는 경우가 많다. 연발착 가능성이 그만큼 높다는 의미이다. 마닐라에서 환승하는 경우에는 공항 대기 시간Lay-Over Time이 적어도 세 시간 이상 확보되도록 한다.

공항세는 국제선의 경우 550페소이며 필리핀 국적자는 별도의 해외 여행세Travel Tax를 내야 한다. 국내선에서도 공항세를 받는 곳이 많은 데, 금액은 공항마다 조금씩 달라서 30페소부터 200페소까지 다양하 다. 마닐라 공항의 국내선 공항세는 200페소이다.

선박

섬이 워낙 많은 필리핀은 다이빙 사이트들 역시 주로 섬에 있으므로 섬과 섬 간의 이동이 불가피한 경우가 많다. 다행히 목적지가 큰 섬에 있고 그 안에 공항이 있다면 비행기를 타고 편하고 빠르게 이동할 수 있지만, 그렇지 않으면 일단 배를 이용할 수밖에 없다. 필리핀은 항공 교통 못지 않게 해상 교통도 발달해 있어서 생각 보다 많은 지점을 각종 선박들이 연결한다. 길게는 마닐라와 세부를 잇는 22시간짜리 대형 카페리 항로부터 시작하여, 세부 항과 보홀 항 을 연결하는 2시간짜리 쾌속선, 바탕가스 항과 사방 비치를 잇는 40 분짜리 방카보트에 이르기까지 노선과 선박의 종류도 다양하다.

육상 교통수단이나 항공편에 비해 선박은 날씨의 영향을 훨씬 더 받 는다. 날씨가 좋지 않을 경우 언제든지 항해가 취소될 수 있고, 소형 선박의 경우 야간에는 항해하지 않는 경우가 많다. 따라서 선박을 이 용하여 이동할 경우 출항 예정 시간, 소요 시간 등을 미리 확인해 보 도록 하고, 날씨가 좋지 않을 경우를 대비하여 일정에 어느 정도 여 유를 두도록 해야 한다.

버스

마닐라와 같은 대도시에는 시내버스도 많이 운행되고 있지만, 필리핀 대부분의 지역에서 시내 교통은 지프니Jeepney가 담당하며 버스는 중장거리 수송을 맡는 대중교통 역할을 주로 한다. 철도가 발달할 수 없는 필리핀에서 장거리 육로를 이동할 경우 필리핀 사람들을 버스를 주로 이용한다. 외국인들의 경우 세 시간 내외의 중거리를 이동할 경우에는 택시나 대절 차량을 많이 이용하지만, 버스를 이용하는 경우도 많다. 버스가 의외로 편리할 수 있고 요금 또한 매우 싸기 때문이다. 소요 시간은 도로 사정이나 차량 상태 등에 따라 다르지만, 대략 40km당 한 시간이 걸린다고 본다. 따라서 120km 정도 떨어진 마닐라와 바탕가스 간을 버스로 이동한다면 평균 세 시간 정도 소요된다.

작은 도시에는 당연히 버스 터미널이 하나 있지만, 대도시에는 여러 군데 터미널이 있어서 버스로 여행할 경우 어느 터미널에서 어떤 회사의 버스를 타는지를 미리 확인해 두어야 한다. 마닐라는 파사이 지역에, 그리고 케손시티에는 쿠바오 지역에 버스 터미널이 집중되어 있다. 버스 편이 자주 있는 경우는 별문제가 없지만, 하루에 한두 차례만 운행하는 노선인 경우에는 예정 시간보다 일찍 터미널에 도착하도록 한다. 버스에 승객이 많이 타면 버스기사의 결정에 따라 예고 없이 예정 시간보다 일찍 출발하는 경우도 있기 때문이다. 반대로 출발 예정 시간이 되어도 승객이 어느 정도 찰 때까지 출발이 지연되는 경우도 빈번하다.

택시

전체적으로 볼 때 택시는 필리핀에서 그다지 보편적인 교통수단은 아니지만, 마닐라나 세부시티와 같은 대도시에서는 택시가 가장 편리한 이동 수단 중 하나이다. 택시는 기본적으로 어느 곳에서든 타고 내릴 수 있지만, 대형 쇼핑몰이나 공항과 같은 곳에서는 타고 내릴 수 있는 장소가 지정되어 있는 경우도 있다. 마닐라 택시의 경우 요금은 거리, 시간 병산제로써, 기본 요금 40페소에 300m당 3.50페소씩 올라간다. 2분 정차할 때마다 역시 3.50페소씩 요금이 추가된다. 시내의 어지간한 거리는 200페소 이내의 요금으로 이동이 가능하다.

◀ (사진 1-9) 마닐라의 택시.
대부분 에어컨이 설치되어 있으며
차종은 일제^{日製} 소형 차량이 많다.

요금이 상대적으로 저렴하고 택시의 숫자는 많아서 생활이 어려운 택시 기사들 입장에서는 어떻게 해서든 조금이라도 더 많은 요금을 받아내려고 하기 때문에 요금을 둘러싸고 항상 잦은 시비가 벌어지곤 한다. 승객이 외국인이나 여성일 경우 특히 바가지가 심해지고 심지어는 택시 기사가 강도로 돌변하는 사고도 더러 발생하고 있어서 조심할 필요가 있다. 택시에 타면 먼저 미터기가 리셋되었는지를 확인하고 출입문을 잠그도록 한다. 교통 체증이 심하다느니, 목적지가 너무 멀다느니, 돌아오는 승객을 태울 수 없는 곳이라느니 하는 것들이 택시 기사들이 추가 요금을 노리고 상습적으로 하는 말들인데, 이럴 경우에는 시비에 말려들지 말고 미터대로만 요금을 지불하겠다고 주장하는 것이 상책이다. 상황이 심각해졌다고 판단되면 안전해 보이는 곳에 정차를 요구하고 차에서 내리는 것이 좋다.

지하철이나 공항버스가 없는 마닐라 공항에서는 택시가 사실상 유일한 교통수단이며, 공항에서 택시를 탈 경우에는 지정된 공항 택시만 이용할 수 있다. 일반 택시는 공항으로 오는 손님을 태우고 들어올 수는 있지만, 공항에서 승객을 태우고 나갈 수는 없기 때문이다. 마닐라 공항 택시는 두 가지가 있다. 흰색 공항 택시는 목적지에 따라 요금이 정해져 있는 정액제 택시로, 쿠폰 택시라고도 불린다. 지정된 택시 승강장에서 목적지를 말하고 쿠폰을 받은 후 택시에 타고 목적지까지 이동한 후 요금을 지불하는 방식이다. 원래는 목적지에 따라 요금이 명확하게 정해져 있고 택시 승강장에 게시까지 되어 있지만, 실제로는 미터가 달려 있지 않다는 점을 악용하여 목적지에서 터무니 없는 요금을 부르는 경우가 비일비재한 것으로 악명이 높으니 이 흰색 쿠폰 택시는 타지 않는 것이 좋다. 불가피하게 타는 경우에는 출발 전에 요금을 재확인하도록 한다. 공항에 내리면 제복을 입은 사람들, 심지어는 공항 경찰들까지도 택시를 잡아 주겠다고 접근하는데, 이런 제의는 단호히 거절하도록 한다.

▲ (사진 1-10) 흰색의 정액제 마닐라 공항 택시.
목적지에 따라 요금이 정해져 있다.

▲ (사진 1-11) 노란색의 미터제 마닐라 공항 택시.
요금은 일반 택시보다 조금 더 비싸다.

또 다른 공항 택시는 노란색의 미터 택시이다. 이 택시는 시내의 일반 택시처럼 미터에 따라 요금을 받는다. 다만 기본 요금이 70페소, 300 미터당 4페소, 대기 시간 2분당 4페소로 일반 시내 택시에 비해 비싼 편이지만, 상대적으로 요금에 대한 횡포가 쿠폰 택시보다는 덜한 편이다. 그럼에도 불구하고 미터기를 켜지 않는다거나, 할증 버튼을 눌러 놓는다거나 하는 눈속임은 여전히 많다. 택시에 타면 출발하기 전에 미터기를 켜는 것을 확인하고 켜지 않았을 경우 미터를 켜라고 요구하도록 한다. 목적지가 마음에 들지 않거나 요금을 원하는 만큼 받기 어렵다고 생각하는 경우 공항을 벗어나자마자 차량이 고장 났다는 등의 이유를 들어, 차에서 내려 일반 택시로 갈아타 달라고 요구하는 신종 수법이 최근 많이 발생하고 있다. 그런 지점에는 대개 미리 짠 다른 택시가 기다리고 있는데, 결국은 더 큰 바가지로 연결되게 마련이다. 이런 경우에는 차에서 내리지 말고 다시 공항으로 돌아가서 차량을 같이 확인해 보자고 요구하는 것이 최선의 방법이며, 이렇게 나갈 경우 대개는 더 이상의 시비 없이 목적지까지 갈 수 있다. 물론 고장 났던 택시도 다시 멀쩡해진다.

렌터카 및 대절 차량

　　한국에서 운전 경험이 많은 사람이라도 필리핀, 특히 마닐라에서는 직접 운전하겠다는 생각은 꿈도 꾸지 말아야 한다. 상상을 초월하는 교통 체증, 무질서한 차량과 보행인, 아무 때나 길 한복판에 차를 세우고 사람들을 태우고 내리는 지프니, 좁은 골목에서 느닷없이 튀어나오는 트라이시클과 모터사이클, 좁고 복잡한 도로 시스템, 교통질서 확보보다는 법규 위반 차량을 잡아 돈을 뜯어내는 것이 주 관심사인 수많은 경찰들… 좌우간 필리핀에 정착해서 살고 있는 교민이 아닌 이상 직접 운전하는 것은 아예 배제하자.

필리핀에도 렌터카가 있지만, 차량만 직접 빌려 주는 경우는 많지 않고 대부분 운전기사까지 딸려 빌리는 경우가 많다. 이렇게 기사를 포함한 차량을 빌릴 경우의 요금은 12시간 기준으로 승용차는 1,200페소, 승합차는 1,600페소 정도이며 여기에 유류대, 통행료, 주차비 및 약간의 기사 팁이 추가된다. 물론 일 단위로 빌리는 것도 가능하므로 장시간 차량이 필요할 경우, 특히 인원 수가 많을 경우 택시보다 더 편리할 수도 있다. 필리핀은 높은 관세 등으로 자동차 가격이 매우 비싼 대신 인건비가 아직은 싼 편이다.

다이빙 여행이라면 다이브 리조트에서 고객 다이버의 편의를 위해 공항에서부터 리조트 지역까지 개인 차량으로 픽업 서비스를 제공하기도 한다. 픽업 서비스 요금은 다이브 리조트, 위치나 거리에 따라 다르지만, 일반적으로 세 시간 정도 소요되는 경우를 기준으로 미화

100불 내외로, 다소 비싸기는 하지만 골치 아픈 일이 거의 없으므로 초행길이거나 현지 사정에 익숙하지 않은 경우 가장 편리한 방법이기도 하다.

지프니 Jeepney

지프니는 원래 미군의 지프를 개조해서 승객을 태울 수 있도록 만든 것인데 최근에는 소형 트럭을 개조해서 만드는 경우도 많다. 지방에 따라서 형태와 크기가 다르기도 하다. 지프니는 필리핀 사람들에게 없어서는 안 될 가장 중요한 대중교통수단이며 우리나라의 버스와 같은 역할을 맡고 있다. 다양한 색상과 개성 있는 장식으로 치장한 지프니는 필리핀의 대표적인 명물 중 하나이다. 작은 도시에서는 지프니보다 크기가 작은 용달차와 비슷하게 생긴 멀티캡 Multicab 이 사용되는 경우도 있다.

자가용이나 대절용으로 사용되는 지프니도 있지만, 대부분은 정해진 노선을 따라 버스 형태로 운영된다. 그러나 따로 정해진 정류장이 있는 것이 아니고 대개 어디서든 타고 내릴 수 있다. 길가에 서 있다가 지프니가 접근하면 손을 들고 세워서 타면 되고, 목적지에 도달하면 세워 달라고 해서(빠라 또는 스톱이라고 외친다.) 내리면 된다. 메트로 마닐라의 경우, 요금은 구간 단위로 받는데 한 구간의 요금은 8페소(약 200원) 정도이다. 택시와는 달리 지프니는 운전기사가 차주인 경우가 많다. 요금도 대개 운전기사가 직접 받는데 뒷자리에 탄 경우 옆의 손님에게 요금을 건네면 운전기사에게 전달되며, 거스름돈은 다시 앞자리 승객들로부터 전달된다. 혹시라도 옆에 앉은 사람이 나에게 돈을 주더라도 덥석 받아서 주머니에 넣는 일이 없도록 하자. 옆사람을 통해 요금을 전달하는 경우 흔히 '바야도'라고 말한다.

▲ (사진 1-12)
필리핀의 명물이자 대표적인 대중 교통수단인 지프니.
지프니마다 외장과 인테리어가 모두 다르다.
지프니 기사이자 차주들은 자신들의 재산 목록 1호인 지프니를 애지중지 관리한다.

지방에서는 지프니가 장거리 노선까지 뛰며, 역시 요금은 거리에 따라 달라진다. 잘 모르는 곳에서 지프니를 타는 경우에는 먼저 운전기사나 다른 승객들에게 자신의 목적지를 확인하고 타는 것이 좋다. 지방을 뛰는 지프니의 경우 좌석의 숫자만큼 손님이 다 차지 않으면 출발하지 않고 하염없이 기다리는 경우가 많다. 이런 경우 느긋하게 기다리는 것이 좋지만, 혹시 시간이 빠듯한 일정일 경우에는 빈자리의 숫자에 해당하는 요금을 추가로 지불하면 바로 출발할 수 있다. 마찬가지 원리로 큰 가방이 있는데 놓을 자리가 마땅치 않을 경우 한 좌석 분의 요금을 추가로 지불하면 눈치 보지 않고 당당하게 자신의 옆자리에 가방을 싣고 갈 수도 있다. 이 점은 버스를 탈 때에도 마찬가지이다.

트라이시클Tricycle

지프니가 마을버스라면 트라이시클은 마을택시와 같은 존재이다. 소형 모터사이클을 개조하여 옆에 사람이나 화물을 실을 수 있도록 사이드카 형태로 만든 것이 트라이시클인데, 영업용은 물론 자가용이나 화물용으로도 많이 활용된다. 지프니가 타운과 타운을 연결하는 교통수단이라면, 트라이시클은 원칙적으로 자기 동네 안에서만 영업이 가능하다. 그러나 대절 형태로 빌려서 이용하는 것도 당연히 가능하다. 동네별로 요금 규정이 정해져 있지만, 타기 전에 목적지를 말하고 요금을 확인한 후 타는 것이 좋다. 트라이시클의 승차 인원은 사이드카 안에 있는 좌석과 모터사이클 자체의 뒷좌석을 포함하여 보통 네 명 정도이지만, 10여 명이 넘는 대가족이 한 대의 트라이시클에 꾸겨 타고 가는 경이로운 모습도 종종 발견할 수 있다.

▲ (사진 1-13) 필리핀의 트라이시클.
모터사이클을 개조하여 승객이 탈 수 있도록 만든 것으로,
대표적인 단거리 이동 수단이다.

Tip

필리핀의 수상 비행기Seaplane

필리핀의 다이브 사이트들은 마닐라에서 멀리 떨어진 작은 섬에 자리하기도 한다. 예를 들면 민다나오의 사말 섬, 팔라완의 상갓 섬 또는 아포 리프와 같은 곳이다. 이런 외딴 섬이 아니더라도 국내선 항공편을 타고 인근 공항에 내려 버스나 지프니를 타고 항구로 가서 보트를 타고 목적지로 간 후 다시 트라이시클을 타고 리조트에 도착하는 복잡한 경로를 거치는 경우가 필리핀에서는 드물지 않다. 많이 알려져 있지 않은 교통수단이기는 하지만, 항공 교통이 발달한 필리핀에서 간혹 요긴하게 이용할 수 있는 것이 바로 수상 비행기이다. 수상 비행기는 세스나 185계열과 같은 경비행기에 이착륙을 위한 바퀴Landing Gear 대신 바다 위에서 뜨고 내릴 수 있는 스키 모양의 플로트Float를 부착한 것이다. 4인승 항공기로 조종사를 제외하고 세 명의 승객이 탈 수 있는 기종이 많다.

필리핀에서 가장 많이 알려진 수상 비행기 운송 업체는 수비크 시플레인Subic Seaplane(seaplane-philippines.com)이다. 이 회사는 마닐라 인근 수비크 만의 자유 무역 지구Free Trade Zone에 기지를 두고 있는데, 이곳에서 필리핀 전국 어디든 바다가 있는 곳이라면 한 시간 남짓한 시간에 손님을 태워 데려다 준다. 항공 사진 작가, 모험을 좋아하는 관광객, 외딴 섬을 찾는 다이버 등이 주요 고객들이다. 전세 요금은 목적지까지의 거리 등에 따라 다르지만, 대개 800불 선인데 최대 세 명까지 탑승할 수 있고 어느 정도의 화물도 실을 수 있으므로 터무니 없이 비싼 요금이라고는 할 수 없다. 다만, 작은 경비행기이니만큼 날 씨에 영향을 많이 받으며 비행 도중 많이 흔들리고 특히 바다에서 이 착륙할 때 조금 무서운 느낌이 든다. 이 회사의 소식통에 따르면 민 도로의 푸에르토갈레라, 보라카이 등을 찾는 여행객들도 많이 이용 하고 있다고 한다. 일단 알아 두면 언젠가 요긴하게 써 먹을 가능성 이 있는 교통 수단이다.

1-7
우편, 통신 및 전기

우편

필리핀의 국영 우편 시스템Postal System은 느리고 신뢰성이 낮기로 유명하다. 물론 국토가 여러 섬으로 이루어진 탓도 있겠지만, 근본적인 원인은 고질적인 공무원들의 비효율과 부정부패 때문이다. 그래서 필리핀에서 중요한 서류나 물건을 보낼 때에는 우편 서비스보다는 택배 서비스를 주로 이용한다. UPS나 FedEx 같은 글로벌택배 서비스 회사도 있지만, 필리핀에서 주로 이용되는 택배 서비스는 LBC라는 업체이다. LBC는 택배 서비스와 함께 송금 서비스도 제공한다.

▲ (사진 1-14)
필리핀 어느 곳에서든 쉽게 볼 수 있는 택배 업체 LBC.
필리핀의 어느 곳으로든 물건이나 서류는 물론
돈도 보낼 수 있다.

한국에서 외국으로 우편물이나 물건을 보낼 때에는 주로 국제 특급 우편(EMS)을 이용한다. 조금 비싸기는 하지만 빠르고 믿을 수 있기 때문이다. 물론 배송 추적 서비스도 제공된다. 그러나 필리핀으로 보낼 때에는 EMS가 별로 믿을 만하지 않다. 시간도 1주일 이상으로 오래 걸릴 뿐 아니라 우리나라에서처럼 집까지 배달해 주지도 않기 때문이다. 서류가 아닌 물건을 마닐라 지역으로 보낼 경우, 파사이에 있는 마닐라 국제 우편국에 도착하는 즉시 거의 예외 없이 바로 옆에 있는 필리핀 세관으로 넘겨진다. 그러면 수취인은 직접 이곳까지 찾아와 하루 종일 기다린 후에 엄청난 금액의 세금을 지불하고 물건을 찾아와야 하는 일이 비일비재하다. 필리핀의 관세법은 그 규정이 매우 모호하게 되어 있어서 세금을 부과할 것인지의 여부와 얼마를 부과할 것인지 등이 거의 전적으로 세관 공무원 마음대로이기 때문이다. 이런 과정을 한 번이라도 겪은 사람은 절대 우편 시스템을 통해 필리핀으로 물건을 보내지 않는다. 다행히 최근 한국에도 LBC 지사가 생겼기 때문에 이 서비스를 이용하는 것이 필리핀으로 물건을 보내는 가장 좋은 방법이다.

통신

필리핀도 거의 모든 국민들이 휴대 전화를 이용할 정도로 이동 통신 보급율이 높다. 이동 통신 시스템은 WCDMA 방식의 3G 네트워크가 주종이며 최근 LTE 서비스가 시작되고 있는 상태이지만, 제공되는 지역은 아직 제한적이다. 최근 젊은 계층은 경쟁적으로 스마트폰을 사용하는 추세이고, 한국의 카카오톡Kakao Talk이 보편적일 정도로 많이 사용되고 있다. 그러나 휴대 전화를 사용하는 방법이 한국과는 다르다.

필리핀에서는 사용하는 휴대 전화 기종과 관계 없이 소비자가 이동 통신 회사를 결정할 수 있다. 단말기 자체가 소위 말하는 **Unlocked Phone**이어서 자기가 원하는 이동 통신사의 **SIM**Subscriber Identification Module 카드를 사서 꽂으면 바로 작동된다. 따라서 신분증이나 신용이 없는 외국인이라도 얼마든지 자유롭게 휴대 전화를 사서 쓸 수 있으며, 한국에서 가져간 휴대폰에 필리핀의 SIM만 사서 꽂아 사용하는 것도 가능하다. 필리핀의 주요 3대 이동 통신사는 글로브Globe, 스마트Smart, 선Sun이다. 한 대의 전화기에 두 개의 SIM 카드를 꽂아 두 개의 전화번호를 사용하는 경우도 필리핀에서는 흔하다. 예를 들어 하나는 Smart 번호이고 다른 하나는 Globe 번호로 사용하는 것인데, 통화 상대방이 다른 회사의 네트워크일 경우 요금이 비싸기 때문에 가능한 한 같은 네트워크를 쓰기 위해서인 경우가 많다.

요금 방식도 한국과는 달리 대부분의 사람들이 **선불 방식**Prepaid을 사용한다. 전국 어디에든 있는 로딩 스테이션Loading Station에서 원하는 금액만큼 휴대 전화에 선불로 요금을 구입한 후 이 범위 내에서 음성 통신, 문자, 인터넷 접속 등을 이용한다. 필리핀에서 휴대 전화에 선불 요금을 내는 것을 로드Load라고 부른다. 휴대 전화 로드는 로딩 스테이션에서 현금을 내고 로딩 받는 방법도 있고, 선불 카드를 사서 직접 로딩하는 방법도 있다. 로드 카드는 쇼핑몰 등에서 쉽게 구입할 수 있으며, 로딩 방법은 카드에 적혀 있다. 다른 사람의 휴대 전화에서 일정 금액의 로드를 넘겨받는 것도 가능하다. 이런 경우를 로드를 선물한다는 뜻으로 파사 로드Pasa-Load(Pasa는 선물이라는 뜻이다)라고 부른다.

경제적으로 여유롭지 않은 사람들이 많은 필리핀에서는 음성 통신보다는 단문자(SMS) 서비스가 더 많이 사용된다. SMS는 1건에 1페소 정도로 음성에 비해 가격이 싸기 때문이다. 나의 일 때문에 휴대 전화 문자를 보내야 하는 현지인(특히 여성)이 있다면 작은 금액의 파사 로드를 상대방의 전화번호에 미리 넣어 주는 것이 필리핀에서 매너 있는 외국인으로 인정받는 한 방법이기도 하다.

한국에서 사용하던 스마트폰은 간단한 세팅만으로 국제 로밍International Roaming 방식으로 필리핀에서 사용할 수 있다. 요금은 계약한 이동 통신사별로 다르지만, 필리핀 내에서의 통화는 분당 300원, 필리핀에서 한국으로 발신할 경우 분당 1,900원, 한국에서 필리핀으로 걸려온 전화를 수신할 경우 분당 740원 정도이며, 문자(SMS) 발신은 건당 150원이고 수신은 무료이다.

커피샵, 레스토랑, 호텔 등 와이파이를 제공하는 곳이 늘어가고 있지만, 시골 동네로 가면 와이파이가 전혀 되지 않는 곳이 많으며, 심지어 휴대 전화 신호도 잘 잡히지 않는 곳도 있다. 통신 인프라가 아직은 열악한 필리핀에서는 와이파이가 되더라도 접속이 원활하지 않거나 속도가 느린 경우가 많다. 와이파이가 불가능한 지역을 여행할 때 인터넷을 꼭 사용해야만 하는 경우라면 한국의 통신사로부터 정액제 데이터 로밍 서비스(하루에 1만 원 내외)를 받거나 필리핀 현지에서 데이터 서비스가 가능한 로드를 별도로 구입해서 사용하는 것도 고려할 만한 방법이다.

전기

필리핀의 전기는 220볼트이지만, 콘센트는 우리나라와 같은 동그란 220볼트 전용의 것과 미국이나 일본에서 사용하는 납작한 11자 모양의 110볼트 형태의 것을 섞어서 사용한다. 콘센트 모양만 보고 110볼트 전기로 착각하는 경우도 많다. 다행히 220볼트 형식의 동그란 콘센트가 있는 곳에서는 우리나라에서 사용하던 전기 용품을 그대로 사용할 수 있지만, 장소에 따라서는 110볼트 형식의 11자형 콘센트만 있는 곳도 있으므로 돼지코를 하나 준비해 가는 것이 좋다.

마닐라와 같은 대도시에서는 오랜 시간 동안 완전히 정전이 되는 이른바 블랙아웃Black-Out이 흔하지 않지만, 잠깐 잠깐 부분적으로 전기가 나가는 브라운아웃Brown-Out은 자주 발생한다. 시골 동네로 가면 전기 사정이 여의치 않아 수시로 정전되는 경우가 많고, 심지어는 시간을 정해 두고 제한 급전을 하는 곳도 적지 않다. 그러나 대부분의 다이브 리조트에서는 자가 발전기를 보유하고 있어 정전이 되더라도 금세 회복되며 컴프레서 등 다이빙에 필요한 장비 가동에도 별 지장이 없다.

chapter 2
필리핀 다이빙 투어

어떤 여행이든 마찬가지겠지만 다이빙 투어 또한 설렘으로 시작된다. 처음 가 보는 미지의 곳이든 이미 여러 차례 가 보았던 익숙한 곳이든 새로운 목적지를 정한 순간부터 이미 여행은 시작된다. 세부 일정을 정하고, 리조트와 항공편을 예약하고, 목적지에 대한 자료를 조사하고 틈틈이 다이빙 장비를 챙겨가는 과정이 모두 다이빙 투어의 일부이다.

나라마다 언어, 풍경, 음식, 관습 등이 모두 다른 것처럼 다이빙을 하는 환경이나 관행 또한 나라나 지역별로 조금씩 다르다. 필리핀 다이빙의 일반적인 특징, 다이빙 여행의 골칫거리인 짐 싸는 방법, 필리핀의 입출국 수속 등 다이빙 투어에 필요한 실질적인 내용들을 안내한다. 아울러 필리핀의 다이브 리조트에 묵으면서 다이빙을 하는 데 참고해야 할 내용들과, 다이빙 보트를 타고 바다에서 숙식을 해결하면서 다이빙을 하는 리브어보드 여행에 대한 소개도 포함되어 있다.

모알보알의 아네모네피시 ▼　　　　　　　　　아닐라오의 바다거북 ▼

오슬롭의 고래상어 ▲　　　　　　　코론 올림피아마루의 라이언피시 ▲

2-1
필리핀 다이빙 개요

필리핀 스포츠 다이빙의 기원은 1966년 아닐라오에서 시작된 것으로 알려지고 있다. 그만큼 필리핀은 다이빙에 관한 한 다른 어느 나라보다도 선구자적 위치에 있는 국가임에 틀림 없다. 근 50여 년에 달하는 역사를 가지고 있음에도 불구하고 필리핀에서의 다이빙 스타일은 아직까지도 그다지 많이 바뀌지는 않았다고 한다. 다만, 과거에 비해 훨씬 현대적인 다이브 리조트들이 많이 생겼다는 점, 세계에서 가장 깊은 수심을 가진 필리핀답게 텍 다이빙Technical Diving 인구가 늘었다는 점 정도가 최근의 변화라면 변화일 수 있다. 아직도 과거와 같이 필리핀 고유의 방카Banka를 다이빙 보트로 주로 사용하며, 현지 바닷속에 대해 해박한 지식이 있는 다이브 가이드와 로컬 스텝들의 전문적인 서비스로 다이버들이 다른 어느 나라에서도 경험하기 어려운 소위 말하는 황제 다이빙을 즐길 수 있다는 점 등은 여전히 필리핀 다이빙의 특징이라고 할 수 있다. 전형적인 필리핀에서의 다이빙 스타일에 대해 조금 더 알아보도록 하자.

다이브 센터/다이브 리조트

필리핀 전역에는 헤아릴 수 없을 정도로 많은 다이브 센터가 있지만, 대부분 다이빙 서비스는 물론이고 숙박과 식사까지 함께 제공하는 이른바 다이브 리조트Dive Resorts 형태의 것들이 대부분이다. 설사 다이브 센터 자체에서 숙박과 식사를 직접 제공해 주지

▲ (사진 2-1) 아닐라오 지역의 한 다이브 리조트

않는 경우라도 인근 시설에서 손쉽게 해결할 수 있도록 네트워크를
구축하고 있어서 다이버 입장에서는 먹고 자는 문제에 대해 걱정할
필요 없이 다이빙을 즐길 수 있는 환경이 마련되어 있다.

다이빙 보트

　　　　일부 리조트에서는 파이버글라스 소재의 현대식 스피
드 보트를 사용하기도 하지만, 아직도 대부분의 다이브 리조트에서
는 필리핀 전통 보트인 방카Banka를 다이빙 보트로 사용한다. 방카는

▲ (사진 2-2) 필리핀의 전형적인 다이빙 보트, '방카'

나무로 만든 선체에 자동차에서 사용하던 중고 가솔린 엔진이나 디젤 엔진을 얹은 보트인데 선체 양쪽에 균형을 잡을 수 있는 대나무로 만든 날개Stabilizer가 붙어 있는 것이 특징이다. 보트의 크기도 다양해서 한 사람이 간신히 탈 수 있는 미니 사이즈도 있는 반면, 큰 것은 선체 안에 별도의 엔진실이 있고 화장실이나 취사 시설까지 갖춘 것도 있다.

다이빙 서비스

　　필리핀의 다이브 리조트에서는 현지의 바다 사정에 밝은 다이브 마스터 또는 강사들이 다이버들과 동행하여 가이드 서비스를 제공한다. 가이드들은 브리핑, 장비 점검, 수중에서의 가이드는 물론 다이버들이 관심을 가질 만한 수중 지형이나 수중 생물들을 성심껏 찾아주려고 노력한다. 다이브 마스터 외에도 현지인 스텝들이 장비 운반과 셋업은 물론 장비 착용, 출수 후 보트에 승선하는 과정까지 모두 도와주므로 다이버들은 더없이 편안한 다이빙을 즐길 수 있는 것이 필리핀 다이빙의 큰 특징이다.

▲ (사진 2-3) 다이버들을 위해 장비를 보트로 운반해 주는 리조트의 현지인 스텝

다이빙 비용

　　　　다이빙 비용은 지역이나 다이브 리조트마다 약간의 차이가 있지만, 필리핀 전체적인 평균치로 본다면 1회 보트 다이빙에 30불 또는 1천 페소 내외 정도라고 보면 큰 무리는 없을 것이다. 상대적으로 다이브 리조트들이 많은 지역이 조금 더 싸고, 보라카이처럼 관광객들이 많이 찾는 지역은 조금 더 비싼 경향이 있다. 일부 럭셔리급 리조트인 경우에는 1회 다이빙에 40불 정도까지 받는 곳도 있다. 장비 렌탈은 풀 세트로 빌릴 경우의 평균 가격은 하루에 25불 정도로 보면 무난하다. 숙박 비용은 리조트의 등급, 위치, 객실의 종류 등에 따라 차이가 크지만, 이 역시 전체 평균으로 보면 대략 1박에 40불에서 60불 정도이다.

리조트 중에서는 오래 머무는 다이버들에게 할인 혜택을 주거나 숙식과 다이빙을 묶어 할인된 가격에 제공하는 패키지 프로그램을 운영하는 곳도 많다.

Tip

선박이나 항공기에서 사용하는 용어는 다른 육상 교통수단에서 사용하는 것과 다른 것들이 많다. 오랜 기간 동안 전통적으로 내려오던 해사海事 용어들을 아직도 많이 사용되고 있기 때문이다. 다이빙 보트나 리브어보드를 타고 생활하다 보면 이런 생소한 용어들을 자주 듣게 된다.

배의 앞부분인 뱃머리를 '선수船首' 또는 'Bow'라고 부르며 반대로 배의 뒷부분을 '선미船尾' 또는 'Stern'이라고 한다. 배의 좌측을 '좌현左舷' 또는 'Port Side'라고 하며 배의 우측을 '우현右舷' 또는 'Starboard Side'라고 부른다. 선박의 앞쪽 방향, 즉 선수를 향하는 방향을 'Forward'라고 하고 반대로 선미 쪽을 향하는 방향은 'Aft'라고 하며, 보트의 방향타方向舵, Rudder를 조종하는 휠Wheel과 그 밖의 항해 시설이 있는 곳을 '조타실操舵室' 또는 'Wheel House'라고 한다. 대형 선박인 경우 조타실이 맨 위층 갑판deck의 전방에 별도로 설치되어 있는데, 이곳을 '함교艦橋' 또는 'Bridge'라고 부른다. 보트의 선미Stern 부분에 다이버들이 입수 또는 출수할 수 있도록 평평하게 만들어 놓은 곳을 '플랫폼Platform'이라고 한다.

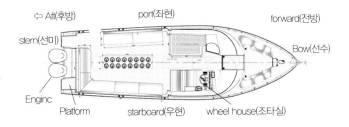

선박의 시설이나 장치에 관한 용어에는 다음과 같은 것들이 있다.

·· 선수Bow : 선박의 앞부분

·· 선미Stern : 선박의 뒷부분

·· 전방Forward : 선수 쪽 방향

·· 후방Aft : 선미 쪽 방향

·· 좌현Port : 선박의 좌측 또는 좌측 방향

·· 우현Starboard : 선박의 우측 또는 우측 방향

·· 갑판Deck : 층과 층 사이의 평면 바닥

·· 기관Engine : 선박의 추진 동력을 만드는 엔진

·· 플랫폼Platform : 보트의 후미에 입출수를 위해 마련된 평평한 공간

·· 방향타Rudder : 선박의 방향을 조정하는 판, 대개 선미의 수중에 부착됨

·· 스크루Screw : 기관의 동력을 추진력으로 바꿔 주는 프로펠러

·· 조타실Wheel House : 선박의 방향과 동력 등을 통제하는 조종실

·· 닻Anchor : 선박을 수면에 고정시키기 위해 수중 바닥에 떨어뜨리는 고리

·· 돛대Mast : 선박에 높게 설치된 기둥

·· 용골Keel : 선박의 맨 밑바닥의 중심 형태를 잡는 등뼈에 해당하는 구조물

·· 선체Hull : 선박의 형태를 이루는 표면

·· 이중 선체Double Hull : 표면을 두 겹으로 만들어 침수 위험을 낮춘 선체

·· 갤리Galley : 조리 시설을 갖춘 주방

·· 헤드Head : 마린 토일렛을 갖춘 화장실

·· 선실Cabin : 사람이 거주하는 공간,
　　　　　 대형 선박일 경우 스테이트룸이라고 함

·· 차트Chart : 뱃길과 수심, 암초 등의 위치가 표시된 항해용 지도(해도)

참고 : PADI Adventure in Diving Manual, Wikipedia

다이버가 되는 방법

스쿠바 다이빙은 압축 공기로 물속에서도 호흡할 수 있는 스쿠바 SCUBA:Self Contained Underwater Breathing Apparatus 장비를 이용하여 일정한 시간 동안 잠수하는 레포츠이다. 다이버들에게는 보통 사람들이 보지 못 하는 물속이라는 신비로운 세계를 직접 목격하고 체험할 수 있는 특권이 주어진다. 물속이라는 특수한 환경에서 압축 공기와 호흡기 같은 특수한 장비를 사용하는 스쿠바 다이빙의 특성상 일정한 교육과 실습을 통해 필요한 기술을 배운 사람만이 소정의 자격증을 받아 다이버가 될 수 있다. 그러나 다이빙은 생각한 것보다는 훨씬 쉽게 배울 수 있어서 폐나 기관지 등의 호흡기 또는 귀에 치명적인 질환이 있지 않은 이상 누구든지 다이버가 될 수 있다. 수영을 잘하면 다이빙에 도움이 되는 것은 사실이지만, 설사 수영을 못 하더라도 다이빙을 배우는 데에는 문제될 것이 없다.

▲ (사진 2-4) 오픈 워터 다이버 실습 과정.
필리핀에서는 누구든지 3일 정도의 시간과 300불대의 비용으로 스쿠바 다이버 라이선스를 취득하여 다이버가 될 수 있다.

다이버의 등급에는 여러 가지가 있어서 등급별로 소정의 교육을 이수하여야 한다. 그러나 보통 우리가 다이버라고 하면 '오픈 워터 다이버Open Water Diver' 과정 이상을 이수한 사람을 말한다. 오픈 워터 자격을 가진 다이버는 강사나 다이브 마스터의 도움 없이도 다른 동료 다이버(버디)와 함께 단독으로 다이빙할 수 있다.

필리핀은 오픈 워터 다이버 교육을 받고 다이버가 될 수 있는 최적의 장소 중 하나이다. 한국에서 다이빙을 배울 경우 제한된 환경으로 인해 비용도 최소한 50만 원 이상이 들고 기간도 1주일 이상으로 오래 걸린다. 그러나 다이빙이 보편화되어 있고 실습할 수 있는 바다가 지척에 널려 있는 필리핀에서는 대개 3일 정도의 기간에 300불 대의 비용으로 오픈 워터 과정을 마치고 다이버가 될 수 있다.

오픈 워터 교육 과정은 이론 교육과 실습으로 구성되며, 실습에는 수영장에서의 기초 훈련과 4회 내외의 오픈 워터(바다)에서의 교육 다이빙이 포함된다. 교육 과정이 끝나면 간단한 필기 시험을 치러서 일정 점수 이상을 얻으면 다이버 자격증이 발급된다.

오픈 워터 다이버 자격증은 유효 기간이 없으므로 평생 유효하다. 한국인 리조트에서는 당연히 한국인 강사가 한국어로 교육을 진행하며 교재와 시험 또한 한국어로 제공된다.

▲ (사진 2-5) 오픈 워터 다이버 라이선스(SSI).
다이버 라이선스를 발급하는 기관은
PADI, SSI, SDI, NAUI, CMAS 등 10여 개 이상이 있으며
레크리에이셔널 다이버의 경우 어느 기관을 통해 라이선스를 받더라도
서로 인정된다.

여행 준비 및 짐 싸기

짐 싸는 요령

여행의 고단함은 짐의 무게와 비례한다. 여행의 본질은 집이 아닌 곳에서 잠시 머무르는 것이지 이사 가는 것이 아니다. 필요한 물건이라고 해서 마구 가방에 집어넣다가는 금세 감당할 수 없는 정도의 덩치와 무게에 이르게 된다. 물론 어느 장소에 어떤 성격의 여행을 가느냐에 따라 어떻게 짐을 꾸릴 것인지도 달라지는 것은 사실이다. 수하물의 허용 중량이 빠듯한 항공사의 비행기를 두 번 갈아타고 또 육로나 배로 최종 목적지까지 한참을 들어가야 하는 다이빙 여행이라면 무겁고 커다란 가방은 그야말로 애물단지가 아닐 수 없다. 여행 고수들의 의견과 필자의 경험 등을 바탕으로 다이빙 여행의 짐을 챙기는 기본 요령을 조언하자면 다음과 같다.

··· 의류衣類는 대폭 줄인다

옷이야말로 가방의 공간을 많이 차지하는 대표적인 여행자의 적敵이다. 아주 럭셔리한 곳이 아닌 이상 다이브 사이트나 리브어보드에서는 여행 기간 내내 티셔츠와 반바지 차림으로 지내도 무방하다. 일주일 내내 한 벌의 셔츠로만 버티는 것은 곤란하지만, 이틀 정도 같은 옷을 입는다고 해도 아무도 신경 쓰지 않는다. 현지에서 기념품을 겸해 값싼 티셔츠를 사 입을 수도 있으며 싼 가격에 세탁 서비스를 제공하는 곳도 많으므로 입었던 옷을 세탁한 후 다시 입는 것도 가능하다. 일단 의류는 최소라고 여기는 정도를 가방에 넣은 후 출발 전에 눈 딱 감고 그중의 반을 다시 빼내는 것이 요령이다. 여행이 끝날 때 그 정도로 충분했다는 것을 알게 될 것이다.

… 렌탈 장비 사용을 고려한다

많은 다이버들이 비교적 짧은 다이빙 여행에서도 반드시 자기 장비를 가져가서 사용하는 것을 고집한다. 물론 다이빙 장비는 생명과 관련된 중요한 것이고, 비싼 돈을 주고 구입한 장비인데 그걸 놔두고 왜 또 돈을 내고 빌려 써야 하는가 하는 생각이 들 수도 있다. 현지 렌탈 장비의 성능과 안전성에 의심을 가질 수도 있다. 그러나 최근 대부분의 다이브 리조트에서는 우수한 성능의 장비를 합리적인 가격에 빌려주고 있다. 렌탈 장비들은 전문가들이 정기적으로 점검하고 보수하므로 장비에 전문 지식이 없는 아마추어들이 대충 관리하는 개인 장비보다 더 안전할 수 있다.

일부 다이브 리조트나 리브어보드에서는 별도의 추가 요금 없이 장비를 제공해 주므로 미리 확인해 볼 필요가 있다. 필자의 경우 1주일 이상의 장기 여행, 또는 강한 조류나 깊은 수심 등으로 고성능의 장비가 꼭 필요한 경우에 한해 장비를 가져간다. 그 외의 경우에는 마스크(필자는 도수가 들어 있는 교정 렌즈 마스크를 사용한다), 핀, 웨트 수트 정도만을 가방에 챙겨 간다. 중량이 많이 나가는 BCD와 호흡기Regulator 세트만 현지에서 빌리기로 한다면 캐리온Carry-On 가방 하나로 홀가분하고 자유로운 다이빙 여행을 다녀올 수도 있을 것이다.

⋯ 경량 장비를 구입한다

장비와 관련한 추가적인 조언은 새로운 장비를 구입할 때 가능한 한 작고 가벼운 모델을 선택하라는 것이다. 최근의 장비 추세 또한 작고 가벼운 여행용 버전들이 주종을 이루고 있으며, 경량 모델이라도 결코 성능은 떨어지지 않는 장비들이 시장에 많이 나오고 있다. 불필요한 것들은 없을수록 좋다. 예를 들면 다이브 컴퓨터 사용이 당연시되는 지금은 게이지도 컴퍼스나 수심계는 떼어내고 압력계SPG 하나만 있는 것이 선호된다. 보조 호흡기(옥토퍼스)도 인플레이터 호스와 겸용으로 쓸 수 있는 모델이 많이 팔리고 있다.

⋯ 체크인 할 때 중량이 초과될 경우를 대비한다

호흡기 세트는 유사시에 쉽게 꺼낼 수 있도록 가방의 위쪽에 넣는다. 공항에서 체크인 백의 중량이 초과될 경우 호흡기만 꺼내도 2kg 이상의 중량을 줄일 수 있다. 단, 이런 경우를 대비해 호흡기의 호스에 소형 다이브 나이프를 달아 두지 않도록 한다. 필자 또한 아무 생각 없이 인플레이터 호스에 달아 둔 나이프가 기내 휴대품 보안 검색에 걸려 압수 당한 경험이 있다.

⋯ 불필요한 물품은 가져가지 않는다

여행지의 특성을 미리 상상하여 그곳에서 꼭 필요하지 않은 물품들은 과감히 포기한다. 예를 들어 대부분의 리브어보드에서는 안전상의 이유로 보트 안에서는 신발을 신지 않는다. 따라서 리브어보드 여행이라면 신고 가는 신발 외에 별도의 보트 슈즈나 슬리퍼를 가져가 봐야 신을 일이 없으므로 아예 짐에서 빼 두도록 한다. 풀풋full foot 스타일의 핀을 가져가면 다이빙 부티를 신지 않아도 되므로 이것도 빼 놓을 수 있다.

많은 한국인 다이버들의 짐에 흔히 들어 있는 것이 라면, 김치, 소주와 같은 한국 식품이다. 그러나 필리핀에는 어디를 가나 한국 식품을 쉽게 구할 수 있으며, 특히 한국계 리조트에 머물면 아마도 평소에 집에서 먹던 음식보다 더 한국스럽고 푸짐한 식사를 경험하게 될 것이다. 최악의 경우라도 다이브 리조트의 현지식은 생각보다 나쁘지 않으므로 따로 음식을 가방에 넣어 가는 수고는 하지 않아도 좋을 것이다.

… 위탁 수하물에 깨지기 쉬운 물건을 넣지 않는다

한국인 다이버들 중에는 애주가들이 많은 것 같다. 그래서 어떻게 해서든 양주 한 병 정도는 가져가려고 노력한다. 단 한 차례의 비행으로 목적지에 도착하는 경우라면 공항 면세점에서 양주 한 병 정도 구입해서

▲ (사진 2–6)
필리핀 대부분의 공항에서는 수하물 처리가 모두 사람의 손으로 이루어진다. 항공기에 실린 짐을 사진과 같은 트레일러에 실어서 터미널까지 운반하는데,왕복하는 횟수를 줄이기 위해 10단 이상으로 적재하는 경우도 있다.

들고 가는 것을 뭐라고 할 생각은 없다. 특히 주류 구입이 어려운 중동이나 동남아 일부 회교 국가로 여행하는 경우라면 이런 정성이 어느 정도 이해가 간다. 그러나 비행기를 갈아타야 하는 경우라면 액체의 기내 반입 금지 규정 때문에 체크인 가방(위탁 수하물) 속에 술병을 넣어 가야만 하는데 필리핀 공항에서 가방을 어떻게 다루는지 한 번이라도 본 사람이라면 절대로 유리병을 체크인 백에 넣는 무모한 짓(?)은 하지 않을 것이다. 필리핀의 경우 아무리 작은 마을이라도 유명한 산미구엘 맥주를 싼 값에 얼마든지 마실 수 있다는 점을 잊지 말자. 부득이 위탁 수하물 가방에 깨지기 쉬운 유리병과 같은 물건을 넣어야 한다면 체크인 카운터에 그 사실을 이실직고하고 '취급주의Fragile' 태그를 붙여 달라고 한다. 물론 이걸 붙인다고 해서 유리병이 절대 깨지지 않는다는 보장은 없다.

··· 휴대 수하물Carry-On Baggage을 최대한 활용한다

대한항공이나 아시아나항공의 경우 10kg까지, 그리고 필리핀항공이나 세부퍼시픽의 경우에도 7kg까지의 휴대 수하물을 비행기 안에 가지고 들어갈 수 있다. 가방이 유난히 커 보이거나 무거워 보이지 않는 이상 휴대 수하물의 중량을 저울에 달아 보는 경우는 그리 많지 않으므로 부피는 크지 않지만, 무게가 많이 나가는 물건은 가급적 위탁 수하물보다는 휴대 수하물 가방에 넣는 것이 좋다.

··· 허용 중량 한도 내에서 짐을 꾸리고, 중량을 확인한다

20kg. 비행기를 자주 타는 여행자들에게는 매우 친숙한 숫자이다. 현재

전 세계 대부분의 항공사들이 적용하고 있는 무료 위탁 수화물FBA:Free Baggage Allowance 한도 중량이기 때문이다. 필리핀도 대부분 이 규정이 적용된다. 물론 적립한 마일리지가 많거나 경제적인 여유가 있어서 비즈니스클래스를 타는 경우, 또는 애당초 무료 위탁 수하물이 적용되지 않는 저가 항공사들은 예외이다. 항상 20kg한도 내에서 짐을 꾸리도록 노력하고, 공항으로 출발하기 전에 가방 무게를 달아 보는 것이 좋다. 필자의 경우 가방의 중량을 체크하는 도구로 집에 있는 가정용 체중계를 사용한다. 가방의 바퀴 등으로 인해 체중계 표면에 가방을 직접 얹을 수 없다면 커다란 대접을 거꾸로 뒤집어 체중계 위에 놓은 후 그 위에 가방을 올려서 측정하면 된다.

… 가방이 분실되는 경우에 대비한다

위탁 수하물이 분실되거나 엉뚱한 곳으로 부쳐지거나 제시간에 도착하지 않는 경우는 우리가 생각하는 것보다 더 빈번하게 발생한다. 여행을 많이 다녀 본 사람들 중에는 이런 경험을 해 본 경우가 더러 있을 것이다. 대개는 결국 목적지를 찾아오지만, 그동안 상당한 불편을 겪게 된다. 경험 많은 다이버들 중에는 마스크나 호흡기와 같이 핵심적인 장비만은 위탁 수하물 가방이 아닌 휴대 수하물 가방에 넣어 들고 가는 경우가 많다. 물론 위탁 수하물 중량을 줄이려는 목적도 있지만, 최악의 경우 부친 가방이 분실되더라도 나머지는 렌탈 장비를 이용하여 다이빙을 할 수 있도록 하기 위해서이다.

⋯ 가방의 파손과 내용물의 분실에 대비한다

다이빙 장비는 일반 여행용품에 비해 대체로 무겁고 정밀하기 때문에 가급적 튼튼한 가방을 사용한다. 과거에는 다이빙 장비 메이커의 로고가 크게 새겨진 전용 장비 가방을 많이 이용했지만, 도난 사고 등이 많이 발생하면서 최근에는 다이빙에 관한 아무런 표식이 없는 일반적인 디자인의 가방을 많이 사용하는 추세이다. 가방에 붙여 둔 이름표Name Tag가 떨어져 나가는 경우도 빈번하므로 가방 속에도 이름과 연락처가 적힌 이름표를 따로 넣어 두는 것이 좋다.

다이빙 장비(특히 호흡기, 다이빙 칼, 조류걸이 등)는 공항 화물 검색 때 보안 요원의 주목을 받는 경우가 많으며, 따라서 화물 검색 지역에서 가방을 열어서 검사하는 경우도 흔하다. 별도의 자물쇠로 가방을 잠글 경우에는 공항 요원들이 쉽게 열 수 있는 TSA Transportation Security Administration 규격 자물쇠를 사용하여 가방이 망가진 상태로 도착하는 불상사가 없도록 한다. 필리핀 공항의 짐 보관 서비스를 이용하는 경우 간혹 가방 안에 있는 물건이 없어지는 사고가 발생하는 것으로 알려지고 있다. 짐 보관 서비스를 이용할 경우 자물쇠를 채워 두는 것이 좋다.

⋯ 다이빙이 끝나면 장비를 건조시킨다

마지막 다이빙이 끝나면 사용했던 장비들을 깨끗한 물로 행군 후 바로 건조시켜야 한다. 채 마르지 않은 장비를 가방에 담을 경우 그 자체로 3kg 이상의 중량이 더 나갈 수 있으며 가방 속에 있는 세탁된 의류 등 다른 물품까지 오염시키고, 악취와 부식을 일으킬 수 있다. 특히 건조에 시간이 걸리는 물품은 BCD와 웨트 수트, 그리고 부티이다. 이런 물품들은 햇볕이 드는 곳에 널어서 최대한 빨리 건조될 수 있도록 한다. 가능하다면 다이빙 장비들은 그늘진 곳에서 천천히 건조시키는 것이 바람직하지만, 시간에 쫓기는 여행에서는 선택의 여지가 없는 경우가 많다. 축축한 장비를 가방에 챙기는 것보다는 약간의 탈색을 감수하는 편이 낫다. 수트나 젖은 의류는 리조트의 세탁물 건조기를 이용하면 깔끔하고 신속하게 말릴 수 있다. 리브어보드에서는 스텝들에게 부탁해서 온도가 높은 기관실(엔진룸) 안에 널어 두면 금세 마른다.

… 꼭 필요한 물품은 빠뜨리지 않는다

최대한 짐을 줄이라고 해서 무작정 빼기만 하는 것이 능사는 아니다. 꼭 필요한 것은 반드시 챙겨야 한다. 특히 일주일 내내 망망대해를 항해하는 리브어보드나 구멍가게도 귀한 필리핀의 아주 작은 마을로 다이빙 여행을 가는 경우라면 현지에서 구할 수 있는 것에는 한계가 있다. 특히 신경 써야 할 것으로 여권과 티켓과 같은 여행 서류, 다이버 카드C-Card, 처방약, 선글라스, 선블럭, 안경을 쓰는 다이버의 경우 다이빙 마스크 등의 물품들이다. 꼭 필요한 것을 빠뜨리지 않는 최선의 방법은 '체크 리스트'를 사용하는 것이다. 짐 꾸리기가 끝난 후 체크 리스트로 한 가지씩 확인해 가면서 필요한 것들이 빠지지 않는지를 확인하도록 한다. 참고로 필자가 사용하는 다이빙 여행 체크 리스트를 부록에 첨부하였다.

만일의 경우에 대비하여 여행을 떠나기 전에 가족이나 지인 중 누군

가에게는 여행 목적지와 여행 기간을 알려 주도록 한다. 대부분의 다이브 리조트나 리브어보드에서도 체크인을 할 때 비상 연락처를 요구하는 경우가 많다.

다이빙 투어 패킹 수순

짐 가방을 보면 여행자의 수준과 경력을 알 수 있다고 한다. 여행을 많이 다녀본 사람들은 경험을 통해 효과적으로 짐을 싸는 요령을 터득하기 때문이다. 특히 중요한 스쿠바 장비가 포함되는 다이빙 여행의 경우에는 짐을 챙기는 요령과 수순에 따라 결과에서 차이가 커진다. 다이버마다 나름대로의 노하우가 있겠지만, 필자의 경우 일주일 내외의 일반적인 다이빙 여행 때 다음과 같은 순서로 짐을 싼다. 가방은 21인치 짜리 표준 기내 반입 사이즈의 롤러백Roller Bag를 사용한다. 백업마스크와 여분의 의류, 노트북, 상비약 등은 별도의 작은 배낭에 따로 챙겨서 휴대 수하물로 가져간다. 물론 엄청난 장비를 챙겨야 하는 수중 사진 작가나 전문 텍다이버들은 이런 간편한 패킹으로 해결할 수 없겠지만, 대부분의 레크리에이셔널 다이버들은 이 정도의 수준으로 충분히 여행을 즐길 수 있을 것이다.

Step 1

작은 소품들은 모아서 지퍼백에 정리 한다.

백업 배터리, 백업 라이트, 충전기, 돼지코, 실리콘그리스, 성애 제거제, 실리카겔 등의 작은 물품들은 따로따로 쌀 경우 잃어버리기도 쉽고 필요할 때 찾기도 어려우므로 항상 지퍼백에 넣어 한꺼번에 보관하도록 한다.

Step 2

부티bootie는 핀 속에 넣어 둔다.

필자의 경우 조류가 없는 지역으로 갈 경우에는 가벼운 플라스틱 소재의 풀풋 핀을 사용하고, 조류가 있는 곳이면 고무 소재의 제트핀 형태의 것을 사용한다. 다만, 핀의 길이는 롤러백에 맞도록 조금 짧은 것으로 구입하여 쓰고 있다. 부티도 핀 포켓에 쏙 들어가는 짧고 얇은 것을 사용한다. 그러나 바닥은 어느 정도 단단해야 한다.

Step 3

필수 안전 소품은 BCD 주머니에 넣는다.

소형 라이트, 조류걸이, 호각, 반사 거울 등 부피가 작고 항상 휴대하는 물품은 BCD의 포켓에 넣어둔다. 어차피 다이빙을 할 때에는 포켓 속에 있어야 할 물품들이다. BCD는 어깨걸이를 풀어 잘 접은 후 인플레이터 단추를 누른 상태에서 입으로 강하게 빨아서 속에 있는 공기를 완전히 빼내어 최대한 납작하게 압축한다.

Step 4

의류는 잘 말아서 정리한다

셔츠, 반바지, 래시가드 등의 의류는 잘 접은 후 둥글게 롤 형태로 말아서 정리해둔다. 이렇게 하면 옷이 차지하는 부피를 최대한으로 줄일 수 있다. 같은 종류끼리 고무밴드를 사용하여 묶어도 좋다.

Step 5

롤러백의 바닥 공간을 의류로 채운다.

롤러백의 바닥 부분에는 손잡이 막대가 수납되는 부분이 있어서 약간의 홈이 있

게 마련이다. 이
부분은 티셔츠,
수영복, 속옷 등
작은 옷가지를
홈의 크기에 맞
게 접어서 넣어
바닥을 평평하게
만든다. 이렇게

하면 가방의 공간을 낭비하지 않을 뿐 아
니라 장비를 보호하는 쿠션 효과도 얻을
수 있다.

Step 6··········
핀을 롤러백의 양쪽 측면에 세워서 넣는다.

부티가 들어
가 있는 핀을
가방의 좌,
우측 사이드
에 세워서 넣
는다. 이 때
핀의 날 부분
이 가방의 바
퀴 부분(아래

부분)으로 향하도록 한다. 이렇게 하면 튼
튼한 고무재질의 핀이 가방 전체의 내용
물을 좌우에서 보호하게 되며 가방 내부
의 수납 공간을 최대화할 수 있다.

Step 7··········
잘 접은 BCD를 가방 바닥에 평평하게 넣
는다.
가방 양쪽의 핀과 핀 사이에 잘 접힌 BCD

를 넣고 최대한 바닥에 밀착되도록 잘 눌
러준다. BCD는 다이빙 장비 중에서 가장
부피가 큰 물건에 속하므로 가능한 한 가
볍고 컴팩트한 것을 선택하는 것이 좋다.

Step 8··········
BCD 위에 호흡기를 잘 배치한다.

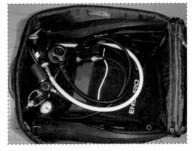

바닥에 깔린 BCD 위에 호흡기(레귤레이
터)를 배치한다. 1단계 뭉치, 주 호흡기, 보
조 호흡기, 게이지들의 핵심 부품들은 서
로 겹치지 않도록 정리하고 호스들도 가
능한 한 같은 높이가 되도록 만들어 준다.
캐리온 백에 여유가 있을 경우 호흡기는
체크인 백에 넣지 않고 직접 휴대하는 것
도 좋은 방법일 수 있다.

Step 9

나머지 공간에 의류와 소품을 배치한다.

호흡기까지 넣은 후 가방의 나머지 공간에 의류, 마스크, SMB, 릴 등의 나머지 물품들을 배치한다. 가급적 무거운 물건은 가방 아래쪽으로 배치하고 파손되기 쉬운 물건은 가방 위쪽에 배치하는 것이 내용물을 보호하고 가방 전체의 무게 중심을 잡는 데에도 도움이 된다.

Step 10

맨 위를 웨트 수트로 덮는다.

마지막으로 웨트 수트Wet Suit를 접어서 가방의 맨 위에 전체 내용물을 보호할 수 있도록 잘 덮는다. 수트는 목적지의 수온에 알맞은 것을 택한다. 필자의 경우 필리핀 다이빙 여행을 갈 경우에는 대개 2mm 반팔 수트를 가져가며, 수온이 떨어지는 시기에만 3mm 풀 수트로 대체한다.

Step 11

로그북이나 참고 서류는 외부 주머니에 넣는다.

로그북, 펜, 패킹 체크 리스트, 리조트 참고 자료 등의 간단한 서류들은 롤러백 외부에 붙은 주머니에 넣는다. 그러나 여권, 항공권, 현금 등의 중요 서류들은 이곳에 넣지 않도록 한다. 가방 내외에는 두 개 이상의 이름표 name tag를 붙여 두도록 한다.

Step 12

짐을 꾸린 가방의 중량을 체크한다.

패킹이 완료되었으면 지퍼를 모두 닫은 후 저울에 올려 전체 중량을 체크한다. 필자의 경우 가정용 체중계를 저울 대신 이용하고 있는데 어지간한 저울보다 훨씬 더 정확하다. 이상의 과정을 거쳐 패킹을 완료한 경우 거의 정확하게 15kg 정도의 중량이 나가며, 가방 안에는 아직도 상당한 여유 공간이 있다.

2-3
필리핀 입출국

한국에서 직항편이 운항되는 필리핀 거점 도시는 마닐라, 세부, 클라크, 보라카이(칼리보 공항)가 있지만, 대부분의 다이버들은 일단 마닐라 또는 세부로 들어가서 이곳에서 국내선 항공기 또는 다른 교통수단을 이용하여 최종 목적지까지 이동한다. 인천과 마닐라 간은 대한항공, 아시아나항공, 필리핀항공, 세부퍼시픽, 제스트항공, 제주항공, 진에어 등이 매일 10편 이상을 운항하고 있으며, 인천과 세부 간 또한 무려 6개 항공사가 하루 6편 이상의 직항편을 운항하고 있어서 스케줄 잡기는 편리하다. 부산에서도 마닐라, 세부, 칼리보까지 직항편이 있다. 소요 시간은 인천공항을 기준으로 마닐라까지는 네 시간이 채 걸리지 않으며, 세부까지는 네 시간이 조금 더 걸린다. 항공 스케줄은 수시로 바뀔 수 있기 때문에 여행할 때마다 다시 확인해 보아야 한다.

항공료는 항공사, 예약 시기, 여행 시기 등에 따라 큰 차이가 있지만, 평균으로 볼 때 인천-마닐라를 기준으로 세금 및 유류 할증료 등을 포함해서 왕복 40만 원 정도로 잡으면 될 것 같다. 물론 대한항공 등의 국적기를 타는 경우, 그리고 공항이 부산이나 세부일 경우에는 조금 더 비싸진다. 특히 세부로 들어가는 경우에는 마닐라까지는 국제선을 이용하고, 마닐라와 세부 구간은 별도의 국내선 티켓을 사는 편

▲ (사진 2-7) 하늘에서 내려다 본 마닐라 국제공항(NAIA). 90도 각도로 교차된 두 개의 활주로를 갖추고 있으나 시설 용량보다 이용하는 항공편이 많아서 항상 연발착이 잦은 공항으로 악명이 높다.

이 훨씬 더 싸게 드는 경우가 많으므로 발권하기 전에 미리 확인해 보는 것이 좋다.

세부퍼시픽과 같은 저가 항공사LCC:Low Cost Carrier는 항공료와 세금 외에 위탁 수하물, 좌석 배정, 기내식 등이 모두 유료이며 요금 변동 폭도 정규 항공사에 비해 크기 때문에 실제로는 생각보다 싸지 않은 경우가 많다. 값이 싼 티켓의 경우, 사정이 생겨 급하게 여행을 취소해야 하더라도 전혀 환불이 되지 않으며, 일정을 변경하는 것도 불가능하거나 별도의 수수료를 내야 하는 것이 보통이다.

항공료는 여행 경비에서 큰 부분을 차지하기 때문에 가능한 여러 옵션들을 비교해 보고 구매하도록 한다. 여행 일정이 확정될 때까지는 항공권은 예약만 유지하는 것이 좋으며 일정이나 항공편에 관해 옵션이 있을 경우에는 가능한 모든 옵션에 대해 별도의 예약을 가져가는 것이 좋다. 그러나 항공권의 가격은 출발일자에 가까워질수록 비싸지게 마련이므로 일정이 확정되는 대로 가급적 빨리 발권하도록 한다. 항공권은 항공사의 웹사이트를 통해 예약하고 발권하는 것보다는 여행사 사이트를 통해 하는 편이 일반적으로 더 저렴할 뿐 아니라, 여러 항공사를 비교해 보고 결정할 수 있는 장점이 있다.

환승 transfer

필리핀 공항에는 환승객들의 짐을 경유지 공항을 거쳐 최종 목적지까지 보내줄 수 있는 시스템이 갖추어져 있지 않다. 따라서 일단 처음 도착하는 터미널에서 짐을 찾아 입국 심사와 세관 통과를 거친 후 다시 연결편의 체크인 수속을 밟아야 한다. 마닐라 공항의 경우, 그나마 같은 터미널에서 환승하는 경우에는 사정이 나은 편이지만, 다른 터미널에서 연결편을 타야 하는 경우에는 적지 않은 고행을 각오해야 한다. 예를 들어 대한항공을 타고 마닐라로 가서 필리핀항공으로 최종 목적지까지 가야 하는 경우, 일단 마닐라공항 1청사에 도착하여 짐을 찾은 후 입국 절차를 마치고 1청사를 나온 후 목적지 도시에 따라 2청사, 3청사 또는 4청사로 이동해야 한다. 필리핀항공의 경우 국내선이라도 목적지에 따라 출발하는 청사가 다르기 때문이다. 걸어서 청사 간을 이동하는 것은 불가능하다. 청사 간을 이동하는 유료 셔틀버스(낡은 마이크로 버스)가 가끔 다니기는 하지만, 시간도 불규칙하고 기다리는 승객이 많으면 못 탈 수도 있다. 믿거나 말거나 마닐라 공항에서 터미널 간의 이동은 택시를 타는 것이 최선이다. 1청사에서 노란색의 미터 공항 택시를 타면 100페소 정도에 2청사로 갈 수 있다. 1청사에서 3청사나 4청사로 가는 경우(또는 반대 방향)에는 요금이 조금 더 나온다. 국내선 구간이 세부퍼시픽이라면 3청사로 이동한다.

마닐라 공항은 연발착이 잦은 것을 물론이고 항상 혼잡하기 때문에 입국 수속, 짐 찾기, 세관 통과, 체크인, 보안 검색(마닐라 공항에서는 세 차례의 보안 검색을 거쳐야 비행기에 오를 수 있다) 등 모든 단계에서 줄을 서서 오래 기다리곤 한다. 따라서 마닐라에서 환승할 때는 항공편 도착 시각과 출발 시각 간에 적어도 세 시간 이상의 여유를 두어야 한다. 필리핀항공을 이용하여 마닐라로 들어가서 같은 필리핀항공의 국내선으로 최종 목적지로 가더라도 환승하는 청사가 달라질 수 있다. 같은 2청사라면 환승에 한 시간 정도 소요되지만, 국내선 구간을 3청사에서 타야 한다면 두 시간 정도가 필요하다. 이 경우 에어사이드^{Air Side}(보세 구역 이후 탑승장까지의 공항 지역)로 트랜스퍼 서비스를 받을 수 있으므로 랜드 사이드^{Land Side}(입국 심사대 이전까지의 지역)로 나가지 않아도 될 수 있지만, 일반인들은 쉽게 찾아가기가 어려우므로 항공사 직원에게 물어보는 것이 좋다.

환승 시간이 빠듯하다면 청사 입구에 있는 포터 서비스를 이용하는 것이 좋다. 무슨 곡절인지는 잘 모르겠지만, 이 포터들은 길게 서 있는 줄을 무시하고 바로 체크인 카운터까지 데려다 준다. 요금은 가방 한 개에 1불 또는 50페소이다. 아주 다급한 경우라면 청사에 있는 공항 경찰에게 도움을 청하는 것도 방법이다. 사정 이야기를 하고 200페소 정도의 감사 표시를 하면 순식간에 체크인 카운터로 데려다 주는 것은 물론이고 체크인을 위해 줄을 선 사람들까지 무시하고 맨 앞에 세워줄 것이다. 기다리는 사람들에게 다소 미안한 마음은 없지 않겠지만, 멋쩍은 표정으로 뒷머리를 조금 긁어주면 대개 급한 사정일 것이라고 이해해 줄 것이다. 체크인을 한 후 출국 수속이나 보안 검색 단계에서도 줄을 서서 기다리다 탑승 시간이 빠듯해지면 같은 방법을 활용할 수 있다.

화물baggage

비행기에 부치는 짐Check-In Baggage은 대부분의 정규 항공사가 20kg까지이며 이 중량을 초과할 경우 공항에서 체크인을 할 때 초과 수하물 요금을 징수한다. 세부퍼시픽 등 저가 항공사들은 중량에 따른 수하물 요금을 아예 별도로 받는데, 예약할 때 미리 수하물 중량을 구입하여야 하며 공항 체크인 때 초과 수하물 비용으로 지불하는 경우에는 꽤 비싼 요율이 적용된다.

기내에 반입할 수 있는 짐Carry-On Baggage은 대부분의 항공사들이 7kg까지 허용하며(국적기의 경우 10kg), 이 외에 노트북 가방 또는 핸드

백 같은 작은 가방 하나를 추가로 가지고 들어갈 수 있다. 다이빙 장비를 가져갈 경우 20kg 이내로 짐을 싸기 위해서는 상당한 요령이 필요하며 불필요한 물품은 최소화하여야 한다. 일반적인 여행물품에 추가하여 모든 다이빙 장비들을 풀 세트로 무거운 대형 트렁크에 넣는다면 최소 25kg에서 최대 30kg 정도까지 나가게 된다. 그러나 다이빙 투어를 많이 다녀본 다이버들은 별다른 어려움 없이 20kg 범위 내에서 패킹을 마칠 수 있다. 항공사별 수하물 규정은 참고 자료에서 확인하기 바란다.

(사진 2-8) ▶
마닐라 국제공항 3청사의 짐 찾는 곳.
마닐라 공항의 네 개 청사들 중 가장 현대식
시설을 갖추고 있다.
왼쪽 벨트들은 세부퍼시픽 항공이, 오른쪽
벨트들은 필리핀 항공이 주로 사용한다.

환승 시간이 많이 남아 있거나 단기간 동안 마닐라에 머문 후 다시 공항으로 돌아와야 한다면 공항의 짐 보관 서비스를 이용할 수 있다. 많은 사람들이 알고 있는 것과는 달리 마닐라 공항에도 짐 보관 서비스가 있다. 1청사와 2청사는 짐을 찾는 벨트 부근에 짐 보관소Baggage Hold Area가 있는데 아무런 표시가 되어 있지 않으므로 공항 직원에게 물어보아야 한다. 보관료는 하루에 300페소 정도이다. 마닐라 3청사에도 최근 짐 보관소가 생겼다. 세부공항에도 짐 보관소가 있다. 공항의 짐 보관소에서 더러 분실 사고가 있는 것으로 알려지고 있으므로 가방에 자물쇠를 채워 두는 것이 좋다.

필리핀 입국 심사 및 비자

　　　　필리핀에 입국하기 위해서는 입국 신고서와 세관 신고서를 작성해야 한다. 이 양식은 비행기 안에서 나누어 주는데, 영문 대문자로 누락되는 항목이 없도록 작성해야 한다. 공항에 도착하면 먼저 필리핀 입국 심사Immigration를 거치는데 여권과 입국 신고서를 제출하면 된다. 간혹 귀국 비행기 티켓을 요구하는 경우도 있으므로 e-Ticket은 반드시 출력해서 가져가도록 한다. e-Ticket은 나중에 필리핀을 떠나기 위해 공항에 들어갈 때 보안 체크 과정에서도 필요하다.

마닐라 공항은 수용 능력에 비해 훨씬 더 많은 비행기들이 이착륙하므로 한꺼번에 많은 승객들이 몰려 입국 심사장을 가득 매우는 일이 흔하다. 따라서 비행기에서 내리면 꾸물거리지 말고 가능한 한 신속하게 입국 심사장으로 이동해서 빨리 줄을 서는 것이 중요하다. 이를 위해서 필리핀으로 가는 비행기는 가능하다면 앞쪽의 좌석을 잡도록 한다. 입국 심사 카운터는 외국인, 필리핀인, 외교관 등으로 구분이 되어 있지만, 외국인 줄이 너무 길다면 모르는 척하고 다른 카운터로 가더라도 별 시비 없이 심사해 준다. 입국 심사를 할 때에 가장 흔하게 묻는 것은 필리핀에서의 예정 체류 기간이다. 그 외의 질문은 거의 하지 않는다. 한국 여권 소지자는 단기 체재일 경우 별도의 비자가 필요하지 않으며 공항에서 30일간 유효한 체류 허가를 내 준다. 만일 30일 이상 머물게 되면 마닐라나 세부에서 체재 기간을 연장할 수 있다.

필리핀 세관

입국 심사를 통과했으면 짐 찾는 곳Baggage Claim Area에서 부친 짐을 찾은 후 세관을 통과한다. 특별히 신고할 물품이 없는 경우에는 'Nothing to Declare'라고 표시된 녹색 라인으로 가서 세관 신고서를 세관원에게 제출한다. 가방에 무엇이 들어있느냐는 질문을 많이 받게 되는데, 'Diving Gear'라고 대답하면 대개는 큰 문제 없이 통과된다. 그러나 간혹 가방을 열어 검사하는 경우도 있으며, 해당 항공편의 승객 전원을 대상으로 전수 개방 검사를 하는 경우도 있다.

마닐라 세관은 그나마 나은 편이지만, 세부 공항의 세관은 한국인 관광객들을 괴롭히는 것으로 악명이 높다. 특히 한국 면세점에서 구입한 면세 물품이 이들의 주 타겟이며 면세 물품이 발견되면 거의 예외 없이 관세를 부과한다. 분명히 여행이 끝난 후 다시 한국으로 가져갈 것을 뻔히 알면서도 자기들 마음대로 산정한 큰 금액의 세금을 부과하는데, 여행이 끝난 후 다시 가져갈 것이니 세관에 유치해 달라는 요청도 받아들여지지 않으므로 여행자 입장에서는 꼼짝없이 당할 수밖에 없다. 일설에 의하면 이렇게 걷은 세금으로 공항 운영비를 조달한다고도 한다. 꼭 필요한 것이 아니면 가급적 면세 물품이나 다른 과세 대상이 될 만한 물건은 가져가지 않도록 하고 불가피하게 면세품을 구입한 경우라면 면세점 봉투에서 물건을 꺼내어 가방 안에 넣어 가도록 한다. 주류는 한 병까지, 그리고 담배는 두 보루까지 면세로 반입할 수 있다.

다른 대부분의 국가와 마찬가지로 필리핀에서도 미화 1만불 이상을 반출입하는 경우에는 세관에 신고를 해야 한다. 한 가지 주의할 점은 필리핀 법에 의해 1만 페소 이상의 필리핀 돈을 반출입하는 경우에도 신고를 해야 한다는 점이다. 1만 페소라면 3백불도 되지 않는 금액이지만 법은 법이며, 이 한도를 초과하는 금액의 필리핀 화폐가 적발되면 문제가 생길 수 있으므로 주의하도록 한다. 세관에서 문제가 생겨 도저히 수습하기가 어려운 상황이라면 세관 직원을 다른 장소로 불러서 조용히 따로 해결하는 것이 상책이다.

필리핀 출국

마닐라 공항을 통해 출국하는 경우 가장 먼저 고려해야 할 점은 마닐라 시내의 교통 체증이다. 따라서 충분한 시간을 가지고 여유 있게(매우 매우 여유 있게) 출발해야만 한다. 필리핀 출국을 위해 공항 청사로 들어가기 위해서는 일단 청사 밖에서 여권과 항공권을 제시하고 1차 짐 검사를 거쳐야 한다. 필리핀 항공이 사용하는 2청사나 세부퍼시픽이 사용하는 3청사는 사정이 좀 나은 편이지만, 대한항공이나 아시아나항공이 사용하는 1청사는 매우 낡고 좁은 건물이어서 항상 입구에 많은 사람이 줄을 서 있다. 간혹 공항 경찰이나 공항 직원들이 접근해서 빨리 들어갈 수 있도록 해 주겠다고 사례를 요구하는 경우가 있는데, 돈을 줘 봐야 몇 사람 앞에 세워 주는 정도이므로 1청사에서의 이런 제의는 정중히 거절하도록 한다.

청사 내 항공사 카운터에서 체크인을 하고 탑승권을 받은 후 지정된 창구로 가서 550페소의 공항세를 납부한다. 따라서 공항에 도착할 때까지 약간의 페소화를 남겨 두어야 한다. 2014년부터 외국인의 경우 출국 신고서 작성은 폐지되었다. 여권과 탑승권을 출국 심사 창구에 제시하고 출국 심사를 통과한 후 다시 한 번 보안 검색을 거쳐 대합실로 들어가면 된다. 최근 완공된 3청사는 비교적 시설이 잘 갖추어져 있지만, 그 외 대부분의 마닐라 공항 터미널들이나 세부 공항의 시설은 매우 빈약해서 변변한 식당도 없으며 면세점 또한 규모도 작고 가격도 매우 비싸다는 점을 참고하도록 한다.

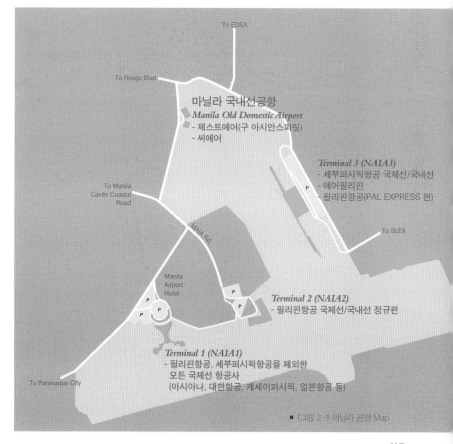

■ (그림 2-1) 마닐라 공항 Map

Tip

필리핀 노선 항공 수하물

무거운 다이빙 장비를 가지고 다녀야 하는 다이버들에게 항공사의 위탁 수하물 허용 중량 제한과 초과 수하물 요금은 항상 공포스러운 존재일 수밖에 없다. 무료 수하물 중량FBA:Free Baggage Allowance이 아예 없는 저가 항공사들은 그렇다 치더라도 정규 항공사들의 수하물 규정도 점점 야박해지는 추세이며 항공사별로 차이도 커지고 있다. 한국에서 필리핀으로 취항하는 4대 주요 항공사들의 수하물 관련 규정은 다음과 같다.

··· 필리핀항공Philippine Airlines (AirPhil Express 포함)

필리핀 항공은 2013년 8월부터 수하물 규정을 변경하여 좌석 등급에 따른 차별적인 FBA를 적용하고 있다.

··· 한국—필리핀 간 국제선 구간

이코노미클래스 : 20㎏
비즈니스클래스 : 30㎏
기내 반입 허용 중량 : 7㎏

··· 필리핀 국내선 구간

Budget Economy : 무료 수하물 없음
Regular Economy : 10㎏

Premium Economy : 20kg

비즈니스클래스 : 30kg

기내 반입 허용 중량 : 7kg

··· 초과 수하물 요금

인천 공항 출발편 : kg당 7,100원

부산 공항 출발편 : kg당 8,100원

마닐라 출발편 : kg당 10불

필리핀 국내선 : kg당 200페소

··· 세부퍼시픽 항공

세부퍼시픽은 저가 항공사LCC:Low Cost Carrier로 무료 위탁 수하물이 없으며, 예약할 때 위탁 수하물의 중량을 별도로 구입하여야 한다. 구입한 중량을 초과하는 경우 공항에서 kg당 추가 수하물 요율EBR:Excess Baggage Rate을 적용한 추가 요금을 징수한다. 소형 항공기인 ATA 기종은 최대 20kg까지만 허용된다. 그 밖의 기종은 가방 한 개당 무게가 32kg으로 제한된다.

··· 한국-필리핀 간 국제선 구간

Standard(20kg) : 15,000원

Medium(30kg) : 23,000원

Extra Large(45kg) : 55,000원

초과 수하물 요금 : kg당 12,000원

기내 반입 허용 중량 : 7kg

··· 필리핀 국내선 구간

Small(15kg) : 180페소

Standard(20kg) : 300페소

Medium(30kg) : 600페소

Extra Large(45kg) : 1,100페소

초과 수화물 요금 : kg당 200페소

기내 반입 허용 중량: 7kg

··· 대한항공

필리핀을 포함한 동남아 노선 무료 수하물 허용 중량

이코노미클래스 : 23kg 가방 1개

비즈니스클래스 : 32kg 가방 2개 (퍼스트클라스는 3개)

초과 수하물 요금 : 32kg까지 75,000원, 45kg까지 150,000원

기내 반입 허용 중량 : 10kg

··· 아시아나항공

동남아 노선 무료 수하물 허용 중량

이코노미클래스 : 20kg

비즈니스클래스 : 30kg (퍼스트클래스는 40kg)

초과 수하물 요금 : kg당 해당 구간 성인 편도 공시 요금의 1.5%

기내 반입 허용 중량 : 10kg

국제민항기구 규정에 따라 위탁 수하물로 부칠 수 있는 가방 한 개의
최대 무게는 32kg으로 제한되며, 설사 허용 중량이 이보다 더 많더라

도 가방 한 개의 무게가 규정 한도를 초과하면 체크인이 거부될 수 있으므로 이 경우 미리 두 개로 나눌 필요가 있다. 위탁 수하물 안에 라이터를 포함한 인화성 물질을 넣을 수 없다. 액체류는 항상 위탁 수하물 가방에 넣도록 한다. 소형 프로펠러 항공기 등은 특별한 다른 규정이 적용될 수 있으며, 항공사별로 상용 고객 우대 등급 등에 따라 규정 외의 추가 중량을 허용하기도 한다.

▲ (사진 2-9) 마닐라 공항 3청사의 세부 퍼시픽 체크인 카운터. 필리핀 공항의 체크인 카운터는 출발 예정 시각 45분 전에 마감되며 탑승 게이트는 출발 예정 시각 15분 전에 닫힌다.

기내 반입 수하물Carry-On Baggage은 비행기의 선반이나 앞 좌석 밑의 공간에 수납될 수 있는 크기와 모양이어야 한다. 대부분의 항공사가 가로, 세로, 너비를 합친 총 길이가 115㎝를 초과할 수 없도록 규정하고 있는데, 시중에서 판매하는 캐리온 규격 가방 대부분이 이 기준을 만족한다. 화장품 등 액체류는 용량이 100㎖ 미만인 용기에 나누어 담고, 총합이 1리터를 넘지 않아야 하며, 가로 20㎝, 세로 20㎝ 규격의 투명한 지퍼백 하나에 들어갈 수 있는 분량만 기내에 반입할 수 있다. 인천 공항에서는 액체류 규정을 엄격하게 지키지만, 마닐라 공항에서는 그리 까다롭지 않다. 기내 반입 한도 이내의 수하물 외에도 승객당 한 개의 작은 휴대품, 예를 들면 소형 핸드백, 노트북 가방, 소형 카메라 백 등을 추가로 들고 들어갈 수 있다. 필자가 아는 유럽의 한 수중 사진 작가는 항상 커다란 주머니가 잔뜩 달린 조끼와 바지를 입고 비행기에 탄다. 몸 자체에 지닌 물건은 기내 반입 중량 규정에서 제외되기 때문이라나…

2-4
일반적인 다이빙 절차(다이브 리조트)

세부적인 다이빙 절차는 지역별로 그리고 리조트별로 조금씩 다르다. 그러나 보편적인 필리핀 다이브 리조트에서의 일정과 다이빙 진행은 대부분 다음과 같이 이루어진다.

리조트 예약

대부분의 필리핀 다이브 리조트들은 인터넷 홈페이지를 운영하며 이 홈페이지를 통해 필요한 정보를 얻고 예약까지 할 수 있으므로 이 방법이 가장 편리하다. 물론 전화나 이메일을 통해서 예약할 수도 있다. 한국인이 운영하는 리조트들은 대부분 한국 인터넷 전화와 카카오톡을 사용하므로 쉽게 연락할 수 있다. 이미 방문한 적이 있는 리조트라면 바로 예약 신청을 하면 되고, 처음 가는 곳이라면 방문하고자 하는 날짜, 인원, 원하는 객실 종류, 공항 픽업을 포함한 교통편 서비스의 필요 여부 등의 정보를 주고 견적을 요청하는 것으로 시작하는 것이 보통의 절차이다. 그러면 리조트 측에서 해당 날짜의 가능 여부와 함께 비용 견적을 보내 준다.

모든 조건이 맞으면 예약 신청을 하는데 리조트에 따라서는 비용의 일부 또는 전부를 예약금으로 보내야 하는 곳도 있다. 예약금은 신용카드보다는 한국의 은행 이체를 통해 받는 경우가 많은데, 시일이 촉박한 상태에서 취소하면 리조트 입장에서는 대체 손님을 확보하기 어려워서 예약금을 돌려주지 않는 경우도 있으므로 환불 조건도 미리 확인해 볼 필요가 있다. 한국인 업체가 아닌 현지 업체는 대개 은행 송금wire transfer, 신용 카드 또는 페이팔Pay-Pal을 통해 예약금을 받는데, 송금 수수료나 신용 카드 및 페이팔 수수료는 추가로 부담해야 한다.

리조트 도착과 등록

리조트에 도착하면 첫 다이빙 이전에 다이버 카드C-Card를 확인하고 면책 동의서를 작성하여 서명하는 절차를 거친다. 대부분의 리조트에서는 규정에 따라 다이버의 C-Card를 확인하며, C-Card가 없을 경우 다이빙을 못 할 수도 있으므로 꼭 챙겨 가야 한다. 만일의 경우에 대비하여 C-Card의 스캔 이미지나 사진을 스마트폰에 저장해 두는 것도 좋은 방법이다. PADI 계열의 외국계 리조트에서는 면책 동의서 외에도 건강 상태 확인서Medical Statement를 작성하도록 요구한다. 이 양식에는 지구상에 존재하는 거의 모든 질병들은 물론 흡연을 비롯한 모든 좋지 않은 습관이 나열되어 있는데, 모든 칸에 일일이 'No'라고 기입해야 한다. 이 중 하나라도 솔직하게 'Yes'라고 했다가는 다이빙을 해도 좋다는 의사의 소견서가 필요하게 된다. 서류 작업이 끝나면 배정받은 숙소로 들어가서 짐을 풀면 되는데, 가방은 현지인 스텝이 숙소까지 옮겨 주는 경우가 대부분이다. 다이빙 장비는 숙소까지 가져가지 말고 스텝들에게 미리 넘겨 주어 셋업을 할 수 있도록 한다.

다이빙 횟수와 방식

리조트의 다이빙 횟수는 하루 3회가 표준이지만, 많게 는 5회까지 하는 곳도 있다. 대개 오전에 2회, 오후에 1회로 나누어 하는 경우가 가장 많은데, 상황에 따라 오후에 2회를 하는 경우도 있으며, 별도로 이른 아침의 다이빙 또는 야간 다이빙이 진행될 수도 있다. 보트 다이빙인 경우, 리조트 또는 다이브 포인트에 따라 1회 다이빙을 마친 후 리조트로 돌아와 휴식을 취하고 다음 다이빙을 나가거나 보트 위에서 수면 휴식을 취하면서 2회나 3회의 다이빙을 마치고 리조트로 돌아오는 경우도 있다. 2회 이상의 다이빙을 나가는 경우 타월이나 음료수, 스낵 등을 챙겨 가는 것이 좋을 수도 있다. 리조트에서 점심을 마련하여 나가서 그날의 보트 다이빙을 모두 마치고 오후에 돌아올 때도 있다.

브리핑

다이브 가이드는 보통 출발전에 브리핑을 한다. 들어가고자 하는 포인트의 특징, 예상되는 수중 지형과 해양 생물들, 입수 지점과 예상 출수 지점, 입수와 출수 방식, 진행하게 될 방향과 조류 상황, 최대 수심과 다이빙 시간, 가이드에게 신호를 주어야 할 최소 공기압, 수중에서의 수신호 등 중요한 정보들이 제공되므로 늦지 않게 서둘러서 꼭 브리핑을 듣도록 한다. 브리핑이 끝나면 각자 수트를 챙겨 입고 출발 준비를 한다. 보트에서 2회 이상 다이빙을 진행하는 경우 다음 다이빙 직전에 보트 위에서 간단한 브리핑이 다시 있다.

▲ (사진 2-10) 다이빙 직전의 브리핑.
사이트의 지형, 해양 생물, 입수 및 출수 지점, 진행 루트, 신호 방법 등
중요한 정보들이 제공되는 시간이므로 반드시 참석하도록 한다.

보트 승선 및 장비 점검

보트로 다이빙을 나가면 공기통, BCD, 호흡기는 현지 스텝들이 세팅하여 보트에 실어 준다. 다이버들은 핀과 마스크, 웨이트 벨트, 카메라와 같은 개인 장비만 챙겨서 보트에 오르면 된다. 보트에 승선하면 자신의 장비를 찾아 공기압을 점검하고 이상 여부를 확인한다. 이상이 발견되면 보트가 떠나기 전에 스텝에게 이야기하여 필요한 조치를 받도록 한다.

입수入水 및 다이빙 진행

다이브 포인트에 접근하면 스텝들의 도움을 받아 장비를 착용하고 최종 점검을 한다. 보트가 포인트에 도착하면 가이드의 신호에 따라 입수한다. 입수는 보트의 크기에 따라 자이언트 스트라

이드Giant Stride 또는 백롤Back-Roll 방식으로 실시한다. 작은 보트인 경우에는 대부분 가이드의 신호에 따라 전원이 동시에 백롤 방식으로 들어가고, 큰 보트인 경우 준비된 순서에 따라 백롤 또는 자이언트 스트라이드 방식으로 입수한다. 전원 입수가 끝나면 수면에서 이상 여부를 확인한 후 가이드의 신호에 따라 하강하여 다이빙을 진행한다. 파도나 조류가 심하면 입수하자마자 바로 하강을 시작하는 네거티브 입수Negative Entry를 해야 할 수도 있다.

▲ (사진 2-11A) '자이언트 스트라이드' 방식의 입수 장면. 이 방식은 주로 큰 보트에서 어느 정도 높이 차이가 있는 수면으로 들어갈 때 사용하는데 한쪽 발을 쭉 뻗어서 핀의 면적으로 다이버가 입수할 때의 충격을 흡수시킨다.

▲ (사진 2-11B) '백롤' 방식의 입수 장면. 이 방식은 다이버와 수면 사이의 간격이 높지 않은 소형 보트에서 입수할 때 주로 사용한다. 작은 보트는 균형 유지를 위해 전원이 동시에 입수하는 경우가 많다.

안전 정지와 출수出水

예정된 다이빙 시간에 되거나 일행 중 최저 공기압(통상 50바 또는 70바)에 도달한 다이버가 생기면 가이드의 신호에 따라 서서히 상승하여 5m 수심에서 3분 이상의 안전 정지를 하고 출수한다. 보트에 접근하면 웨이트 벨트와 핀을 벗어 보트 위의 스텝들에게 건네준 후 사다리를 타고 보트에 오른다. 파도가 심하거나 피로하다면 BCD와 공기통을 벗어서 스텝에게 넘겨준 후 편하게 올라와도 좋다. 이 경우 BCD에 웨이트 포켓이 달려 있다면, 웨이트 포켓을 먼저 빼서 보트에 올려 주도록 하고, 핀은 맨 나중에 보트에 오르기 직전에 벗어서 넘겨준다.

안전 정지를 하고 출수할 때에는 다이빙 보트에 다이버들의 출수 위치를 알리고, 지나다니는 다른 보트에도 경고하기 위해 SMB^{Surface Marker Buoy}를 띄우는 것이 좋다. 이 작업은 대부분 다이브 가이드가 하게 되지만, 일행과 떨어져서 혼자 또는 버디와 함께 출수할 때에는 직접 SMB를 쏘아 올려야 한다.

▲ (사진 2-12)
출수 직전 SMB를 띄우고 안전 정지를 하고 있는 다이버.
'안전 정지|Safety Stop'란 다이빙 과정에서 다이버의 몸속에 축적된 질소를
자연스럽게 배출시키기 위해 수면으로 올라오기 전에
수심 약 5m 지점에서 3분 이상 멈추는 과정을 말한다.

샤워 및 휴식

다이빙을 마치고 돌아오면 핀과 마스크, 웨이트 벨트, 카메라만 챙겨서 보트에서 내려 리조트로 돌아온다. 나머지 장비들은 현지 스텝들이 알아서 옮겨 준다. 수트와 부티를 벗어 간단히 헹

군 후 옷걸이에 걸어 놓고 카메라와 다이브 컴퓨터, 다이브 라이트 등은 지정된 물통에 넣어 헹군다. 대부분의 리조트에서는 수트나 핀, BCD 등을 헹구는 물통과, 카메라, 컴퓨터, 라이트를 헹구는 물통을 구분해서 사용하므로 아무 통에나 넣지 않도록 한다. 특히 호흡기는 1단계First Stage 속으로 물이 들어가면 치명적인 고장이 발생하기 때문에 반드시 먼지 마개Dust Cab를 닫은 후 세척해야 한다. 장비를 챙겼으면 간단히 샤워하고 휴식을 취한다.

정산 및 출발

마지막 다이빙이 끝난 후에는 체재 기간 중에 발생한 비용을 정산하고 지불한다. 리조트 측에서 준비한 인보이스 내역을 확인하고 대금을 지불하는데, 거의 모든 필리핀의 다이브 리조트에서는 미화 또는 필리핀 페소화 현금으로 결제한다. 신용 카드를 받는 리조트가 많지 않으므로 현금은 여유 있게 준비해 가야 한다.
현지인 다이브 마스터와 스텝들을 위해 약간의 팁을 주는 것을 잊지 말자. 팁은 준비된 팁 박스에 넣는 경우도 있고 개인적으로 건네 주는 경우도 있다. 필리핀 다이브 리조트의 경우 팁의 액수에 관한 공식화된 가이드라인은 없다. 그러나 필자처럼 필리핀에서 다이빙을 자주 하는 다이버들은 나름대로 팁에 대한 기준을 가지고 있다. 필자의 티핑 가이드라인은 앞에서 서술한 '팁' 편을 참고하기 바란다. 현지 스텝들의 헌신적인 서비스를 생각한다면 적절한 수준의 팁을 남겨두는 것을 잊으면 안 된다. 떠나기 전에 로그북에 리조트의 스탬프를 받아두는 것도 잊지 말자.

Tip

SMB Surface Marker Buoy

SMB는 다이버의 위치를 알리기 위해 수면 위로 띄워 올리는 긴 막대 모양의 풍선인데, 흔히 소시지Sausage 또는 튜브Tube라고도 부른다. SMB와 비슷하게 생겼지만, 규모가 커서 수중에 있는 물건을 들어 올려 수면으로 운반하기 위해 사용하는 것은 리프트 백Lift Bag이라고 한다. SMB의 일반적인 용도는 수면에서 대기하고 있는 보트에 다이버의 출수 위치를 알리는 것이지만, 보트들이 많이 지나다니는 항로에 가까운 경우 다이버들이 보트와 충돌하는 사고가 생기지 않도록 수중에 다이버가 있다는 사실을 미리 알리는 용도로도 사용된다. 이 외에도 강한 조류에서 드리프트 다이빙을 할 때 백가이드가 처음부터 SMB를 띄우고 진행함으로써 보트가 다이버들을 계속 추적하며 따라올 수 있도록 하는 목적으로도 사용한다. 또 긴 시간 동안 안전 정지 또는 감압 정지Decompression Stop를 할 때 일정한 수심을 유지하면서 수중에서 조금이라도 편하게 매달려 있기 위한 목적으로도 요긴하게 사용된다. 사이즈가 큰 SMB에는 여러 명의 다이버가 동시에 줄을 잡고 의지할 수 있다. 안전 정지를 마치고 수면에 올라갈 때에도 천천히 릴을 감으면서 올라가야 하므로 급상승을 방지하는 효과도 있다.

SMB는 한쪽 끝이 열려 있는 개방형Open-Ended Type과 양쪽이 모두 닫혀 있는 폐쇄형Closed Type이 있다. 개방형은 열려 있는 쪽에 호흡기나 보조 호흡기를 이용하여 공기를 불어넣어 팽창시킨 후 수면으로 띄워 올리며, 폐쇄형은 마치 풍선을 불 듯 공기 주입구에 입으로 바람을 불어넣거나 드라이수트 호스를 통해 공기를 넣는다. 대부분의 다이버들이 사용이 보다 간편한 개방형 디자인을 선호한다.

안전 정지 전용 SMB는 5m 정도의 줄이 호스에 고정되어 있는 간단한 디자인으로, 가격은 싸지만 깊은 수심에서 감압 정지용으로는 사용할 수 없으므로 대부분 30m 정도의 줄이 감긴 릴Reel을 SMB와 연결하여 사용하는 경우가 많다. 개방형 SMB에 공기를 넣을 때에는 주 호흡기나 보조 호흡기의 퍼지Purge 버튼을 눌러 이때 나오는 공기를 튜브 안에 불어넣는다. 공기는 다이버가 입으로 무는 마우스피스 부분이 아니라 좌우에 있는 공기 출구로 나오기 때문에 이 위치에 튜브의 열린 부분을 맞추어야 한다. 주 호흡기를 사용할 때에는 고개를 조금 젖혀 공기 출구가 위쪽을 향하도록 하여야 한다.

5m 내외의 수심에서는 튜브 안에 충분히 공기를 넣은 후 띄워야 하지만, 깊은 수심에서는 상승하는 과정에서 튜브 안에 있는 공기가 팽창하게 되므로 조금만 넣어도 된다. 상승 중 과팽창으로 튜브가 터지지 않도록 안전 밸브가 달려 있는 모델도 많이 있다.

SMB를 띄울 때 가장 주의해야 할 점은 릴이 풀리지 않거나 라인이 다이버의 장비에 걸려서 **SMB와 함께 다이버가 수면으로 딸려 올라**

가는 급상승 사고이다. SMB를 쏘기 전에 라인이 엉키지 않았는지, 릴이 잠겨 있지 않은지, 상승 경로상에 다른 다이버가 없는지 등을 반드시 확인해야 한다. 특히 감압 정지를 위해서 깊은 수심에서 SMB를 쏘아 올릴 때 조심해야 한다. 반대로 릴을 놓쳐서 밑으로 떨어진 경우에는 릴을 잡기 위해 깊은 수심으로 따라 내려가지 않도록 하고 다소 지루하더라도 튜브 쪽에 있는 줄부터 거꾸로 감아 올려서 릴을 회수한 후 다시 라인을 감아서 정리하여야 한다.

SMB는 다이버의 기본적인 안전 장구 중 하나이다. 특히 리브어보드 트립에서는 SMB 없이는 다이빙을 할 수 없는 곳이 대부분이다. 다이빙을 할 때마다 SMB를 휴대하는 습관을 들이는 것이 좋으며, 필요할 때 언제든지 능숙하게 사용할 수 있도록 틈틈이 연습해 두는 것이 좋다.

▲ (사진 2-13) 수중에서 SMB를 띄워 올릴 준비를 하는 다이버. SMB를 능숙하게 다루기 위해서는 충분한 연습이 필요하다.

필리핀 리브어보드 Live-Aboard

▲ (사진 2-14) 투바타하 리프에 정박 중인 리브어보드 보트 M/V Stella Maris
보트를 타고 먼 바다로 나가서 오직 다이빙만을 즐기는 리브어보드 여행은 다이빙 여행의 백미임에 틀림없다.

리브어보드 개요

　　필리핀에서의 다이빙은 리조트를 베이스로 하는 다이빙이 주종을 이루지만, 대형 다이빙 보트 안에서 먹고 자고 다이빙을 하면서 생활하는 리브어보드 Live-Aboard들도 꽤 많이 있다. 리브어보드의 장점은 랜드베이스 Land-Based 다이빙으로는 가기 어려운 먼바다의 다이빙 사이트까지 들어갈 수 있다는 점과, 매일 4회 또는 5회 정도 다이빙할 수 있다는 점이다. 한마디로 먹고 자고 다이빙만 하는 Eat, Sleep and Dive 여행이다. 반면, 단점은 일단 출항하면 귀항할 때까지는 육지를 밟지 못하고 배 위에서 생활해야 하며 흔들리는 좁은 선실에서 잠을 자야 한다는 점과, 비용이 다소 비싸다는 점을 들 수 있겠다. 그러나 다이빙만 놓고 보자면 단점에 비해 장점이 워낙 매력적이어서 일단 리브어보드 다이빙을 경험한 다이버들은 또다시 리브어보드에 타기를 원하게 마련이다. 리브어보드는 분명 중독성이 강하다.

리브어보드 항로

필리핀에서 가장 유명한 리브어보드 사이트는 투바타하 국립 해상공원Tubbataha Reef National Park이다. 이곳은 필리핀을 대표하는 가장 유명한 다이브 사이트이며 술루해Sulu Sea 한가운데에 위치해 있어서 오직 리브어보드만이 이 수역에 들어갈 수 있다. 상세한 사항은 다이브 사이트 편을 참고하기 바란다. 투바타하 외에도 아포리프Apo Reef 또한 리브어보드들이 즐겨 찾는 사이트이며, 민도로 주변 일대의 사이트를 일주하는 코스, 팔라완 코론 일대의 렉을 순방하는 코스 등이 있다. 이 외에도 단기간 동안 숙식을 해결할 수 있도록 방카를 개조하여 만든 보트로 로컬 수역을 이틀이나 사흘 정도 순회하는 미니 리브어보드(다이빙 사파리라고도 부른다)도 있다.

리브어보드 예약

리브어보드는 비용도 만만치 않을 뿐 아니라 일단 배가 떠나면 일정이 끝날 때까지 돌아올 수 없다. 따라서 리브어보드 여행은 보트, 요금, 목적지와 항로, 선실 및 음식 등 여러 가지 사항을 꼼꼼하게 검토한 후 결정해야 한다. 리브어보드를 타기로 결정했다면 먼저 예약 요청을 해야 하는데 주로 인터넷 홈페이지나 이메일을 통해 하는 것이 보통이다. 이때 원하는 날짜, 선실 종류, 인원수 등을 알려 주어야 한다. 원하는 날짜에 빈 선실(정확하게 말하자면 빈 침대)이 있을 경우 요금과 함께 다이버에 관한 정보를 요구하는 회신이 돌아온다. 지정된 양식을 기입해서 회신해 주고 정해진 요금을 정해진 방식으로 입금하면 예약이 확정되고 확정 메일과 함께 승선에 필요한 정보들이 추가로 제공된다. 요금에는 일정 중의 모든 식사와 다이빙 비용이 포함되어 있으며, 장비 렌탈, 나이트록스 비용, 공항 픽업, 국립 공원 입장료 등은 별도로 받는 경우가 대부분이다.

리브어보드에서의 고려 사항

필리핀의 다이브 리조트를 찾는 경우와, 리브어보드를 타는 경우가 크게 다르지는 않지만, 리브어보드의 경우 한정된 공간에서 먹고 자고 생활하는 만큼 고려할 사항이 더 있다. 리브어보드를 탈 때 알아 두어야 할 기본적인 사항들은 다음과 같다.

… 리브어보드는 리조트와 달리 공간에 제약이 많다. 선실도 좁아서 큰 가방을 가져가면 곤란한 상황도 생길 수 있다. 따라서 리조트 다이빙보다 더 짐을 줄여야 하고 가방도 커다란 다이빙 장비 백보다는 유연성이 있는 소프트 백이나 접을 수 있는 더플백을 사용하는 것이 바람직하다

… 리브어보드가 일단 출항하면 일정이 끝날 때까지는 바다 위에서만 머무른다. 바다 위에서는 아무리 사소한 물건이라도 살 방법이 없다. 따라

서 사소한 물품이라도 꼭 필요한 것들은 빠짐없이 챙기도록 한다. 특히 처방약이라든지 도수가 들어간 마스크나 선글라스 등 대체가 불가능한 물품들은 빠뜨리지 않도록 주의한다

… 리브어보드는 많은 사람이 공동으로 생활하는 공간인 만큼 보트마다 지켜야 할 규칙이 있다. 이런 규칙들은 사실 공동생활을 위한 상식적인 것들이므로 잘 알아 두고 지키도록 한다. 대표적인 규칙들로는 정해진 오픈된 공간에서만 담배를 피울 수 있다거나, 선실이나 식당과 같은 내부 공간에는 젖은 수트 차림으로 들어갈 수 없다거나, 화장실 변기 안에는 휴지를 포함한 이물질을 넣어서는 안 된다는 것 등등이다

… 리브어보드 다이빙 사이트는 리조트 다이빙에 비해 육지에서 더 멀리 떨어진 먼바다인 경우가 많다. 따라서 대체로 조류도 강하고 수심도 깊어서 다이빙 자체가 더 어렵고 조심해야 할 점들도 많다. SMB^{Surface Marker Buoy}나 호각과 같은 개인 안전 장구를 꼭 지참하고 수심 및 잔압 관리에 신경을 써야 한다. 또한 매일 4~5회 정도의 많은 다이빙이 연속해서 이루어지므로 감압에 걸리지 않도록 조심해야 한다.

리브어보드에서의 생활

일단 리브어보드 보트에 오르면 항해가 끝나고 다시 항구로 돌아올 때까지는 보트 안에서 먹고 자고 다이빙하는 모든 것을 해결하여야 한다. 상대적으로 좁은 공간의 보트 안에서 여러 명이 공동생활을 하는 것이므로 일반 다이브 리조트에서 생활하는 것보다는

불편할 수 있지만, 다른 다이버들이나 선원들을 배려하는 상식적인 선에서의 규칙만 지킨다면 다소의 불편함은 곧 또 다른 즐거움으로 바뀔 수 있다. 대개 승선하는 첫날에는 보트에서의 생활에 관한 규칙이나 시설의 사용 안내, 전반적인 항해 스케줄 등에 관한 오리엔테이션이 있으므로 이에 따라 생활하면 별다른 문제는 없을 것이다.

◀ (사진 2-15) 전형적인 리브어보드의 2인용 선실. 보트에 따라 화장실과 샤워 시설이 선실에 딸려 있는 경우도 있고 선실 외부의 시설을 공동으로 이용하는 경우도 있다.

구체적인 규칙이나 시설, 서비스 등은 보트의 종류나 등급에 따라 조금씩 다르다. 잠을 자는 공간인 선실Cabin & Stateroom은 싱글 침대 두 개가 있는 트윈룸 형태가 가장 많다. 가격이 싸거나 선체가 작은 보트에서는 공간을 줄이기 위해 2층 침대를 사용하기도 한다. 이 외에도 커플을 위한 더블룸, 2층 침대 두 개를 배치한 4인실도 있다. 리브어보드의 선실은 텔레비전에서 나오는 군함이나 잠수함에서의 선실 정도로 비좁지는 않지만, 일반 리조트에 비하면 당연히 공간에 제약이 많다.

중고급 리브어보드의 선실에는 화장실과 샤워 시설이 딸려 있지만, 저가형 리브어보드들은 대부분 선실 밖에 있는 공동 화장실과 샤워 시설을 이용하게 된다. 리브어보드의 화장실은 마린 토일렛Marine Toilet으로 오수가 바다로 빠져나가는 형태가 많아서 화장지를 포함한 일체의 이물질을 변기 안에 넣어서는 안 된다. 특히 보트가 정박 중이고 다른 다이버들이 보트 주변의 수중에서 다이빙을 하고 있을 때에는 더욱 그러하다. 많은 보트가 화장실 변기 옆에 작은 수동식 비데 같은 수도꼭지를 별도로 설치해 두고 있는데 용무가 끝난 후 이것을 잘 이용하면 화장지 사용을 최소화할 수 있다. 화장실 안에는 생물학적으로 분해가 가능한 Biodegradable 샴푸가 준비되어 있다. 이 외에 치약과 칫솔을 포함한 개인 위생 용품은 각자 챙겨 가야 한다.

침대 시트는 대개 사나흘에 한 번꼴로 교환해 준다. 타월은 보통 선실 내에 비치되어 있지만, 타월을 주지 않는 곳도 있다. 이런 보트는 자신의 타월을 가져가야 하므로 미리 확인해 두는 것이 좋다. 타월이 제공되는 경우에도 선실 안에서 사용하는 타월과 다이빙 덱에서 사용하는 타월이 구분되어 있는 경우가 많다. 선실 내에는 대부분 에어컨이 있고 휴대 전화나 카메라를 충전할 수 있는 콘센트가 마련되어 있으며 전기 콘센트는 공동 구역에도 충분히 마련되어 있는 편이다. 대형 보트들은 담수화 설비를 갖추고 있어서 바닷물을 담수화하여 샤워나 청소, 설거지 등에 사용한다. 그러나 식수는 출항할 때에 탱크나 생수통에 비축하여 나가므로 보트 안에서는 물은 아껴 쓰는 습관을 들이는 것이 좋다.

식사는 하루 세 끼가 기본적으로 제공된다. 이 외에도 아침 첫 다이빙 전에 토스트와 시리얼 같은 간단한 아침 식사가 추가로 나오고, 오후 다이빙 중간에 간식을 주는 보트도 많다. 식사는 대부분 뷔페스타일로 제공되지만, 일부 고급 리브어보드에서는 식사를 미리 주문 받아 조리해서 웨이터가 서빙해 주기도 한다. 식사 시간은 대개 미리 정해져 있으므로 그 시간을 지켜서 스텝들을 오래 기다리게 하지 않도록 하자. 물, 커피, 차 등은 24시간 언제든지 마실 수 있다. 탄산음료, 맥주와 와인 같은 주류는 별도의 요금을 받고 제공되는 경우가 대부분이지만, 역시 일부 고급 보트에서는 이런 것들도 무료이다.

◀ (사진 2-16) 일반적인 리브어보드에서의 뷔페식 식사. 일부 고급 리브어보드에서는 메뉴를 주문 받아 조리하여 웨이터가 서빙해 주기도 한다.

리브어보드 다이빙

리브어보드 종류와 노선에 따라 차이는 있지만, 대부분 하루 4회 또는 5회 다이빙을 하게 된다. 여기에는 야간 다이빙도 포함된다. 물론 출항 첫날이나 마지막 날은 이동 시간이 있어 다이빙 횟수가 줄어들 수 있다. 보트에는 전문 다이브 가이드가 승선하여 다이빙을 이끌게 되는데, 다이버들의 경험과 수준, 나이트록스 사용 여부 등에 따라 조를 편성해서 조 단위로 다이빙을 진행하는 경우가 많다. 깊은 수심에서 오랜 시간을 기다리는 형태의 다이빙이 많은 노선, 예를 들면 투바타하 같은 곳에서는 일반 압축 공기보다는 나이트록스를 많이 사용한다. 보트에 따라 나이트록스를 무료로 제공하는 경우도 있고 실비를 받고 제공하는 경우도 있다. 따라서 리브어보드를 탈 때에는 나이트록스 라이선스 카드를 꼭 챙겨 가도록 한다. 만약 아직 나이트록스 라이선스가 없다면 리브어보드 승선 중에 교육을 받고 자격을 취득하는 것도 좋은 방법일 수 있다.

(사진 2-17) ▶
장비가 셋업된 리브어보드의 다이빙 덱.
리브어보드에는 컴프레서가 설치되어 있어서
다이빙이 끝나면 바로 탱크에 공기를 재충전
시켜 다음 다이빙에
사용할 수 있도록 한다.
따라서 자기가 사용한 탱크는
여정 중 계속 사용하게 된다.

보트에 오르면 출항하기 전에 장비의 이상 유무를 마지막으로 확인 하여 혹시 수리나 교환이 필요하면 배가 항구에 정박하고 있는 동안 조치될 수 있도록 하여야 한다. 대부분의 리브어보드 보트들에는 압축 공기 컴프레서와 나이트록스 믹서가 설치되어 있으며 자기가 일단 사용한 공기탱크는 항해 기간 내내 계속 사용하게 된다. 매번 다이빙 이 끝나면 호흡기의 1단계를 탱크에서 분리시켜서 스텝들이 다음 다이빙을 위해 공기를 충전할 수 있도록 해 둔다. 보트의 스텝들이 도와주기는 하지만 매번 다이빙 직전마다 공기탱크의 개방을 포함하여 자신의 장비에 대한 이상 유무와 공기압 등을 반드시 직접 확인하는 습관을 들이도록 한다.

리브어보드에서의 다이빙은 전문적인 텍다이빙 코스가 아닌 한 무감압 다이빙을 원칙으로 한다. 항상 자신의 공기압 잔량과 함께 수심, 그리고 컴퓨터에 표시되는 무감압 한계 시간을 수시로 체크하여 한계 시간이 얼마 남지 않은 경우 바로 얕은 수심으로 올라가도록 한다. 리브어보드는 매일 4, 5회의 다이빙을 빠듯한 일정으로 진행하기 때문에 일단 감압(데코)이 걸리면 수중에서 이것을 풀고 나오기가 쉽지 않다. 이렇게 해서 어쩔 수 없이 컴퓨터에 오류가 생기면 그때부터 최소한 24시간 동안은 다이빙을 하지 못한다. 리브어보드에서는 감압을 항상 조심하고 가능하다면 백업 컴퓨터를 하나 더 가져가는 것도 고려해 볼 만하다. 나이트록스를 사용하는 경우 산소 중독에 걸리지 않도록 최대 허용 수심MOD:Maximum Operating Depth에도 조심해야 한다. 나이트록스 탱크는 매번 다이빙 직전에 산소 농도를 측정하여 장부에 기입하고 컴퓨터의 FO2 값도 조정해 주도록 한다.

◀ (사진 2-18) 다이빙 직전 스피드 보트에서 장비를 점검하는 다이버.
스텝들이 셋업해 주는 경우라도
반드시 다이버 본인이 재확인을 하도록 한다.
특히 공기탱크의 개방 여부와 공기 압력은
반드시 체크한다.

리브어보드 다이빙은 육지에서 멀리 떨어진 먼바다에서 이루어지는 경우가 많다. 그만큼 연안 다이빙에 비해 조류나 파도가 강해서 난이도도 높고 조난의 위험도 항상 도사리고 있다. 리브어보드를 탈 때에는 SMB와 호각, 반사 거울 같은 안전 장구는 반드시 챙겨 가도록 한다. 투바타하나 아포리프 같이 조류가 강한 지역을 운항하는 리브어보드들은 대개 SMB 휴대가 의무적이다. 리브어보드 다이빙 중에는 실제로 일행과 떨어져서 버디끼리 출수하는 등 SMB를 사용해야 하는 경우가 생각보다 더 많이 생기므로, 어떤 수심에서도 SMB를 쏘아 올릴 수 있도록 평소에 충분히 연습해 두도록 한다.

필리핀 주요 리브어보드 소개

··· 스텔라 마리스 M/V Stella Maris (http://expeditionfleet.com)

한때 투바타하에만 10여 척의 리브어보드를 띄웠던 Expedition Fleet 소속의 전형적인 준 럭셔리급 리브어보드 보트이다. Expedition 소속의 보트들은 최근 거의 모두 매각되고 이제는 '스텔라 마리스'만이 남아 투바타하 항로를 지키고 있다. 팔라완의 푸에르토프린세사 항을 기지로 삼아 6박 7일간의 일정으로 투바타하 국립 해상공원의 주요 포인트들을 순회하며, 요금은 선실 등급에 따라 2,100불부터 2,600불까지이다.

··· 필리핀 사이렌 S/Y Philippines Siren (http://sirenfleet.com/liveaboards/philippines.html)

세계적인 럭셔리 리브어보드 네트워크의 하나인 Siren Fleet 소속의 럭셔리 범기선 S/Y, Sailing Yacht 리브어보드이다. Siren Fleet은 필리핀 외에도 인도네시아, 팔라우, 몰디브, 피지 등에도 호화 리브어보드를 운영하고 있다. 필리핀 사이렌은 주로 투바타하 노선을 6박 7일 일정으로 운항하지만, 투바타하 시즌 외의 기간에는 세부 일대를 순회하는 항로를 주로 운영한다. 요금은 투바타하 6박 7일 코스가 기간에 따라 2,700유로 (3,700불)에서 3,000유로(4,130불), 세부에서 말라파스쿠아까지의 12박 코스는 3,750유로(5,160불) 정도이다. 꽤 비싼 요금임에도 불구하고 워낙 인기가 높아 예약하기가 대단히 어려운 요트로 알려져 있다.

··· 디스커버리 팔라완M/V Discovery Palawan (http://www.discoveryfleet.com)

역시 세계 전역의 유명 다이브 사이트들을 커버하고 있는 리브어보드 전문회사인 Discovery Fleet 소속의 럭셔리급 요트이다. 매년 3월 말부터 6월 초까지 팔라완의 푸에르토프린세사를 모항으로 삼아 6박 일정으로 투바타하 노선을 운항한다. 요금은 아래쪽 갑판 스탠다드 룸이 1인당 2,100불이고 전망이 좋은 위쪽 갑판의 선실은 1인당 2,500불이다.

··· 바스코M/Y Vasco (http://www.dive-vasco.com)

투바타하 국립 공원이 여는 3월 말부터 6월 초까지는 6박 7일로 투바타하 노선을 운항하며, 그 외의 기간에는 비사야 노선을 4박 5일 코스로 운항한다. 비사야 노선의 경우 세부 막탄 항을 출발하여 카빌라오 섬, 오슬롭, 보홀의 발라카삭 섬을 거쳐 다시 막탄으로 돌아가는 항로이다. 투바타하 코스 요금은 1,900불이고 비사야 코스 요금은 1,250불이다.

··· **아틀란티스 아조레스**^{M/V Atlantis Azores} (http://www.atlantishotel.com/azores)

두마게테와 푸에르토갈레라의 사방 비치에 고급 다이브 리조트를 보유하고 있는 '아틀란티스'가 운영하는 럭셔리 리브어보드이며 투바타하 국립공원이 열리는 동안 푸에르토프린세사를 모항으로 하여 7박 8일짜리 투바타하 코스를 운항한다. 그 밖의 기간에는 비사야 지역에서 리브어보드를 운항하는데 7박 8일의 일정으로 수밀론, 카빌라오, 발리카삭, 팡글라오, 파밀라칸을 순회하는 보홀 코스, 그리고 10박 또는 12박 일정으로 수밀론, 모알보알, 말라파스쿠아, 카빌라오, 발리카삭 등을 순회하는 말라파스쿠아 코스가 있다. 요금은 스탠다드룸 기준으로 1인당 투바타하 코스가 3,895불, 보홀 7박 코스가 2,995불, 말라파스쿠아 10박 코스가 4,959불, 말라파스쿠아 12박 코스가 5,295불이다.

··· **랙스 2**^{M/B RAGS II} (http://www.apo-reef-coron-wrecks-liveaboard.com)

필리핀의 전통적인 방카 보트를 이용하는 비교적 저가의 리브어보드이다. 푸에르토갈레라에 있는 'South East Asia Divers'가 운영하는 방카형 리브어보드이다. 푸에르토갈레라를 모항으로 삼아 아포리프와 팔라완 코론 지역을 전문적으로 항해하는 보트인데, 간혹 사방 비치를 포함하여 민도로 일대를 순회하는 항로를 가기도 한다. 이 방카의 고객은 전통적으로 텍다이버들이 많아서 간혹 텍다이버들만을 위한 딥, 케이브 또는 렉 코스를 운영하기도 한다. 방카에서 헬륨 및 트라이믹스를 사용할 수 있으며 재호흡기^{Rebreather}를 포함한 텍다이빙 장비들을 렌트할 수도 있다. 나이트록스도 무료로 제공되므로 거의 모든 다이버들이 나이트록스를 사용한다. 자켓형 BCD 등 일반형 장비도 미리 신청을 하면 렌트할 수 있다. 아포리프 항해는 4박 5일, 코론과 아포리프를 동시에 방문하는 항해는 6박 7일, 민도로 순회 코스는 7박 8일 일정으로 나가는 경우가 많다. 리브어보드 요금은 다이빙 날짜를 기준으로 하루에 240불이다. 공항 픽업 및 육상 교통편은 별도의 요금을 받고 제공한다. 국제 기름값 변동에 따라 약간의 유류 할증료를 받기도 하며 국립 공원 입장료와 장비 임대료는 별도이지만, 이 외에 탄산음료와 맥주를 포함한 모든 것이 요금에 포함되어 있다. 식사는 매끼 주문을 받아 조리해서 서빙해 준다. 보트 내에서 마사지 서비스도 제공하므로 (75분에 500페소) 하루 네 번의 다이빙으로 쌓인 피로를 풀 수 있다.

Tip

Ship Prefix

선박은 자동차와 마찬가지로 고유한 등록 번호와 함께 이름을 가지고 있다. 그런데 대개 배의 이름 앞에는 그 배의 종류를 나타내는 일종의 식별 기호를 붙여서 이름과 함께 부르는 것이 해사업계의 오래된 관행이다. 이런 식별 기호를 'Ship Prefix'라고 하며 보통 두 글자에서 네 글자까지의 알파벳 약자로 이루어져 있다. 원래는 군함에서 사용하던 것이지만, 지금은 주로 민간 선박들이 이 Ship Prefix를 많이 사용하며, 군함들은 숫자로 된 선체 식별 번호Hull Identification Number를 주로 사용하고 있다. Ship Prefix를 보면 그 배가 어떤 종류인지를 가늠할 수 있는데, 많이 사용되는 Ship Prefix에는 다음과 같은 것들이 있다.

M/V : Motor Vessel (내연 기관으로 추진되는 선박)

M/S : Motor Ship
      (M/V와 거의 같은 의미로 사용되지만, 대개 규모가 큰 선백)

M/Y : Motor Yacht
      (M/V와 비슷한 의미이나 럭셔리급임을 강조하는 용도로 사용)

S/V : Sailing Vessel (범선 또는 범기선)

S/Y : Sailing Yacht (돛대와 돛이 있는 럭셔리급 범기선)

M/B : Motor Banka, Motorized Boat

C/F : Car Ferry (카페리)

C/S : Cable Ship (케이블 포설선)

ERRV : Emergency Response Rescue Vessel
(긴급 구난 구조선)

F/V : Fishing Vessel (어선)

HLV : Heavy Lift Vessel (기중기선)

HSC : High Speed Craft (고속선)

HTV : Heavy Transport Vessel (중수송선)

M/T : Motor Tanker (유조선)

R/V : Research Vessel (연구선)

S/S : Steam Ship (증기 또는 중유기선)

T/S : Training Ship (훈련선)

IJN : Imperial Japanese Navy
(구 일본 해군 함정, 주로 2차 대전 중 침몰한 렉)

루손 및 민도르
1. 아닐라오
2. 수빅만
3. 푸에르토갈레라/사방비치
4. 돈솔

비사야
5. 세부/막탄
6. 모알보알
7. 보홀
8. 두마게티
9. 말라파스쿠아
10. 보라카이

팔라완/술루해
11. 코론만
12. 엘니도
13. 아포리프
14. 투바타하

민다나오
15. 카마긴
16. 다바오

루손 섬
Luzon

마닐라
MANILA

Lamon Bay

2

1

3

4

Sibuyan

11 **13**

10 *Sea*

12

파나이
Panay

9

세부
Cebu

Leyte Gulf

14

Panay Gulf

6 **5**

팔라완 섬
Palawan

8 **7**

Bohol Sea

카가얀 데오로
Cagayan de Oro City

15

S u l u

S e a

만다나오 섬
Mindanao

D

잠보앙가
Zamboanga

Moro Gulf

Dava Gulf

말레이시아
MALAYSIA

C e l e b e s

S e a

Soccsksargen

PART 2

Philippines

주요 **다이브 사이트** 가이드

chapter 3
루손 및 민도르 지역

      필리핀의 수도인 마닐라가 속해 있는 루손Luzon 지역과 인근 민도로Mindoro 지역은 필리핀의 관문도시와 지리적으로 가깝다는 장점 덕에 일찍부터 많은 다이빙 사이트들이 개발되었다. 이 지역의 대표적인 다이빙 사이트는 '아닐라오/마비니' 지역, '수비크 만' 지역, 사방 비치를 중심으로 한 '푸에르토갈레라/사방 비치' 지역, 그리고 루손 남쪽에 위치한 '돈솔' 지역이 있다. 아닐라오와 푸에르토갈레라/사방 비치 지역은 마닐라에서 다시 비행기를 타지 않고도 네 시간 이내에 도착할 수 있는 곳이어서 짧은 일정으로 필리핀을 여행하는 경우 자주 찾게 되는 곳이다. 아닐라오는 풍광 못지 않게 바닷속도 아름다워서 세계적인 마크로 다이빙 사이트로 손꼽히는 곳이다. 사방 비치 지역은 낮에는 스쿠바 다이빙을 즐기고 밤에는 파티를 즐기는 곳으로 잘 알려져 있다. 수비크 만 지역 또한 마닐라에서 육로로 세 시간 정도면 도착할 수 있는 곳인데, 대형 전투 순양함인 '뉴욕함'을 비롯하여 많은 침몰선들이 있어서 본격적인 렉 다이빙을 즐길 수 있는 곳이다. 돈솔 지역은 마닐라에서 다소 먼 곳이고 12월부터 5월까지만 방문할 수 있다는 제약은 있지만, 지구에서 가장 큰 물고기인 고래상어를 볼 수 있고 특히 대형 만타레이를 쉽게 만날 수 있다는 매력이 있는 곳이다.

Lubang I.

1. 수빅Subic Bay
2. 아닐라오Anilao
3. 푸에르토갈레라/사방비치Puerto Galera/Sabang Beach
4. 돈솔Donsol

▲ (지도 3-1) 루손 및 민도로 지역 주요 다이브 사이트

3-1
아닐라오 Anilao

아닐라오 지역 개요

　　　　마닐라 남쪽의 바탕가스 지방에 위치한 아닐라오 지역은 1966년 필리핀에서 스포츠 다이빙이 처음 시작된 곳으로 필리핀 다이빙의 성지聖地로 알려졌다. 아닐라오 자체는 작은 항구를 가진 어촌으로, 실제 다이브 리조트들이 밀집해 있는 곳은 아닐라오에서 서쪽으로 조금 떨어져 있는 마비니Mabini 지역이다. 마닐라에서 육로로 네 시간 정도면 도착할 수 있는 곳이어서 특히 주말에 많은 다이버들이 몰린다. 마비니 지역의 구불구불한 해안 도로를 따라 역사와 전통을 자랑하는 다이브 리조트들이 언덕 아래 해안 쪽에 자리 잡고 있다. 최근 들어 한국인이 운영하는 리조트들도 많이 생겼다.

아닐라오의 현지 리조트들은 아직도 전통적인 방식으로 운영되는 곳이 많은데, 숙박과 식사는 물론 다이빙까지도 그룹이 아닌 개인 고객 단위로 이루어진다. 즉, 내가 원하는 시간과 일정에 내가 원하는 다이브 포인트에 나가는 방식으로, 전용 보트와 전담 다이브 가이드가 딸려 오는, 소위 말하는 프라이비트 다이빙이다. 물론 비용은 꽤 비싸다. 이런 이유로 아닐라오의 다이브 리조트들에서는 오픈 워터와 같은 교육 프로그램이 없는 곳이 많다. 필리핀에서 처음 다이빙이 시작되던 때에는 오늘날과는 달리 일부 극소수 부유층만이 아닐라오에서 다이빙을 즐길 수 있었고, 리조트의 모든 서비스는 이런 고객들에게 집중될 수밖에 없었는데, 그런 전통이 아직도 많은 리조트에 남아 있기 때문이다. 물론 최근에는 현대식(?) 시스템으로 운영하는 리조트도 많이 생겼으며 특히 한국인 리조트들의 경우 필리핀의 다른 곳과 거의 비슷한 방식으로 운영된다. 아닐라오 지역에는 다양한 다이브 포인트들이 많이 있지만, 특히 작고 예쁜 해양 생물 위주의 마크로 다이빙으로 유명한 지역이어서 수중 사진 작가들이 즐겨 찾는 장소이기도 하다.

▲ (사진 3-1) 절벽 아래에 자리 잡은 아름다운 아닐라오의 바다(Eagle Point)

아닐라오 지역 다이브 리조트

　　아닐라오 지역의 다이브 리조트들은 대부분 절벽 아래 바닷가에 자리 잡고 있어서 해안 도로에서 가파른 경사 길을 내려가야 한다. 다이빙 보트는 대부분 방카를 사용한다. 다이브 리조트 인근에는 조그만 구멍가게(Sari-Sari Store라고 부른다) 외에는 아무런 시설도 없으므로 다이빙 외에는 소일할 장소가 없다. 가까운 시장이라도 가려고 하면 트라이시클을 불러서 30분 정도는 나가야 한다. 아닐라오와 마비니 지역은 이동 통신 신호가 약한 지역이어서 와이파이나 인터넷 접속이 되지 않는 곳이 많다. 아닐라오는 다른 생각 없이 그저 먹고 자고 다이빙만 하는 곳이라고 생각하는 편이 좋다.

필리핀의 다이브 리조트들은 숙박비, 식비, 다이빙 비용 등을 구분하여 요금을 매기는 경우가 많지만, 아닐라오 지역은 전통적으로 이런 모든 것들이 포함된 패키지 요금이 주종을 이루고 있다. 다만, 일부 고급 리조트들은 개별 손님 단위로 보트와 다이브 가이드가 붙는 프라이비트 다이빙 시스템으로 운영하며, 이 경우 다이빙 요금은 이용하는 전용 보트의 종류, 다이빙 사이트 및 횟수 등에 따라 별도로 청구된다. 아닐라오 지역의 주요 다이브 리조트들은 다음과 같다.

(사진 3-2) ▶
바다 쪽에서 바라본
마비니 지역의 다이브 리조트들

아닐라오 지역 다이브 센터/다이브 리조트 (표3-1)

리조트	위치	객실 수	숙박비	다이빙 비용	참고 사항
클럽 J club.cyrld.com/jresort	마비니	8	숙식+다이빙 3회 $110/1박		한인 업체 Budget
몬테카를로 www.anilaomontecarlo.com	마비니	15	숙박+다이빙 3회 $110/1박		한인 업체 Budget
보니또 리조트 www.bonitoresort.com	보니또 섬		숙식+다이빙3회 $125/1박		한인 업체 Budget
아카시아 리조트 (agoda) www.acaciadive.com	마비니	16	$130+	Private	현지 업체 Luxury
이글포인트 리조트 (agoda) www.eaglepointresort.com.ph	마비니	40+	$150+	Private	현지 업체 Luxury

아닐라오 지역 참고 사항

아닐라오 마비니 지역에는 드문드문 자리 잡은 다이브 리조트 외에는 이렇다 할 다른 편의 시설이 거의 없다. 필요한 물건을 구하기 위해서는 트라이시클과 지프니를 타고 바우안이나 바탕가스까지 나와야만 한다. 쇼핑은 물론 식당이나 바도 거의 없어서 일단 다이브 리조트에 도착한 순간부터 떠나는 시간까지는 대부분의 시간을 리조트 안에서만 보내야 한다. 아닐라오 지역에 있는 대부분의 다이브 리조트들이 숙박과 식사, 다이빙이 모두 포함된 패키지 요금 체계인 것은 이 때문이기도 하다. 필리핀 어디서나 흔히 볼 수 있는 마사지샵도 아닐라오에는 찾기 어렵다. 그러나 리조트에 요청하면 마사지사를 불러 준다. 아닐라오를 찾을 때에는 체재 기간 동안의 소일거리를 미리 준비해 가는 것이 좋다. 환전할 곳도 없으며 통신이 취약한 지역이라 신용 카드도 받지 않으므로 현금을 충분히 가져가자.

찾아가는 법

마비니 지역의 다이브 리조트를 찾아가는 가장 손쉬운 방법은 마닐라 공항에서부터 리조트까지 픽업 서비스를 받는 것인데, 비용은 편도 기준 4,000페소(100불) 정도 소요된다. 개인적으로 찾아가는 방법은 다음과 같다.

… 마닐라의 파사이 또는 케손시티의 쿠바오 버스터미널에서 버스를 타고 **바탕가스**의 **그랜드터미널**Grand Terminal에서 하차한다. 소요 시간은 교통 사정에 따라 두 시간 30분에서 세 시간 정도 걸리며 요금은 200페소 이내이다. 마닐라와 바탕가스를 운행하는 버스는 JAM Liner, Tritran, Alps 등 여러 회사가 있으며 각각 터미널을 가지고 있다. 이 중에서 가장 편수가 많은 버스가 JAM Liner이므로 JAM 터미널로 가서 타는 것이 좋다. 그랜드터미널에서 내리지 못하면 종점인 바탕가스 항구까지 들어가게 되고, 다시 바탕가스 시내로 나오는 번거로움이 있으므로 내리는 곳을 놓치지 않도록 한다

… 바탕가스 그랜드터미널에는 바탕가스 인근 각 지역으로 가는 지프니들이 대기하고 있다. 이 중에서 **마비니** 또는 **아닐라오**로 가는 지프니를 탄다. 지프니는 좌석에 손님이 모두 찰 때까지 기다린 후 출발한다. 아닐라오까지의 소요 시간은 대기 시간을 빼고 약 40분 정도 걸리며 요금은 35페소이다. 트라이시클을 쉽게 잡을 수 있는 곳은 마비니크로싱Mabini Crossing 부근이지만 설사 이 곳을 놓치더라도 다음에 내려서 트라이시클을 타고 리조트로 이동하는 데에는 큰 문제는 없으므로 어디서 지프니

를 내려야 할지 그다지 걱정할 필요는 없다. 마비니 지역 리조트가 아닌 보니토 섬의 리조트를 택한 경우에는 지프니의 종점인 탈라가Talaga 항구까지 가서 이 곳에 대기 중인 보트를 타고 들어가면 된다

… 마비니 지역의 리조트인 경우 아닐라오(또는 마비니)에서 트라이시클을 타고 예약된 리조트까지 간다. 이 코스는 꼬불꼬불한 해안 도로를 끼고 달리게 되는데 리조트의 위치에 따라 소요 시간과 요금이 달라지지만, 평균적으로 소요 시간은 20분에서 30분 정도이고 요금은 100페소에서 200페소 정도이다. 트라이시클 드라이버에게 목적지 리조트를 말하고 요금을 결정한 다음에 타도록 한다.

아닐라오 지역 다이브 포인트

아닐라오 지역에서 원래 다이빙이 처음 시작된 곳은 지금의 '바수라' 포인트가 있는 아닐라오 만 일대였다고 한다. 이 지역에는 지금도 오랜 역사를 가진 다이브 리조트들이 남아 있고 다이브 포인트 역시 그대로 남아 있다. 그러나 현재는 많은 포인트들이 마비니 지역의 해안 절벽을 끼고 개발되어 있다. 5m를 전후한 수심에 아름다운 산호초 지역이 발달해 있어서 입수와 출수가 편리하고 또 절벽에서 이어지는 수중벽 구조가 다이빙에 적합한 지형이기 때문이다.

해안선에서 30분 정도 외해 쪽으로 떨어져 있는 솜브레로 섬 일대 또한 '바후라'를 비롯한 어드밴스드 다이버들이 좋아하는 포인트들이 집중되어 있는 수역이다. 해안선에서 100m까지의 지역은 해양 보호

구역으로 지정되어 있어서 보트들이 닻을 내려 정박할 수 없으므로 이 일대의 포인트들에는 보트가 계류할 수 있는 부이들이 설치되어 있다. 따라서 부이 부근으로는 보트들의 왕래가 빈번하기 때문에 다이빙을 마치고 출수할 때에는 지나가는 보트에 충돌하는 사고가 생기지 않도록 조심하여야 한다. 비치 다이빙을 마치고 막 출수하는 다이버들과 필자가 탑승한 보트가 충돌하는 사고를 경험한 적도 있다. 반드시 SMB를 쏘아 올린 후 가이드를 중심으로 그룹으로 출수하도록 한다.

▲ 〈지도 3-2〉 아닐라오의 다이브 사이트

··· 바후라Bahura

해안에서 보트로 20분 정도 먼바다 쪽 방향으로 떨어진 곳이며 외해를 직접 마주하는 곳이라서 거의 100% 조류가 있는 포인트이며, 조류의 방향 또한 예측하기 어렵다. 따라서 이곳은 초보 다이버들에게는 적합하지 않으며 상급자들만 다이빙을 할 수 있다. 대신 아름다운 수중 경관과 함께 바라쿠다, 참치 등 대형 어류들을 볼 가능성이 큰 곳이기도 하다. 대개 입수하자마자 바로 하강을 시작하는 네거티브 엔트리Negative Entry로 최대한 빨리 바닥의 바위까지 내려가서 바위를 붙잡은 후에 다이빙을 시작하는 경우가 많다. 입수는 전원이 동시에 해야 하며 입수 시점 또는 하강 시점에 시차가 나면 강한 조류로 인해 일행들로부터 멀리 떨어지게 될 가능성이 높다. 다이빙은 보통 조류 방향을 따라 흘러가는 드리프트 다이빙으로 진행한다. 다이빙이 끝나면 리프 쪽 5m 내외의 비교적 얕은 수심 쪽으로 이동해서 안전 정지를 마친 후 상승한다. 그러나 조류가 강할 때에는 블루워터 출수를 해야 하는 경우도 생긴다. 또 이 지역은 다이빙 보트들이 많이 지나다니는 지점이기도 하므로 상승할 때에는 SMB를 쏘아 올린 후 가급적 그룹으로 출수하는 것이 좋다.

··· 캐세드랄The Cathedral

이글 포인트 리조트 인근에 위치한 곳으로 최대 수심은 30m 정도이지만, 대부분 18m 내외의 깊이에서 다이빙이 진행된다. 아닐라오를 대표하는 유명한 포인트 중 하나이다. 수중 지형은 거대한 바위들이 두 개의 큰 산 모양으로 배치되어 있는 모습인데, 두 산의 중간 부분 15m 수심에 라모스 전 필리핀 대통령이 제작하고 요한 바오로 2세 교황이 축

성한 작은 십자가가 있다. 아닐라오 지역에서 물고기 먹이 주기|Fish Feeding가 공식적으로 허용된 유일한 포인트이다. 가끔 강한 조류가 있지만, 대체로 그다지 어려운 포인트는 아니다.

▲ (사진 3-3) 아닐라오 캐세드랄의 수중 십자가. 피델 라모스 전 대통령이 제작하고 요한 바오로 2세 교황의 축성을 받은 후 이곳에 설치되었다.

··· 커비스 록Kirby's Rock

해안으로부터 수심 5m 정도까지 완만하게 진행되다가 슬로프로 바뀌면서 최대 수심 40m까지 내려가는 거대한 바위 지형이다. 평균 수심은 12m 정도이며 바위 벽에 각종 산호들과 다양한 마크로 생물들이 서식하는 곳으로 수중 사진 작가들이 선호하는 포인트 중 하나이다. 수심이 깊어서 딥 다이빙 교육 장소로 애용되는 포인트이기도 하며, 포인트 일부는 100m 깊이까지 떨어지는 곳도 있어 트라이믹스를 사용하는 텍 다이버들도 즐겨 찾는다. 수심이 깊다는 점 외에는 특별히 어려운 점은 없는 포인트이지만, 밀물과 썰물 시간에는 매우 강한 조류가 밀어닥치므로 조수표Tide Chart를 보고 다이빙 시간을 정하는 것이 좋다.

··· 이글 포인트Eagle Point

이글 포인트 리조트의 하우스 리프에 해당하는 곳이다. 입수 지점의 수심은 8m 정도이고 이후 18m 수심까지 직벽이 이어지며, 다이빙이 진행

되는 평균 수심은 10m 내외이다. 수면 상태는 거의 잔잔한 편이며 조류
도 거의 없어서 비교적 쉬운 포인트로 간주되는 곳이다.

··· 아서스 록Author's Rock

Author's Place 리조
트와 클럽 J 리조트의
하우스 리프에 해당하
는 포인트이다. 해안선
에서 불과 50여 미터
밖에 떨어져 있지 않아
이들 두 리조트에서는
비치 다이빙으로도 들
어갈 수 있다. 입수 수

▲ (사진 3-4) 아닐라오 아서스 록의 산호 지대.
비치 다이빙으로도 입수가 가능할 정도로 해변에서 가까운
곳이지만, 수중의 모습은 다른 어떤 포인트와도 비견할 수
없을 만큼 아름다운 곳이다.

심은 5m, 최대 수심은 18m 정도이다. 작은 바라쿠다 무리를 비롯하여
다양한 리프 어류들이 살고 있으며 바다거북 두 마리도 이 지역에 상주
한다. 입수한 후 이글 포인트 쪽을 향해 동쪽으로 50여 미터 정도 진행하
다 보면 제법 커다란 바위Pinnacle가 솟아 있는데, 이 바위를 '아서스 록'이
라고 한다. 지형 대부분이 아름다운 연산호 군락으로 이루어져 있다. 출
수할 때에는 산호초 지역은 수심이 낮아 보트가 접근하기 어려운 경우가
많으므로 깊은 쪽으로 이동한 후 올라가는 것이 좋다.

··· 코알라Koala

이글 포인트와 아서스 록 중간 지점으로, 해안 절벽이 살짝 나와 있는

부분에 자리 잡고 있다. 평균 수심 18m, 최대 수심 24m 정도이다. 지형은 산호로 덮인 수중 산의 모습이다. 간혹 약간의 조류가 생기기도 하지만, 전반적으로 고요한 편이어서 초보 다이버들에게도 추천되는 포인트이다. 그러나 슬로프의 끝 부분에 움푹 들어간 지형이 있는데, 이곳으로 들어가면 수심이 50m 이상으로 깊어져서 일부 어드밴스드 다이버들이 딥 다이빙을 위해 일부러 이 지점을 찾기도 한다.

••• 베아트리체 록Beatrice Rock

해안에서 먼바다 쪽으로 방카로 20여 분 걸리는 위치이며 솜브레로 섬 인근 지역이다. 최대 수심은 27m인데 야트막한 산과 언덕 모양의 지형이 수없이 이어지는 모습이며 전체적으로 경관이 대단히 아름다운 포인트이다. 아닐라오에서 다이빙이 처음 시작될 무렵 초기의 다이버들이 이 지역을 탐사했는데, 그 그룹의 일원이었던 여성의 이름이 베아트리체였고, 그녀의 이름을 따서 포인트의 이름을 지은 것으로 알려지고 있다. 외해에 가까운 지역이어서 조류가 강한 곳이며, 조류가 아주 강할 때에는 입수하자마자 바로 하강을 시작하여 수중의 바위 사이에 있는 골짜기까지 내려간 후 다이빙을 시작한다.

••• 트윈 록Twin Rocks

이글 포인트 또는 클럽 J 리조트에서 방카로 약 20분 정도 남쪽으로 내려간 곳에 위치한 곳으로, 아닐라오의 대표적인 다이브 포인트 중 하나이다. 두 개의 거대한 바위가 나란히 서 있는 모습 때문에 트윈 록이라는 이름이 붙었다. 바위들 중간에는 폐바지선이 가라앉아 있는데 이 렉의 주변과 밑의 구멍에 대형 랍스터를 비롯한 다양한 해양 생물들이 서식한다. 큰 규모의 잭피시Jack Fish 떼들이 자주 나타나는 곳으로도 유명하다. 갯민숭달팽이Nudibranch 종류의 하나인 스패니시댄

▲ (사진 3-5) 아닐라오 트윈 록의 잭피시 떼. 이곳은 수심도 깊지 않고 조류도 강하지 않아 초보 다이버들도 쉽게 다이빙을 즐길 수 있는 곳이다. 다만, 출수할 때 주변을 지나다니는 보트를 조심해야 한다.

서Spanish Dancer도 이 포인트의 명물인데 몸체는 종이처럼 얇지만 전체적인 면적은 매우 커서 그 위에 새우가 올라타고 다니기도 한다. 평균수심 6m에 최대 수심 12m의 비교적 얕은 곳이고 조류도 거의 없어서 초보 다이버들도 큰 부담 없이 다이빙을 즐길 수 있는 포인트이다.

··· 다릴 라웃Daryl Laut

해안에서 먼 바다 쪽으로 약 20분 정도 떨어진 카반 섬 서쪽 지역에 있는 포인트인데 수중에 거대한 철 구조물이 놓여 있다. 이 철 구조물은 원래 수상 호텔 겸 카지노로 사용

▲ (사진 3-6) 아닐라오 다릴 라웃의 수중 철 구조물. 렉이 없는 아닐라오에서 렉 다이빙 교육용으로 사용되기도 한다.

된 것이라고 하는데 1980년대에 낙뢰로 파손되어 물속에 가라앉았고 현재는 철제 빔으로 된 뼈대만 남아 있다. 난파선이 없는 아닐라오에서 렉 다이빙을 대신할 수 있는 유일한 포인트이기도 하다. 철 구조물 상단의 수심은 12m이고 하단 최대 수심은 27m이다. 지형이 만(灣)처럼 들어가 있는 곳이라 조류가 거의 없어서 초보 다이버들도 즐겨 찾는 곳이며, 어드밴스드 다이버들이 딥 다이빙을 위한 체크 다이빙 목적으로 애용하는 포인트이기도 하다.

··· 마이닛 포인트Mainit Point

아닐라오 지역에서 가장 남쪽 끝 부분에 위치한 포인트이다. 포인트 인근에 온천이 있어서 물속의 모래 바닥을 살펴보면 뜨거운 물방울이 올라오며 손으로 만져 보면 상당히 뜨겁다. 마이닛Mainit이란 타갈로그어로 뜨겁다는 뜻이다. 이곳에서 다이빙을 마치고 인근 해변의 뜨거운 모래밭에서 수면 휴식을 취하기도 한다. 최대 수심은 30m지만 지형에 따라 더 깊어지는 곳도 일부 있다. 조류가 없을 때에는 쉬운 포인트이지만, 일단 조류가 일기 시작하면 대단히 어려운 코스로 돌변한다. 강한 조류가 있을 때에는 드리프트 다이빙으로 진행하는데 엘로테일 바라쿠다, 잭피시, 참치 등 대형 어종을 볼 수 있는 곳이다.

··· 세폭 월Sepoc Wall

대부분의 리조트에서 보트로 약 20분 정도 떨어진 위치이며 밀물과 썰물 시간을 제외하면 상당히 고요한 지역이고 항상 시야도 좋은 편이어서 비교적 쉬운 포인트로 알려져 있다. 5m 정도의 수심에 아름다운 산호초

정원이 펼쳐져 있으며
그다음은 바로 낭떠러
지Drop-Off 지형으로 직
벽이 27m 수심까지 떨
어진다. 벽의 홈 속에
는 랍스터를 비롯한 갑
각류들이 많이 서식하
며 바닥에서는 오징어

▲ (사진 3-7) 아닐라오 세폭 월의 갑오징어

와 등의 각종 리프 어류들을 다양하게 볼 수 있다.

Tip

베스트 마크로 다이빙 사이트

산㎙을 좋아하는 사람들 중에는 웅장한 산세나 지형 또는 야생 동물과 같은 굵직한 점들이 중요하다고 보는 경우도 있는가 하면, 아름다운 야생화나 작은 벌레, 희귀한 약초와 같은 섬세한 미학을 중시하는 사람들도 있다.

바닷속을 탐험하는 다이버들에게도 이런 사정은 비슷해서 웅장한 수중 지형이나 거대한 해양 생물들을 보는 것이 다이빙의 중요한 목적으로 삼고 있는 다이버들이 있는 반면, 작고 아기자기한 아름다운 수중 생물들을 마치 보물찾기 하듯 찾아내는 데에서 큰 즐거움을 얻는 다이버들도 많이 있다. 후자의 경우를 흔히 마크로 다이빙Macro Diving이라고 부른다. 특히 수중 사진 작가들이 마크로 사이트를 선호한다. 좋은 마크로 다이빙 사이트는 무엇보다도 아름답고 희귀한 작은 수중 생물이 많아야 하며, 이런 생물들을 뚜렷이 잘 보고 좋은 사진을 얻을 수 있도록 물이 맑고 시야가 좋아야 한다.

세계적으로 발행 부수가 가장 많은 미국의 다이빙 전문 잡지 중 하나
인 '스쿠바 다이빙 매거진SCUBA Diving Magazine (www.scubadiving.com)'
에서는 해마다 독자 다이버들의 투표로 분야별 베스트 다이빙 사이
트를 선정하여 발표하고 있다. 2014년 4월에 발표한 태평양/인도양 지
역의 'Best Macro Diving Sites'의 Top 5는 다음과 같다.

1. 인도네시아 렘베 해협Lembeh Strait

2. 남부 호주 지역South Australia

3. 인도네시아 코모도Komodo

4. 필리핀 아닐라오Anilao

5. 시밀란을 포함한 태국 안다만해Andaman Sea

3-2
수비크 만^{Subic Bay}

수비크 만 지역 개요

　　수비크 만^灣은 마닐라 만에서 북쪽으로 직선 거리 약 100㎞ 떨어진 곳에 남중국해를 면해 위치해 있다. 이 일대는 1899년 미국과 스페인 간의 전쟁에서 미국이 승리하면서 스페인 해군이 사용하던 곳을 미국이 빼앗아 대규모 해군 기지를 건설해서 1991년까지 미국의 영토처럼 사용해 오던 곳이다. 점령 후기에는 비행장도 건설했는데 현재는 수비크 베이 국제공항으로 사용되고 있다. 1991년 피나투보 화산이 폭발하면서 시설이 대부분 피해를 보자 미국은 기지를 폐쇄하고 자유 무역 지대^{Free Trade Zone}을 만들게 된다. 이후 미국의 기지 사용권을 두고 필리핀 내에서 여론이 분분했었는데, 결정적으로 2012년 말레이시아 선적의 화물선이 수비크 만 일대에 대규모의 폐기물을 몰래 버린 사실이 탄로나고 이 선박이 미국 정부와 계약 관계에 있었으며 오염 물질의 상당 부분이 미국 군함에서 나온 폐수라는 사실이 알려지면서 필리핀 전역에서 반미 감정이 격화되었고, 이후 미국은 수비크 만의 사용권을 포기하고 철수하게 되었다.

　　수비크 만은 스페인 점령 시기부터 미국 점령 시기에 이르기까지 양국 해군의 주력 기지였으며 여러 차례 전쟁의 소용돌이에 휘말린 곳이다. 이런 이유로 수비크 만 일대에는 군함을 비롯한 많은 선박들이 침몰하게 된다. 2차 대전 당시 일본 해군의 집결 장소였다가 미군

▲ (사진 3-8) 바다 쪽에서 바라본 수비크 만의 전경

의 집중 공습을 받은 장소인 코론Coron과 함께 수비크 만이 필리핀 렉
Wreck 다이빙의 성지로 자리매김하게 된 이면에는 이러한 역사적 배경
이 있다. 수비크 만에도 몇 개의 리프 다이브 포인트도 있지만, 대부
분의 포인트는 난파선들이다. 전반적으로 시야는 좋지 않으며 일부
난파선은 구조가 복잡하고 위험한 곳도 많아 반드시 현지 전문 가이
드의 안내를 받아 다이빙을 해야 한다.

테크니컬 렉 다이버 라이선스가 있는 다이버만 난파선 내부에 들어갈 수 있으며, 일반 다이버들은 렉 외부에서만 다이빙을 할 수 있다. 지역적 특성으로 수비크 만 일대의 다이브 센터들은 테크니컬 다이빙이나 렉 다이빙 교육을 전문으로 하는 곳이 많으며, 필리핀의 다른 어떤 지역보다 더블 탱크를 맨 테크니컬 다이버들을 많이 볼 수 있는 곳이기도 하다. 수비크 만 인근에는 과거 미국 해군 기지 때부터 내려오던 유흥업소들이 아직도 많이 남아 영업하고 있다. 해변에 있는 다이브 리조트는 조용하지만, 트라이시클을 타고 조금만 나가면 대로National Highway 주변에서 시끄러운 음악에 예쁜 아가씨들이 북적거리는 유흥가를 만나게 된다.

수비크 만 지역 다이브 리조트

수비크 만 지역에서 추천할 만한 다이브 리조트는 바리오바레토 지역에 있는 요한스 비치 리조트Johan's Beach Resort이다. 주인은 벨기에인 요한 아저씨인데 본인이 30년 이상의 경험을 가진 텍 다이빙 전문 강사여서 특히 렉 다이빙과 텍 다이빙을 전문으로 하고 있는 리조트이다. 숙박비는 1,000페소에서 1,500페소 정도면 무난한 방을 구할 수 있으며, 24시간 운영하는 레스토랑과 바가 딸려 있어서 매우 편리하다. 바로 해변에 위치해 있고 네 대의 스피드 보트를 보유하고 있어서 다이빙도 편하다. 다이빙 비용은 자기 장비를 사용할 경우 1회에 1,000페소이고, 렌탈 장비를 사용하면 1,500페소이다. 더블 탱크 텍 다이빙은 자가 장비를 사용할 경우에는 1,500페소, 렌탈 장비 사용 시 2,500페소를 받는다.

요한스 리조트 외에도 수비크 만 일대에는 꽤 많은 다이브 리조트와 다이브 센터가 있는데 그중에서 다이버들이 많이 찾는 곳은 다음과 같다.

수비크 만 지역 다이브 센터/다이브 리조트 (표3-2)

리조트	위치	객실 수	숙박비	다이빙 비용	참고 사항
Johan's Beach Resort (agoda) subicdive.com	Baloy beach	24	$25+	$25/1회	Tech Dive Budget
Camayan Divers oceanadventure.com.ph	Subic bay	85	$100+	$40/1회	현지 업체 Luxury
Blue Rock Beach Resort www.bluerocksubic.com	Subic bay	41	$40+	$30/1회	현지 업체 Budget

수비크 만 지역 참고 사항

수비크 만 일대에는 관광객이나 다이버에게 필요한 시설이 잘 갖추어져 있다. 다이브 리조트 인근은 물론 수비크 타운을 가로지르는 큰길National Road 주변에 다양한 식당과 바가 자리 잡고 있어서 리조트 밖에서도 식사를 해결할 수 있다. 저녁에는 많은 바들이 문을 열고 영업하므로 맥주 한 잔으로 여행의 외로움을 달랠 수도 있다.

과거 미 해군 기지가 있던 자리에 자유 무역 지구Free Trade Zone가 있는데 이 안에 대형 쇼핑몰, 현대식 패스트푸드 레스토랑, 호텔, 바는 물론 골프장과 카지노까지 있다.

수비크 만에서 한 시간 정도 거리에 필리핀의 대표적인 유흥 소비 도시로 알려진 앙헬레스Angeles 시가 있다. 길이가 100여 미터가 채 되지 않는 필즈 에비뉴Fields Avenue 선상에 수많은 유흥업소가 밀집해 있어 밤이면 불야성을 이룬다. 이 지역에서는 노래방과 같은 한국 유흥업소와 한식당들도 쉽게 찾아 볼 수 있다. 앙헬레스 시 안에도 대규모 카지노가 영업하고 있다. 수비크 만에서 앙헬레스까지는 미니밴을 이용한 합승 택시를 타는 것이 가장 편리한데, 리조트 프런트에 요청하면 예약할 수 있고 요금도 합리적인 편이다.

찾아가는 법

마닐라에서 직접 갈 경우 자동차로 세 시간 정도면 수비크 만에 도착할 수 있다. 대부분의 리조트에서 다이버가 요청할 경우 공항 픽업 서비스를 해 주는데, 4인승 승용차는 4,000페소(100불), 7인승 밴은 5,000페소 정도 받는다. 대중 교통수단을 이용하려면 다음과 같이 가면 되는데, 그다지 어렵지는 않으며 소요 시간은 네 시간 정도이고, 비용은 인당 약 400페소 정도이다.

… 마닐라 파사이 '빅토리라이너' 터미널에서 버스 편으로 '올롱가포 Olongapo'까지 간다. 케손시티의 쿠바오에서도 버스가 있다. 올롱가포 종점에 도착하기 전에 커다란 버스정류장에 정차하는데 이 곳은 간단한 식사와 휴식을 위한 중간 휴게소이므로 여기에서 내리지 않도록 한다.

… 올롱가포 터미널에 내리면 인근 지프니 정류소에서 파란색 지프니를 타고 '바리오바레토Barrio Barretto'까지 간다. 올롱가포의 지프니는 노선에 따라 색깔이 정해져 있으므로 파란색 지프니를 타야 한다.

··· 바리오바레토에서 트라이시클을 타고 원하는 리조트로 이동하면 된다.

세부, 칼리보, 푸에르토프린세사 등에서는 수비크 공항까지 Pacific Pearl Airway 직항편이 있으므로 이 항공편을 이용하면 공항에서 리조트까지 20분 이내에 도착한다. 또한 앙헬레스Angeles 인근의 클라크 국제공항Clark International Airport으로 들어가면 이곳에서 수비크 만의 리조트까지 한 시간 이내에 도착한다. 드물기는 하지만 한국에서 클라크까지도 직항편이 있으므로 수비크를 목적지로 여행 가는 경우에는

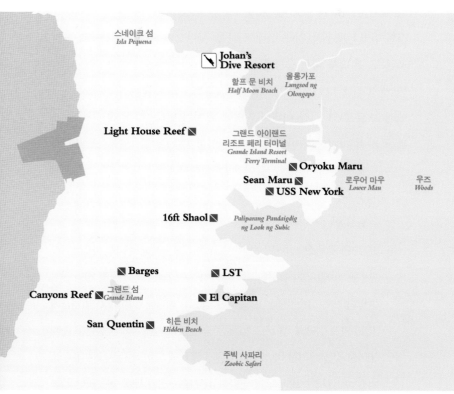

스네이크 섬
Isla Pequena

◥ Johan's
Dive Resort

할프 문 비치   울롱가포
Half Moon Beach Lungsod ng
Olongapo

Light House Reef ◤

그랜드 아이랜드
리조트 페리 터미널
Grande Island Resort
Ferry Terminal

◣ Oryoku Maru

Sean Maru ◤   로우어 마우   우즈
◤ USS New York   Lower Mau   Woods

16ft Shaol ◤   Paliparang Pandaigdig
ng Look ng Subic

◤ Barges   ◤ LST

Canyons Reef ◤ 그랜드 섬
Grande Island   ◤ El Capitan

San Quentin ◤   히든 비치
Hidden Beach

주빅 사파리
Zoobic Safari

▲ (지도 3-3) 수비크 만의 다이브 사이트

마닐라 공항 대신 클라크 공항을 이용하는 방법을 고려할 수 있다. 수비크 만에는 필리핀 어디든 바다가 있는 곳이면 대절하여 갈 수 있는 수상 항공기^{Philippine Seaplane} 전용 기지도 있다.

수비크 만 지역 다이브 포인트

수비크 만은 지리적으로 마닐라에서 가까운 곳인데다 필라완의 코론 못지 않은 렉 사이트들이 많아서 많은 다이버가 찾는 곳이다. 대개 더블 탱크나 사이드 마운트 장비로 무장한 텍 다이버나 렉 다이버들이 많지만, 일반 레크리에이셔널 다이버들이 렉 다이빙을 경험하거나 배우기 위해 수비크 만을 찾아오기도 한다. 수비크 만의 포인트들은 2차 대전 당시에 침몰한 미군 함정들이 주종을 이루지만, 몇 개의 리프 다이브 포인트도 있다. 대부분의 렉들은 다이브 리조트에서 보트로 한 시간 이내의 거리에 흩어져 있다. 대개 렉 다이버 자격을 가진 사람만이 난파선 안에 진입할 수 있지만, 일부 오래된 렉은 어드밴스드 다이버들도 들어갈 수 있다.

··· 뉴욕함艦, USS New York

1899년 로체스터함^{USS Rochester}으로 취역을 시작해서 이후 사라토가함 USS Saratoga을 거쳐 뉴욕함^{USS New York}으로 명명된 미 해군의 대형 전투 순양함^{Combat Cruiser}이다. 1932년 공식으로 퇴역해서 수비크 만 인근에 10년 넘게 정박해 있다가 2차 대전 중 전함에 실린 무기가 일본군 손에 넘어갈 것을 우려한 미 해군이 침몰시켰다. 렉 다이버들은 선체 내에 들어갈 수 있지만, 워낙 대형 군함이고 내부 구조가 매우 복잡하여 길을 잃을 가능성이 높으므로 전문 가이드를 반드시 대동하여야 한다. 수심은 15m에서 28m까지이다. 위치가 만 안쪽 부분에 있어서 조류는 그다지 심하지 않다. 평균 시야는 5m 정도이지만, 좋을 때에는 10m 정도까지도 나온다. 전 세계에서도 다이빙이 가능한 몇 척 되지 않는 대형 전함戰艦 렉이다.

··· 엘 캐피탄El Capitan

3,000톤급 수송선이며 선체 내외가 다양한 색상의 산호와 말미잘 등으로 덮여 있고 날씨가 좋으면 선체에 나 있는 여러 개의 구멍을 통해 안으로 쏟아지는 빛 줄

▲ (사진 3-9) 엘 캐피탄 선체에 나 있는 구멍

기로 인해 수중 사진 작가들 사이에서는 필리핀 최고의 렉으로 통하는 포인트이다.

입수하면 선체 바로 위로 떨어지는데 이곳의 수심은 5m이고 가장 깊은 곳이 20m이다. 수비크 만은 전반적으로 시야가 3m에서 10m 정도에 불과하지만, 만조 직후의 정조停潮 때는 비교적 시야가 잘 나온다. 조류는 어느 정도 있는 편이다.

··· 오리오쿠 마루Oryoku Maru

2차 대전 중 미국 공군의 폭격으로 침몰된 일본의 수송선인데 나중에

야 이 배 안에 미군 포로들이 수용되어 있었다는 사실이 밝혀졌다. 결국, 이 배에서만 300명 이상의 미군 포로들이 자국 공군의 공습으로 사망하였다. 선박이 침몰된 위치가 수비크 만 안쪽의 주요 항로 선상에 위치해 있어서 항만을 드나드는 다른 선박들의 항해 수심을 확보하기 위해 미군 당국이 수중에 잠긴 선체 일부를 해체하는 바람에 난파선 자체의 모습은 많이 훼손된 상태이다. 그러나 선체 안과 주변에 다양한 해양 생물들이 많아 꾸준하게 인기를 얻고 있는 렉이다. 수심은 15m에서 20m까지이다.

… 산 퀜틴San Quentin

인근의 다른 렉들과는 조금 다른 역사를 지닌 포인트이다. 이 선박은 스페인의 화물선이었는데 1898년 미국과 스페인의 전쟁 중에 스페인이 미국 군함들의 수비크 만 진입을 방해할 목적으로 만 입구 부분에 의도적으로 침몰시킨 것이다. 침몰

▲ (사진 3-10) 이제는 골격만 남은 수비크 만의 스페인 화물선 '산 퀜틴'

한 지 오래되어 전체적인 형태는 많이 사라졌지만, 선수 부분과 스팀 엔진 등은 아직 식별이 가능하다. 렉 주변에 비교적 덩치가 큰 해양 생물들이 많이 살고 있다. 수심은 12m에서 16m 정도이며 수비크 만 수역에서도 외해에 가까운 만 입구 쪽에 위치해 있어서 조류가 강한 편인데, 대신 만 안쪽 지역보다 시야가 더 나은 편이다.

2차 대전 당시 차량과 같은 군사 물자와 병력을 수송하고 상륙시키는 목적으로 사용되던 90m 길이의 상륙함이다. 수심 28m에서 35m 깊이의 바닥에 똑바른 모양으로 침몰해 있다.

▲ (사진 3–11) LST 렉 진입 위치에 있는 요한스 리조트의 가이드 헨리

딥 다이빙 또는 렉 다이빙 교육용으로 많이 이용되는 렉이기도 하다. 바닥 34m 지점은 질소 마취Nitrogen Narcosis 반응 시험 장소로도 이용된다. 렉 다이빙 트레이닝을 위해 선체 내부는 라인이 걸릴 만한 장애물들을 많이 정리했고 유사시 출구를 쉽게 식별할 수 있도록 배려해 두고 있다. 선체 주위에는 바라쿠다 떼들이 터를 잡고 살고 있다.

Tip

"지금까지 다녀 본 곳 중에서 어디가 제일 좋아요?"

필자가 다이빙 여행을 많이 다닌다는 것을 알고 있는 주변 사람들로부터 자주 받는 질문 중의 하나이다. 여기에 대한 대답을 하기 전에 필자는 항상 되묻는다.

"글쎄요, 어떤 종류의 다이빙을 좋아하시는데요?"

사람마다 성격과 취향이 다른 것처럼 다이버마다 취향이 달라서 '가장 좋은 사이트'의 기준 또한 달라질 수 밖에 없다는 것이 필자의 생각이다. 그럼에도 불구하고 어딘가를 다녀온 후 나중에 꼭 그곳을 다시 가고 싶다는 생각이 많이 드는 곳이 있는데, 이곳이 그 사람에게는 가장 좋은 다이빙 사이트라고 생각한다. 가끔 다이빙 잡지에 나오

◀ (사진 3-12)
이집트 북홍해의 Thistlegorm Wreck

는 '세계 10대 다이빙 사이트' 같은 정보는 참고일 뿐 너무 신뢰하지 않는 편이 좋다는 것이 필자의 견해이다.

침몰한 난파선을 목표로 하는 렉 다이빙은 다이버들 사이에서 호불호가 극명하게 엇갈리는 경우가 많다. 아름다운 월 다이빙을 싫어하는 다이버는 거의 없지만, 야간 다이빙과 렉 다이빙은 그다지 달가워하지 않는 다이버들이 의외로 많다. 여러 가지 이유가 있겠지만, 대개 난파선 특유의 음산한 분위기가 싫다거나, 어둡고 갑갑한 느낌이 싫은 것, 침몰 당시의 참혹한 장면이 연상된다거나 하는 것들일 것이다. 반대로 렉 다이빙을 무척 좋아하는 다이버들도 많아서, 코론이나 수비크 지역에 가 보면 세계에서 유명한 난파선 사이트들만 골라서 찾아다니는 골수 렉 다이버들을 많이 만날 수 있다.

그러면 어떤 렉이 좋은 렉 다이빙 사이트일까? 이 기준 역시 모호하기 짝이 없다. 어떤 사람은 렉과 그 주변에 있는 해양 생물의 종류나 다양성에 기준을 둘 수도 있고, 또는 난파선 자체의 크기나 선박 종류, 내부 구조 등을 중요하게 생각하는 사람도 있다. 혹은 그 선박이 가지는 역사적 의미나 침몰하게 된 배경을 중시하는 경우도 있다. 이런 이유로 여러 다이빙 단체나 전문 잡지사들이 발표하는 소위 '**Best Wreck Dive Sites**'의 대상 또한 다른 종류의 다이빙 사이트에 비해 그 산포도가 매우 큰 경향이 있다. 2014년 4월에 미국의 'SCUBA Diving Magazine'이 발표한 태평양/인도양 지역의 'Best Wreck Diving Sites'는 다음과 같다. 참고로 필리핀의 코론 만은 올해 처음으로 Top

5 Wreck Sites에 선정되었다.

1. 미크로네시아 트루크^{Truk Lagoon}

2. 미크로네시아 팔라우^{Palau}

3. 이집트 북홍해 샤름 엘 셰이크^{Sharm el Sheik}

4. 솔로몬 제도^{Solomon Islands}

5. 필리핀 코론 만^{Coron Bay}

▲ (사진 3-13) 팔라우의 일본 전투기 렉에서 다이빙을 즐기는 필자

3-3
푸에르토갈레라/사방 비치^{Puerto Galera/Sabang beach}

푸에르토갈레라 지역 개요

　　푸에르토갈레라는 루손 본 섬 남쪽에 위치한 민도로 섬의 북동쪽 지역이며, 그 끝 부분에 사방 비치가 있다. 마닐라에서 버스와 보트로 네 시간 정도면 도착할 수 있는 곳이어서 아침 일찍 마닐라에서 출발하면 그날 오후부터 다이빙을 시작할 수 있다. 사방 비치에는 해안선과 평행하게 이어지는 불과 300여 미터의 좁은 길을

▲ (사진 3-14) 푸에르토갈레라 사방 비치 전경
마닐라에서 바탕가스를 거쳐 네 시간 정도면 도착할 수 있는 곳이다.

따라 수많은 다이브 리조트, 식당, 바와 클럽, 다이빙 용품점들이 밀집해 있는데 전체적으로 크지 않은 마을이지만, 다이버에게 필요한 것은 거의 모두 갖추고 있어서 연중 세계 각국에서 수많은 다이버들이 사방 비치를 찾는다. 한국인이 운영하는 다이브 리조트도 10여 개에 이를 정도이다. 해가 지고 어둠이 찾아오면 사방 비치는 파티 장소로 변한다. 골목골목에 자리 잡은 바들은 물론이고, 클럽들도 많이 있어서 아름다운 필리핀 아가씨들이 남성 다이버들을 유혹한다. 낮에는 다이빙을 즐기고 밤에는 파티를 즐긴다는 점에서 인도네시아 발리의 쿠타Kuta 또는 태국 푸켓의 빠똥 비치Patong Beach와 분위기가 비슷하다. 일설에 의하면 사방 비치는 연말 연시 데킬라 소비가 세계에서 가장 많은 타운으로 기록된 적이 있다고 한다.

사방 비치 다이브 리조트

　　　　사방 비치의 요란한 분위기가 싫은 다이버들을 위해 푸에르토갈레라의 다른 지역에도 다이브 리조트들이 꽤 있다. 화이트 비치White Beach와 코코 비치Coco Beach 지역이 대표적인 곳인데, 필자가 직접 경험해 본 바로는 조용하고 평화로운 것은 좋지만, 대부분의 다이브 포인트가 사방 비치 중심으로 전개되어 있어서 다이빙 측면에서는 불편하며 특히 포인트 간 이동에 시간 낭비가 많아서 그다지 추천하고 싶지는 않다.

사방 비치 지역에서 한국인 다이버들에게 인기가 높은 한인 다이브 리조트들은 다음과 같다. 어느 곳이나 서비스와 요금에 큰 차이는 없어 보이지만, 대부분의 다이버들은 한 번 찾은 리조트를 다음에도 다시 찾는 경향이 강한 것 같다. 다이빙 요금은 자가 장비를 사용할 경우 보트 다이빙 1회당 30불 정도이며, 숙박비는 객실 종류와 위치에 따라 1박당 40불에서 60불 정도 수준이다. 아래의 다이브 리조트들은 모두 다이빙, 숙박, 식사 서비스를 한꺼번에 제공하고 있어서 다이버들 입장에서는 매우 편리하게 다이빙 여행을 즐길 수 있다.

사방 비치 지역 다이브 센터/다이브 리조트 (표3-3)

리조트	위치	객실 수	숙박 비	다이빙 비용	참고 사항
블루워터 다이빙 www.bluewaterdive.com	사방 비치	26	$40+	$30/1회	한인 업체 Budget
클럽 마부하이 (agoda) www.clubmabuhaysabang.com	사방 비치, 라 라구나	53 (사방)	$40+	$30/1회	한인 업체 Budget
송 오브 조이 www.soj.kr	사방 비치	25	$40+	$30/1회	한인 업체 Budget

푸에르토갈레라 참고 사항

사방 비치는 걸어서 30분 정도면 어지간한 곳을 다 둘러볼 수 있을 정도로 작은 타운이지만, 여행객들이 필요로 하는 시설은 거의 모두 갖추고 있는 곳이다. 사방 비치에서 지프니로 30분 이내에 갈 수 있는 푸에르토갈레라 타운에는 은행과 ATM, 병원, 시장 등이 있으며, 사방 비치에도 환전소와 Western Union, LBC 등의 점포가 여러 곳 있다. 기념품 가게는 물론 이발소, 미용실, 마사지 샵, 세탁소와 제법 규모가 큰 슈퍼마켓형 가게가 24시간 영업하고 있어서 오래 머무는 다이버들도 불편 없이 생활할 수 있다.

싼 값에 알찬 식사를 할 수 있는 현지식 식당을 비롯하여 유럽식 스테이크 하우스에 이르기까지 다양한 종류의 음식점도 쉽게 찾을 수 있어서 리조트에서 한국 음식만 먹는 것보다는 하루쯤 외부 식당에서 저녁을 즐기는 것도 좋다. 외국인 다이버들에게 평이 좋은 식당으로는 **Papa Fred's Steak House, Garden of Eden, Eddie's Place** 등이 있다. 식사와 함께 소주와 안주를 파는 포장마차 스타일의 한국 식당도 있으며 심지어 자장면을 파는 한국식 중식당(연경)까지 들어서 있다.

▲ (사진 3-15) 사방 비치 'Garden of Eden' 레스토랑.
보트 선착장에서 가까운 곳이며 유럽 관광객들에게 특히 인기가 높다.

해가 지고 어둠이 찾아오면 사방 비치는 새로운 모습으로 탈바꿈한다. 좁은 골목을 끼고 여섯 개 정도의 대규모 바들이 영업을 시작하기 때문이다. 각 바에서는 최소한 50여 명 이상의 필리핀 아가씨들이 일한다. 다이버들에게 인기가 높은 바로는 Sabang Disco, Village Bar, Midnight 등이 있다. 라이브 밴드에 맞추어 댄스를 즐길 수 있는 클럽The Venue도 있어서 밤의 유흥을 좋아하는 다이버들에게 사방 비치는 파라다이스와 같은 곳이다.

사방 비치는 이름과는 달리 수영을 즐길 수 있는 백사장 해변은 거의 없다. 해변을 찾는 사람들은 지프니로 한 시간 정도 떨어져 있는 화이트 비치White Beach로 나갔다 오기도 한다. 대신 사방 비치에서는 수상 스키나 바나나 보트 등의 수상 스포츠를 즐길 수 있다.

찾아가는 법

　　　　사방 비치를 자주 찾는 다이버들은 마닐라 파사이에서 버스를 타고 바탕가스 항구까지 간 후, 이곳에서 방카 보트를 타고 사방 비치로 들어간다. 버스는 대부분의 구간을 고속도로로 달리며 소요 시간은 도로 사정에 따라 다르지만 대개 마닐라에서 바탕가스까지 두 시간 반 정도 걸린다.

바탕가스 항구와 사방 비치 간의 보트는 세 개 회사에서 교대로 운항하는데, 대략 한 시간에서 한 시간 반 정도의 간격으로 운항되며 소요 시간은 바다 상태에 따라 다르지만 대개 한 시간이 채 걸리지 않는다. 바탕가스에서 사방 비치로 가는 마지막 보트는 오후 네 시경이므로 그 전까지 바탕가스 항에 도착해야 당일 사방 비치에 들어갈 수 있다. 보트 회사별로 매표소가 마련되어 있고 다음 출항하는 보트 시간이 게시되어 있으므로 이것을 보고 가장 편리한 시간의 창구로 가서 승선권을 구입하면 된다. 사방까지의 보트 요금은 230페소 정도이다. 승선권과는 별도로 바탕가스 항구 사용료(30페소)를 내야 하는데, 이것은 승선권 매표소의 반대편에 있는 창구에서 지불하고 티켓을 받은 후 대합실에 들어갈 때 제시한다. 사방 비치나 푸에르토 갈레라로 가는 보트는 대개 Gate 3번을 통해 승선한다.

▲ (사진 3-16) 바탕가스와 사방 비치를 연결하는 방카

사방 비치나 푸에르토갈레라에 도착하면 환경세(50페소)도 내야 한다. 사방 비치 보트 선착장에서 리조트까지는 모두 도보로 이동할 수 있다. 무거운 가방은 포터에게 맡기면 리조트까지 옮겨 준다. 포터 요금은 25kg에서 40kg까지의 다이빙 백을 인근 리조트까지 옮겨주는 데 100페소씩이며, 블루 워터나 캡틴 그렉과 같이 선착장에서 가까운 곳은 50페소, 라 라구나 이후의 먼 거리에 있는 리조트는 200페소를 받는다.

또 다른 방법으로는 Si-Kat이라는 서비스가 있는데, 매일 아침 8시 30분에 마닐라 에르미타Ermita에 있는 'City State Tower Hotel' 앞에서 버스가 출발하며 바탕가스 항에 도착하면 대기 중인 보트와 바로 연계되어 점심 무렵이면 사방 비치에 도착한다. 버스와 보트의 연계 패키지인 셈인데 시간만 맞는다면 대단히 편리한 방법이며 요금도 편도 750페소로 합리적인 편이다.

가장 속 편한 방법은 리조트에 요청해서 공항 픽업을 받는 방법이다. 픽업은 공항에서 피켓을 든 기사가 기다리고 있다가 도착 즉시 대기하고 있는 차량 편으로 바탕가스까지 수송한다. 바탕가스에서 사방까지는 일반 상용 보트를 이용할 수도 있고, 전용 방카 보트를 전세 형태로 이용할 수도 있다. 마닐라에서 바탕가스까지의 밴 픽업 서비스는 3,000페소 정도이고, 바탕가스에서 사방 비치까지 전세 보트를 이용할 경우 이 역시 3,000페소 정도이다. 야간에는 500페소 정도가 추가된다. 혼자 이용하기에는 다소 부담스러운 금액일 수 있지만, 인원이 많으면 매우 편리하고 좋은 옵션일 수 있다.

푸에르토갈레라 지역 다이브 포인트

푸에르토갈레라 지역의 다이브 포인트에서는 리프 다이빙, 월 다이빙, 렉 다이빙, 드리프트 다이빙, 딥 다이빙 등 다양한 종류의 다이빙을 모두 즐길 수 있다. 캐니언Canyons 등 일부 포인트에는 강한 조류가 있어서 가끔 외해 쪽으로 떠밀려 나가 표류하는 사고가 생기기는 하지만, 사방 비치 일대의 대부분의 포인트가 경험이 많지 않은 다이버들도 큰 무리 없이 다이빙을 즐길 수 있는 곳이다. 덕분에 어떤 수준의 다이버라도 함께 즐길 수 있는 곳이 푸에르토갈레라 다이빙 사이트의 특징이기도 하다.

사방 비치 지역에서는 다이빙 보트로 방카보다는 스피드 보트를 더 많이 사용하며 대부분의 포인트들이 보트로 15분 이내 거리에 집중 되어 있다. 따라서 매번 다이빙을 마친 후에는 리조트로 돌아와 휴식을 취하고 다음 다이빙에 나서는 방식으로 진행된다. 물론 사방 비치에서 멀리 떨어져 있는 화이트비치 지역의 리조트에서는 포인트까지의 이동 시간이 훨씬 많이 걸리므로 한 번 보트를 타고 나가면 2회나 3회 정도 다이빙을 마친 후 리조트로 돌아간다. 베르데 섬Verde Island같은 먼 곳에 위치한 포인트들은 신청이 있는 경우 추가 요금을 받고 방카를 전세 내어 데이 트립Day Trip 형태로 다이빙을 나간다.

▲ (지도 3-4) 푸에르토갈레라/사방 비치 다이빙 사이트

··· 알마 제인 렉Alma Jane Wreck

1966년에 일본에서 건조된 길이 35m의 화물선인데 다이빙을 위해 2003년 이 자리에 가라앉혔다. 침몰시키기 전에 다이버들에게 위협이 될 만한 장애물들을 모두 제거하였기 때문에 선창

▲ (사진 3-17) 사방 비치 '알마 제인 렉'의 선창에서 올라오는 다이버들. 바닥의 수심이 30m 정도이고 가끔 조류가 있기는 하지만 선창 내부가 많이 오픈되어 있어서 어느 정도 경험이 있는 오픈 워터 다이버들도 다이빙이 가능하다.

안까지 들어가더라도 크게 위험하지는 않다. 선체 안과 주변에는 뱃피시 무리를 비롯하여 다양한 해양 생물이 서식한다. 선미 부분에 부이 라인Buoy Line이 설치되어 있어서 이것을 하강 라인으로 이용할 수 있다.

바닥 부분의 수심은 30m이며 가장 수심이 얕은 선체 위의 구조물 부분은 13m 정도이다. 보통 부이 라인을 따라 선미 쪽으로 내려가서 바닥부터 다이빙을 시작하여 선체를 한 바퀴 돌아본 후 선창 안으로 진입하여 내부를 관통하는 식으로 진행하는 것이 보통이다. 선창 내부는 비어 있어서 진행하는 데 별다른 어려움은 없고 여러 개의 구멍이 있어서 내부가 그리 어둡지는 않다. 가끔 렉 전체가 흔들릴 정도로 조류가 심하게 밀려오는 경우도 있는데 이때에는 상승과 하강 때 부이 라인을 잡고 진행하도록 하고 선체를 이용해 조류를 피하도록 한다. 수심이 깊기 때문에 어드밴스드급 이상만 다이빙 하는 것이 원칙이지만, 난이도가 높

지 않아 가이드 인솔하에 경험이 있는 오픈 워터 다이버들도 이곳을 찾는다. 이 수역은 보트들이 많이 지나다니는 루트이므로 안전 정지|Safety Stop를 할 때에는 SMB를 띄우거나 가이드와 가까운 거리를 유지하도록 한다.

··· 사방 렉|Sabang Wreck

▲ 〈사진 3-18〉 사방 비치의 '사방 렉'
수심이 깊지 않고 조류도 거의 없으며 물고기 먹이 주기가 가능한 곳이어서 초보 다이버들에게 인기가 높은 곳이다.

사방 비치 보트 선착장에서 멀지 않은 곳에 있는 작은 목재선 렉인데 전체적인 윤곽을 알아 볼 수 있는 형체만 남아 있다. 가끔 약간의 서지가 나타나기도 하지만 대체로 조류도 약하고 수심도 아주 깊지 않아 모든 레벨의 다이버들이 함께 즐길 수 있는 포인트이다. 특히 푸에르토갈레라 지역에서 유일하게 물고기 먹이주기|Fish Feeding가 허용된 곳인데 미리 준비해 간 빵 부스러기 같은 것을 뿌리면 순식간에 엄청난 숫자의 물고기들이 다이버에게 달려든다.

다이빙이 시작되는 수심은 3m 정도이고 최대 수심은 22m이다. 하강해서 바닥까지 내려가면 '아웬차|Awencha'라는 이름의 소형 범선 렉이 좌현 쪽을 바닥으로 비스듬한 위치로 누워 있는데, 대규모 뱃피시 무리들이 서식하는 곳이기도 하다. 좁은 구멍을 통해 안으로 들어갈 수는 있지만,

선체 내부에 특별한 것은 없고, 좁은 공간에 위험한 스콜피온피시와 라이언피시들이 많아서 안으로 들어가는 것은 별로 권하고 싶지 않다. 이곳에서 남쪽으로 조금 더 가면 버려진 베트남 목재선 잔해가 나타나는데, 지금은 배 구조 중에서 갈비 부분만 남아 있는 상태이다. 이 주위에서는 모레이일, 오징어, 프로그피시 등이 자주 발견된다. 같은 방향으로 조금 더 진행하면 또 다른 렉이 나타나는데 이것은 원래 대만의 목재 어선이었다고 한다. 이 주변에도 다양한 작은 물고기들과 오징어들이 많이 서식한다. 이 렉을 지나면 수심이 점점 낮아지면서 수초가 있는 모래 바닥이 이어지는데 이 일대에 바다뱀, 거북이 등이 자주 나타난다. 곧 수심은 5m 이하까지 낮아지고 이 주변 바닥을 뒤지면서 나아가다 보면 저절로 안전 정지가 끝나 있게 마련이다. 자연스럽게 플로팅 바Floating Bar 부근으로 출수하면 보트가 픽업해 준다. 이 지역 또한 보트의 통행이 매우 빈번한 곳이므로 출수할 때 지나가는 배에 주의를 기울여야만 한다.

··· 코랄 가든Coral Garden

사방 비치 보트 선착장에서 출발하여 서쪽 끝 지점, 푸에르토갈레라 항으로 들어가는 항로 쪽에 있는 포인트이다. 조류가 없고 수심도 3m에서 15m에 불과해 초보 다이버들이 많이 찾는 곳이며, 다이빙에 입문하는 오픈 워터 다이버들의 훈련 장소로도 애용된다. 아름다운 산호초 지형에 예쁜 마크로들이 많고 낮은 수심 덕에 물속까지 빛이 잘 들어와 수중 사진 작가들이 좋아하는 포인트이기도 하다.

··· 웨스트 에스카르시오West Escarceo

▲ (사진 3-19) 사방 비치 '웨스트 에스카르시오'의 명물 전기 조개. 이곳은 아름다운 산호초와 함께 마크로 생물들이 많은 포인트이다.

넓은 산호초 지역이 펼쳐져 있는 곳인데 리프의 윗부분은 얕고 평평한 지형이며 아름다운 각종 산호와 마크로 생물들이 많아서 사진을 찍는 다이버들이 좋아하는 곳이다. 중간의 작은 동굴 속에 살고 있는 전기 조개 Electric Clam가 이 동네의 명물이다. 리프는 곧 슬로프로 바뀌면서 30m 아래까지 이어진다. 물때에 따라 조류의 방향이 바뀌는데 정조停潮 시간에 조류가 멈추면 초보 다이버들도 쉽게 다이빙을 할 수 있는 반면, 조류가 일기 시작하면 중급 수준의 다이버들에게도 꽤 벅찬 포인트로 돌변한다. 슬로프 벽을 따라 조류를 타고 홀 인 더 월Hole in the Wall 쪽까지 드리프팅을 즐기는 다이버들도 많다. 조류의 방향이 중요한 변수이므로 항상 이 지역에 밝은 가이드의 조언을 따르도록 한다.

··· 홀 인 더 월Hole in the Wall

테이블 산호와 부채 산호가 밀집된 지역인데 다이빙이 시작되는 수심은 9m 정도이고 계속 하강하면 18m 정도까지 깊어진다. 대체로 어렵지 않은 포인트이기는 하지만, 항상 조류가 변수가 되는 곳이므로 경험 많은 가이드의 조언을 듣고 다이빙을 진행하여야 한다. 이 포인트의 특징은 이름 그대로 벽 중간에 있는 구멍을 통과하는 것이다. 구멍이 있는 수심은 14m 정도로 그리 깊지 않지만, 수중 능선의 아래쪽에 숨어 있어서 가이드를 잘 따라가지 않으면 구멍을 놓치고 그냥 지나가기 쉽다. 구멍의 직경은 약 1.5m 정도로 스쿠바 장비를 맨 상태로 어려움 없이 통과할 수 있지만, 구멍을 지나갈 때 벽을 긁어서 산호나 말미잘을 상하게 하지 않도록 부력 조절에 조심해야 한다. 벽을 통과하면 수심이 18m까지 떨어진다.

▲ (사진 3-20) 사방 비치 '홀 인 더 월'의 바위 사이에 있는 구멍을 통과하는 다이버. 구멍의 직경은 약 1.5m이다.

홀을 지나면서 블루 쪽을 잘 살펴보면 가끔 대형 어류들을 발견할 수 있다. 사방 비치에서 오래 일한 현지 가이드들의 말을 들어보면 이 부근에서 만타레이나 심지어는 환도상어를 목격한 적도 있다고 하는데 솔직히 얼마나 신뢰성이 있는지는 잘 모르겠다. 예정된 다이빙 시간이 되었으면 다시 원래 입수한 리프 위치로 되돌아가서 안전 정지를 마친 후 출수한다.

··· 캐니언Canyons

경험 많은 다이버들이 사방 지역에서 가장 선호하는 포인트가 바로 캐니언이다. 이곳은 거의 항상 거센 조류가 있는 곳이어서 경험이 많지 않은 초보 다이버들에게는 위험한 곳이기도 하다. 어드밴스드급 다이버들이라도 이 지역에 밝은 가이드의 안내에 따라 다이빙을 해야만 한다.

통상 입수 지점에 떨어지면 바로 하강하여 빠른 조류를 타고 드리프팅
이 이루어지는데 이때 주변에서 바라쿠다, 참치, 대형 잭피시 등을 목격
할 수 있다. 한참을 흘러가다 보면 커다란 크레바스가 있는 거대한 바위
지형을 만나게 되는데 이곳이 포인트의 목적지이다. 크레바스 가운데로
깊이 내려가면 사방이 바위로 둘러쌓여 있는 지형 때문에 조류가 멎게
되지만, 수심은 30m 정도로 꽤 깊으므로 무감압 한계 시간을 잘 체크해
야 한다. 크레바스 안에는 스위트립 등 대형 어종들이 많이 살고 있다.

바위 벽을 따라 능선 부근까지 올라가면 세찬 조류가 밀어닥친다. 손으
로 바위를 꼭 잡든가 조류걸이Reef Hook를 바위에 걸고 주변을 살펴보면
강한 조류 사이에서 커다란 대양 어종들을 비롯하여 큰 물고기들을 많
이 볼 수 있다. 깊은 수심과 강한 조류 때문에 캐니언에서의 다이빙은 보
통 입수 시각으로부터 30분
정도가 지나면 출수 절차를
시작한다. 대개 출수는 조류
방향으로 다시 조금 더 떠내
려가서 커다란 닻이 박혀 있
는 지점에서 SMB를 띄운
후 올라가는 경우가 많다. 감
압 정지나 안전 정지를 할 때
에 상승 조류나 하강 조류가

▲ (사진 3-21) '캐니언'에서 바위를 붙잡고
강한 조류에 버티고 있는 다이버.
이곳은 항상 강한 조류가 있어서 푸에르토갈레라
지역에서 가장 도전적인 포인트로 꼽힌다.

번갈아 가며 나타나는 경우도 흔하므로 수심의 유지에 주의를 기울여야 한다. 현지의 경험이 많은 강사들의 조언을 들어보면 상승, 하강 조류가 강할 때에는 컴퓨터에만 의지하지 말고 주변의 전체적인 모습을 레퍼런스로 하여 수심 관리를 하는 것이 좋다고 한다. 수심이 계속 바뀌기 때문에 컴퓨터만 보고 대응하면 계속 핀 킥을 하거나 BC의 부력을 조절해야만 하기 때문이라고 한다.

··· 시난디간 월Sinandigan Wall

두 개의 수중 벽으로 이루어진 지형인데, 입수 지점은 5m 정도의 수심이며 산호초 군락의 벽이 경사면으로 이어지고 15m 지점에서 첫 번째 벽이 나타난다. 이 지역

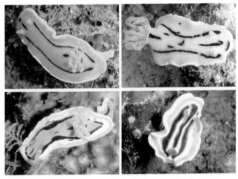

▲ (사진 3-22) 사방 비치 '시난디간 월'에서 발견한 다양한 종류의 갯민숭달팽이들

은 여러 가지 예쁜 마크로 생물들도 많지만, 갯민숭달팽이Nudibranch로 유명한 곳이다. 산호 잎 부분이나 벽면을 잘 살펴보면 색깔과 모양이 다양한 갯민숭달팽이들을 많이 볼 수 있다. 벽 주변에서는 여러 가지 종류의 리프 어류들을 볼 수 있으며, 가끔 조류가 강할 때에는 참치와 같은 대형 대양 어류들이 지나가기도 한다. 바닥은 40m까지 떨어지는데 이 수심에 거북이 모양의 바위가 하나 있다. 두 번째 벽은 약 18m 수심에서 시작하여 서서히 올라가면서 6m 수심에서 끝난다. 이 벽을 타고 진행하

다 보면 자연스럽게 안전 정지 수심에 도달해서 다이빙을 마칠 수 있게 된다. 이 부근에는 다양한 말미잘Anemone들이 있는데 그중 일부는 독성이 있으므로 만지지 않도록 주의해야 한다. 또 커다란 아치 모양의 수중 지형이 있는데 위쪽 오버행 벽에는 튜브 모양의 핑크색 산호들이 많이 붙어 있다. 이 튜브 산호들은 조류가 일면 먹이를 얻기 위해 윗부분의 입을 여는데 그 색깔이 환상적일 정도로 아름답다.

··· 베르데 섬Verde Island

루손 섬과 민도로 섬 중간에 위치한 베르데 섬은 사방 선착장에서 대형 방카 보트로 한 시간 이상 걸리는 곳에 있다. 따라서 다른 포인트들과는 달리 이곳에 가려면 원하는 다이버들을 어느 정도 모아 추가 비용을 각출하여 방카를 대절해서 스페셜 당일치기로 가야 한다.

이곳에 나갈 때에는 보통 바비큐를 준비하여 첫 다이빙을 마친 후 베르데 섬에 상륙하여 바비큐로 점심 식사를 하고 두 번째 다이빙을 진행한 후 다시 리조트로 돌아온다. 바탕가스나 아닐라오에서도 거의 비슷한 시간이면 도착하기 때문에 이곳에서 출발하여 베르데 섬을 방문하는 다이버들도 많다. 베르데 섬은 세계적인 수준의 월 다이빙 사이트로 잘 알려져 있는 곳이다. 섬 주위에는 여섯 개 정도의 다이브 포인트들이 있는데 그중에서 'Washing Machine'과 'Drop Off'가 가장 인기 있는 곳이다.

베르데 섬에는 비교적 강한 조류가 자주 발생하므로 조류의 방향을 확인하고 다이빙을 진행하여야 한다. 수심 30m까지 떨어지는 직벽에는 아름다운 온갖 색깔의 산호 군락이 자리 잡고 있으며, 나폴레옹 놀래기, 유니콘피시, 서전, 뱃피시 등 엄청나게 다양한 어류들을 볼 수 있으며 먼바다와 가까워 화이트팁 상어나 만타레이 같은 대형 어종이 가끔 출현하는 곳이기도 하다. 다이빙을 마치면 아름다운 산호초 지대 위에서 안전 정지를 즐길 수 있고 지하에서 솟아오르는 화산 가스의 거품이 보글보글 올라오는 모습도 볼 수 있다. 사방 비치에 머무는 동안 혹시 베르데 섬에 갈 기회가 생긴다면 놓치지 않도록 하자.

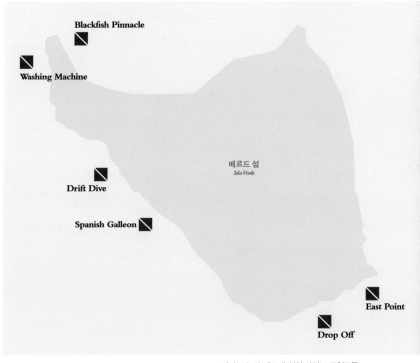

▲ (지도 3-5) 베르데 섬의 다이브 포인트들

Tip

존 베넷은 딥 다이빙 분야에서 여러 차례 세계 기록을 보유한 전설적인 다이버이다. 그가 고안한 혼합 가스 이론Mixed Gas Theory은 그 이전까지 스포츠 다이빙이 가지고 있던 최대 수심의 한계를 깨 버리는 혁신적인 것으로 평가되고 있다. 존 베넷이 보유한 많은 기록은 그가 사방 비치의 캡틴 그렉Captain Gregg's에서 강사로 활동하던 시기에 세워졌으며, 이후 존은 마의 벽으로 알려져 있던 1,000피트(300m) 수심을 넘어서는 획기적인 신기록을 세우게 된다.

불행하게도 그는 2002년 한국에서 수중 구난 작업을 하던 중 사망했다. 그의 시체는 결국 찾지 못해서 정확한 사고 원인은 아직도 밝혀지지 않고 있지만, 푸에르토갈레라에서 오랜 세월 동안 다이빙 업계에 종사해 온 사람들은 스포츠 다이빙에 대한 존 베넷의 열정과 혼이 아직도 사방 비치에 남아 있다고 믿고 있다. 그가 젊은 시절 일했던 캡틴 그렉 리조트는 아직도 사방 비치에서 존의 뒤를 이을 텍 다이버들을 양성하고 있다.

3-4
돈솔^{Donsol}

돈솔 지역 개요

　　돈솔은 루손 섬 남쪽의 **비콜**^{Bicol} 지역에 있는데 마닐라에서 보자면 거의 비사야 지역에 가까울 만큼 남쪽으로 멀리 떨어져 있다. 주변에는 **마욘 산**^{Mt. Mayon}을 포함하여 여러 활화산이 있는 지역이기도 하다. 이 지역은 고래상어의 주요 이동 경로라는 점으로 유명

　(사진 3-23) 돈솔의 Tourist Center. ▶
출입문 좌측에는 고래상어 관광객들을 위한 교육 센터가 있으며 맨 끝에 있는 선착장에서 고래상어를
보러 가는 투어 보트들이 출발한다. 다이빙 보트들도 주로 이곳에서 출발한다.

해진 지역이며 온 동네가 고래상어로 먹고산다고 해도 과언이 아닐 정도이다. 이 지역에서는 고래상어를 '부탄딩Butanding'이라고 부른다. 비콜 지역의 마욘 화산과 고래상어는 필리핀 100페소 지폐(신권)의 도안으로 채택되었을 정도로 필리핀의 명물로 꼽힌다. 세부 지역의 오슬롭과 같은 특수한 경우를 제외하면 자연 상태에서의 고래상어를 만나 볼 확률이 가장 높은 곳이 돈솔이라고 알려져 있다. 그러나 실제로 이곳을 찾는 다이버들의 목적은 고래상어보다는 '만타 보울Manta Bowl'에서 만타레이를 보는 데 있다. 고래상어는 스노클링으로만 볼 수 있기 때문이다. 비콜 지역은 다섯 개의 구역으로 이루어져 있다. 가장 북쪽의 '카마리네스 노르테Camarines Norte'는 산악 지형의 열대 우림Rainforest 지역이며, 남쪽의 '카마리네스 수르Camarines Sur'는 아름다운 섬과 비치가 많아서 최근 관광 지역으로 급속하게 개발되고 있는 곳이다. '카탄두아네스Catanduanes'는 비콜 동쪽의 섬으로 역시 아름다운 비치들로 유명하다. '마스바테Masbate' 지방은 비콜의 동쪽에 있는 섬 지역인데 드넓은 평야와 구릉으로 이루어져 있어서 목축업과 계단식 논인 라이스테라스Rice Terrace, 그리고 지하 강Underground River으로도 유명한 지역이다. 라이스테라스는 필리핀 구 화폐 1,000 페소권과 신 화폐 20페소권의 도안에도 들어 있다. 마지막으로 고래상어의 고장인 '소르소곤Sorsogon' 지방은 루손 섬 최남단의 땅끝 지역이며 돈솔도 이 지역에 속해 있다.

고래상어 시즌은 12월부터 5월까지이고 이 시즌이 끝나면 관광객들의 발길도 끊겨서 대부분의 리조트들은 문을 닫고 긴 휴업에 들어간다. 이 기간 중에서도 가장 고래상어의 출현 빈도가 높은 시기는 2월부터 4월까지이다. 연중 돈솔에서 다이빙을 할 수 있는 시기가 4, 5개월에 불과하므로 이곳을 방문하려면 미리미리 준비하고 예약해 두어야 한다. 이 지역은 마카파갈 아로요 전 대통령의 고향이기도 해서 비콜 사람들은 필리핀 대통령을 배출한 몇 안 되는 고장에 산다는 점에 대해서도 큰 자부심을 가지고 있다.

돈솔에서의 다이빙 비용은 필리핀의 다른 지역에 비해 다소 비싼 편이다. 일 년 중 불과 5개월 정도밖에 운영하지 못하는 핸디캡이 있는데다가 만타 보울 등 대부분의 다이브 사이트들이 방카 보트로 두 시간 가까이 나가야 하는 먼 곳에 있어서 기름값 등 운영비가 많이 들기 때문이다. 다이브 사이트의 숫자도 아주 많은 편은 아니어서 돈솔을 찾는 다이버들은 대부분 이틀이나 사흘 정도의 짧은 기간 동안 다이빙을 즐기고 떠나는 경향이 있다.

돈솔 지역 다이브 리조트

돈솔타운은 작은 어촌으로 은행이나 ATM은 물론 공식 환전소도 없으며, 대부분의 리조트에서는 신용 카드를 받지 않으므로 이곳으로 떠나기 전에 미리 페소화 현금을 충분히 준비해 두도록 한다. 돈솔타운에서 조금 더 들어간 단클란Danclan 해변 지역에 여러 개의 리조트가 있는데, 리조트 숙박비는 1박당 평균 55불 정도로 보면 무난하다. 티카오 섬에 있는 티카오 리조트의 경우 4박 5일 숙박, 식사 및 다이빙 패키지가 640불 정도 한다. 예약은 전화, 인터넷

홈페이지 또는 아고다(agoda.com)를 통해서도 가능하다. 돈솔 지역
의 주요 리조트와 다이브 센터들은 다음과 같다.

돈솔 지역 다이브 센터/다이브 리조트 (표3-4)

리조트	위치	객실 수	숙박비	다이빙 비용	참고 사항
Giddy's Place (agoda) www.giddysplace.com	Donsol Town	21	$55+	$110/3회 점심 포함	현지 업체 Medium
Vitton Beach Resort (agoda) whalesharksphilippines.com	Danclan	49	$45+		현지 업체 Budget
엘리시아 리조트 (agoda) elysia-donsol.com	Danclan	15	$65+		한인 업체 Budget
Bicol Dive Center www.bicoldivecenter.com	Danclan	없음		$100/3회 점심 포함	현지 다이브 센터
Fun Dive Asia www.fundiveasia.net	Danclan	없음		$70/3회 점심 포함	현지 다이브 센터
Ticao Island Resort (agoda) www.ticao-island-resort.com	Ticao Island	14	$70+		현지 업체 Medium

Giddy's Place의 경우 유일하게 돈솔타운 내에 있어 찾아가기는 편리
하며 숙박 시설과 다이브 센터를 함께 운영하고 있지만, 다이빙 보트
를 타기 위해 비치 쪽으로 다시 나와야 하는 불편함이 있다. 반면, 비
통리조트Vitton Resort는 돈솔타운에서 조금 더 들어가야 하지만 고래상
어를 보러 떠나는 Tourist Center에 바로 인접해 있어서 바로 앞 바
다에서 방카를 타고 다이빙을 나갈 수 있다. 50여 개의 객실과 식당,
바, 수영장, 마사지 스파 등의 편의 시설을 갖추고 있다. 엘리시아 리
조트는 비통 리조트에서 200m 정도 더 들어간 곳에 있는데 한국인
이 소유하고 있는 업체이다. 이들 리조트들은 자체적으로 다이브 센
터를 가지고 있지 않지만 인근에 있는 'Bicol Dive Center' 또는 'Fun
Dive Asia' 등의 다이브 센터들과 제휴하여 다이빙 서비스를 제공하

고 있다. 물론 리조트에서는 숙식만 해결하고 다이빙은 직접 다이브 센터를 찾아가서 이용하는 것도 가능하다. 위 표에 나와 있는 다이빙 요금은 네 명 이상의 다이버가 참가하는 조건의 금액이다. 일정에 참여하는 다이버의 수가 네 명보다 적을 경우 단가는 높아진다. 그러나 대개 시즌 중에는 항상 다이버들이 있으므로 그리 걱정할 필요는 없으며, 혹시 인원이 차지 않았다면 다른 다이브 센터를 알아보도록 한다. 세 명 이상의 그룹인 경우 적당한 비용으로 그들만을 위한 프라이비트 다이빙도 가능하다.

돈솔 만은 우리나라의 서해안처럼 조수 간만의 차이가 매우 큰 곳이다. 썰물 때에는 보트에 타거나 내리기 위해서 100m 정도를 물속으로 걸어가야 하는 경우도 있으니 다이빙 부티나 바닥이 단단한 신발을 신도록 한다. 휴대 전화나 반바지 같은 간단한 물품을 보트로 가져가려면 방수가 되는 드라이백에 넣어 가는 것이 좋다.

▲ (사진 3-24)
돈솔의 비통 리조트에 있는 고래상어 모형. 이 리조트는 Donsol Tourist Center 바로 옆에 자리 잡고 있다.

▲ (사진 3-25) 돈솔 Tourist Center 길 건너편에 있는 '비콜 다이브 센터'. 바로 오른쪽에는 'Fun Dive Asia'도 있다.

돈솔 지역 참고 사항

돈솔타운 자체는 그리 크지 않은 동네여서 여행자들을 위한 편의 시설이 많지 않다. 대부분의 관광객들이나 다이버들은 인근의 리조트에 묵으면서 숙식을 함께 해결한다. 타운에는 재래식 시장이 하나 있을 뿐 제대로 된 기념품 가게나 외국인이 식사할 만한 식당도 거의 없다. 환전을 하거나 식품 등을 사려면 자동차로 한 시간 정도 걸리는 레가스피Legazpi까지 나가야 한다. 레가스피에는 한국 식품점인 'K-Mart'도 있다.

돈솔과 레가스피를 포함한 비콜 지역은 조용하고 전형적인 필리핀의 휴양 지역이다. 다이빙이 끝난 후 리조트 바에서 시원한 맥주를 즐길 수는 있지만, 마닐라나 사방 비치 같은 곳에서 찾아볼 수 있는 유흥 업소는 없다.

돈솔에서는 식사를 거의 리조트 안에서 해결하는 경우가 많다. 다이빙이 있는 날은 다이빙 보트 안에서 도시락 형태의 점심 식사가 제공된다. 매일 자신이 묵는 리조트에서만 저녁을 먹는 것보다는 가끔은 다른 곳을 찾는 것도 좋은데 비통 리조트에 딸린 '비통 카페Vitton Café'나, Tourist Center 바로 옆 Dancalan Beach Resort에 딸린 '시람사나 레스토Siramsana Resto & Bar'가 대체로 무난한 레스토랑이다. 그러나 Siramsana는 밤 아홉 시까지만 영업한다. 돈솔 지역에서 가장 추천할 만한 레스토랑은 '바 라쿠다Bar Racuda'이다. 비통 리조트와 엘리시아 리조트 사이에 있는데 길가에 작은 간판이 있고, 신선한 해산물 요리로 유명하다. 리조트 지역이 아닌 돈솔타운 내에는 Giddy's Place에서 운영하는 '부탄딩Butanding'이 거의 유일한 레스토랑이다.

▲ (사진 3-26) 돈솔에서 가장 인기 있는 레스토랑인
'바 라쿠다'의 간판

찾아가는 법

돈솔에 가려면 마닐라에서 국내선 비행기를 타고 레가스피 공항Legazpi Airport, LGP 으로 가야 한다. 마닐라와 레가스피 간은 필리핀항공과 세부퍼시픽, 그리고 제스트에어(에어아시아)가 매일 여러 편을 운항하고 있으며 소요 시간은 약 한 시간 정도이다. 대부분의 레가스피 발착 항공편은 오전 시간에 집중되어 있는데, 레가스피 공항에는 계기 착륙 시스템ILS:Instrumental Landing System이 설치되어 있지 않아 육안으로만 관제를 해야 하므로 주간에만 운용이 가능하기 때문이다. 또 관제사나 조종사의 시야 범위 이상의 고도로 이착륙하는 것이 불가능해서 날씨가 나쁠 경우 결항이 자주 발생한다는 점도 알아두자.

착륙을 위해 최종 어프로치를 해서 거의 활주로에 접근했다가도 안개나 구름이 시야를 가리면 급히 상승해서 다시 착륙을 시도하는 경우도 흔히 경험하게 된다. 한 번 착륙에 실패하면 어프로치 수순을 처음부터 다시 시작해야 하므로 결과적으로 도착 시간이 많이 지연된다. 도착이 지연되면 이 비행기를 타고 레가스피에서 마닐라로 가는 출발편도 연쇄적으로 지연된다. 따라서 레가스피를 떠나 마닐라를 경유하여 다른 곳으로 이동하거나 귀국하는 경우에는 연발 가능성을 염두에 두고 연결편 시간을 충분히 확보해 두어야만 한다. 공항세는 75페소이다.

▲ (사진 3-27) 돈솔로 가는 관문인 레가스피 공항.
뒤쪽으로 구름에 싸인 마욘Mayon 화산의 모습이 보인다.

레가스피 공항에서 돈솔타운까지는 자동차로 약 한 시간 정도 소요되는데, 최근에 포장 공사가 완성되어 도로 상태는 아주 좋으며 주변의 경관 또한 매우 아름답다. 메트로 마닐라 케손시티의 쿠바오에서 버스를 탈 수도 있지만, 14시간 정도 걸리므로 그다지 권할 만한 수단은 아니다.

공항에 도착하면 구내 트라이시클을 타고 셔틀터미널로 이동한다. 소요 시간은 5분 정도이며 요금은 80페소이다. 셔틀터미널에서 돈솔로 가는 셔틀을 타면 한 시간 반 정도 걸려서 돈솔타운에 도착한다. 셔틀의 요금은 80페소이지만, 승객이 다 차야만 출발한다. 돈솔타운에 도착하여 원하는 목적지를 드라이버에게 말해 주면 그 곳에 내려 준다. 돈솔타운에서 조금 떨어진 단클란 지역의 비통 리조트나 엘리시아 리조트 등을 이용하는 경우 돈솔타운에서 다시 한 번 트라이시클을 타고 10분 정도 이동해야 하며 요금은 대략 40페소 정도이다.

가장 편리한 방법은 레가스피 공항에서 밴을 대절해서 돈솔타운 또는 인근의 리조트까지 바로 가는 것이다. 대개 1,500페소 정도에 7인승 밴을 대절할 수 있다. 공항 청사 밖에 있는 Tourist Information Center를 찾아가도 좋고 피켓을 들고 있는 기사와 직접 흥정해도 좋다. 리조트의 픽업 서비스는 보통 2,000페소 정도이다. 프리이비트 밴을 이용하는 경우 약 한 시간 정도면 돈솔타운까지 들어갈 수 있다.

만일 돈솔 지역이 아닌 **티카오** 섬의 리조트에 묵을 경우 이동하는 방법은 더욱 복잡해진다. 돈솔 선착장에서 방카로 티카오로 이동하는 방법이 있고, 돈솔타운에서 육로로 불란^{Bulan}까지 두 시간 반 정도에 걸쳐 이동한 후 다시 방카 보트를 타고 두 시간 정도 더 가는 방법도 있다. 티카오에 묵을 경우 리조트에 교통편 제공을 요청하는 것이 편리하다.

돈솔 지역 다이브 포인트

타바코
Lungsod
ng Tabaco

바탄 섬
Batan Island

마욘 산
Bulkang Mayon

레가스피
Legazpi

피오 듀란
Pio Duran

Lungsod ng
Sorsogon

카스틸라
Castilla

■
San Rafael

돈솔
Donsol

Bayan ng
Magallanes

불루산
볼케이노
Bulusan Volcano

샌 미구엘 섬
San Miguel Island

Light House ◩ ◩ **Garden**

Class Room ◩ ◩ **The Wall**

Bayan
ng Bulan

■
Manta Bowl

티사오 섬
Ticao Island

마스바테
Masbate

▲ (지도 3-6) 돈솔의 다이브 사이트

고래상어 시즌에는 세계 전역에서 많은 관광객들이 이 신기하고 거대한 물고기를 보기 위해 돈솔로 몰려든다. 그러나 고래상어가 집중적으로 나타나는 돈솔 만Donsol Bay 일대에는 다이빙이 금지되어 있으며 스노클링만 허용된다. 고래상어를 보기 위해서는 돈솔 관광국이 실시하는 사전 교육을 의무적으로 받은 후 라이선스를 구입해야 한다. 비디오로 상영되는 이 교육은 한 번쯤 볼 만한 가치가 있다.

돈솔의 다이브 포인트는 크게 세 지역으로 나뉘어 있다. 내륙 본토 쪽에 있는 산라파엘San Rafael 지역, 산미구엘 섬San Miguel Island을 포함하는 티카오 섬 지역, 그리고 티카오 섬과 불란 섬 사이의 해협 중간쯤에 위치한 만타 보울Manta Bowl 지역이다. 산라파엘은 돈솔에서 거리도 가까우며 조류가 거의 없고 수심도 낮아 주로 다이빙 교육이나 야간 다이빙 장소로 이용되지만, 실제로 이곳으로 다이빙을 나가는 경우는 그리 많지 않다. 돈솔에서 출발하는 대부분의 다이빙 여정은 산미구엘 섬에 먼저 들러서 체크 다이빙 겸 월 다이빙을 즐긴 후 메인 게임에 해당하는 만타 보울로 이동하여 이곳에서 1회 또는 2회의 다이빙을 마친 후 저녁 무렵에 돈솔로 돌아오는 형태로 진행된다. 돈솔에서 만타 보울까지는 두 시간 정도가 소요된다.

··· 산미구엘 섬San Miguel Island

티카오 섬과 인접한 작은 섬인데 돈솔에서 보트로 한 시간 남짓 걸리는 곳이다. 섬 주변에는 The Wall, Garden, Lighthouse, Class Room,

Lapuz-Lapuz 등 여러 곳의 좋은 다이브 포인트들이 있으며 대부분 아름다운 월 다이브 포인트들이다. 가까운 티카오 섬의 리조트에 비교적 장기간 묵는 경우에는 이 포인트들을 두루 둘러볼 수 있지만, 돈솔에 묵는 경우에는 다이버들의 관심이 이미 온통 만타 보울에 가 있어서 산미구엘 섬에서는 단 한 번의 다이빙만 하는 것이 보통이다. 이 경우 대개 The Wall에서 입수해서 조류를 타고 흐르면서 Garden까지 진행한 후 출수하는 패턴으로 신행된다. 조류의 방향이 반대일 경우에는 코스 또한 반대 방향으로 잡는다.

The Wall의 입수 지점의 수심은 약 8m, Garden의 출수 지점은 약 5m 정도이다. 중간은 매우 아름다운 직벽이 이어지며 바닥은 모래로 이루어진 곳이 많고 최대 수심은 32m 정도이다. 가끔 대형 어류가 블루 쪽으로 지나가는 경우도 있지만, 산미구엘 섬은 기본적으로 마크로 다이빙 사이트이다. 벽에서 신기한 갯민숭 달팽이 종류를 흔히 발견할 수 있으며 샛노란 색깔의 바다 벌레Sea Worm들이 온통 바위 벽을 덮고 있기도 하다.

▲ (사진 3-28) 산미구엘 섬의 직벽 오버행에 거의 수평 방향으로 붙어서 살고 있는 연산호들과 그 주변의 작은 물고기 떼들.

··· 만타 보울Manta Bowl

티카오 섬과 불란 섬 사이의 해협 중간에 위치한 곳으로 돈솔에서 배로 두 시간 정도 달려야 도착하는 곳이다. 외해 쪽에 가까운 좁은 해협이어서 항상 강한 조류

▲ (사진 3-29) 황량한 돈솔 '만타 보울'의 25m 바닥에 몸을 고정시킨 채 멀리서 서서히 접근해 오는 만타레이를 두 팔을 벌려 환영하고 있는 다이버. 이곳에서는 한 번의 다이빙으로 다섯 마리 이상의 만타레이를 보는 경우도 드물지 않다.

가 있는 꽤 어려운 사이트이다. 조류는 항상 남쪽 외해로부터 북쪽 돈솔 방향으로 흐르는데 조류걸이Reef Hook를 지참하여 수중의 바위 틈에 걸고 여기에 몸을 의지한 채 주변을 선회하는 만타를 지켜보는 형태로 진행되는 경우가 많다. 초보 다이버들에게는 다소 무리가 따르는 사이트이다.

만타 보울은 마치 사발Bowl을 엎어 놓은 것처럼 완만한 구릉 형태의 수중 섬Shoal이다. 입수는 항상 보울의 남쪽 지점에서 떨어져서 조류를 타고 흐르면서 진행하다가 보울 북쪽에서 출수한다. 입수와 출수 지점은 수심 30m이며 보울 중간 수심은 평균 25m 정도이다. 전원이 입수를 마칠 때까지 보트의 로프를 잡고 기다리다가 가이드의 신호에 따라 일제히 하강을 시작해서 최대한 빠른 시간 내에 바닥까지 내려가야만 한다. 일단 바닥 부근에 도착하면 자연스럽게 드리프팅으로 진행되는데

흐르는 도중에 만타레이를 만나면 역시 가이드의 신호에 따라 각자 바닥에 있는 바위를 하나씩 찾아서 크레바스 속에 조류걸이를 걸고 거대한 만타레이들이 벌이는 아름다운 발레 공연을 관람한다. 조류걸이는 다이브 센터에서 무료로 빌려 준다.

이곳의 다이빙 프로파일로만 보면 당연히 나이트록스를 사용해야 하는 곳이지만, 돈솔의 다이브 센터들은 나이트록스를 거의 사용하지 않는다. 아름다운 만타들의 군무에 혼을 빼앗긴 채 구경하다가 자칫하면 무감압 한계 시간을 넘겨, 출수하기 전에 오랜 시간 동안 감압Decompression하는 고통을 당하는 경우가 흔히 발생하기 때문에 수시로 컴퓨터를 모니터해야 한다. 특히 이미 몸속에 많은 질소가 남아 있는 하루의 마지막 다이빙인 경우에는 더욱 조심해야 한다. 무감압 한계 시간이 최소한 2분 정도 남았을 때 조류걸이를 빼내고 서서히 상승하면서 보울 북쪽의 출수 지점으로 이동해야 한다.

만타 보울은 수면 위로는 보트의 계류 부이 외에는 아무것도 없으므로 출수는 당연히 블루 워터에서 이루어진다. 블루에서 SMB를 쏘아 올린 후 안전 정지를 하는데 이때에도 계속 조류에 밀려가는 경우가 많다. 하지만 수심만 잘 유지하고 그냥 자연스럽게 조류에 몸을 맡긴 채 떠내려가면 된다. 보트는 SMB를 보고 계속 다이버들을 따라오기 때문에 걱정하지 않아도 된다.

만타 보울 일대에는 수십 마리 이상의 만타레이들이 집단으로 서식하

는 것으로 알려져 있다. 물론 아주 운이 없는 날에는 만타를 보지 못하는 경우도 있다고 하지만, 실제로 그런 불운한 날은 많지 않다. 필자 역시 단 하루 2회의 다이빙으로 무려 20마리 이상의 만타레이를 목격했다. 작은 것은 날개 사이의 길이|Wing Span가 3m 정도지만, 큰 것은 5m가 넘는 경우도 흔하다. 필리핀에서 거대하고 우아한 만타를 보고 싶다면 돈솔로 가라. 이곳에서는 만타 외에도 환도상어Thresher Shark 또한 종종 나타난다. 시즌 중에는 고래상어들이 돈솔만 일대에만 머무르기 때문에 다이빙 중간에 고래상어를 만나는 경우는 매우 드물지만, 5월 말경부터 시작되는 이동 시기|Migration Season에는 거처를 옮기려고 이동하는 고래상어 일가족들을 이곳에서 목격할 수도 있다.

Tip

고래상어│Whale Shark

고래상어는 물속에서 사는 어류 중에서 가장 큰 종류이다. 거대한 몸집에 비해 성격은 매우 온순하여 'Great Gentle'이라는 애칭으로도 불린다. 학계에서 공식적으로 확인한 최대 크기의 고래상어는 12.65m지만, 비공식적으로는 이보다 훨씬 큰 놈들도 많이 발견되었는데, 몸 길이가 14m에 무게가 30톤에 달하는 개체도 그리 드물지 않게 발견된다. 성체의 평균 길이는 9.7m이고 체중은 9톤이다. 고래상어의 피부 색깔은 등 쪽은 회색이고 배 쪽은 흰색이며, 등 쪽에는 옅은 노란색인 특유의 반점 무늬들이 있는데 이 반점의 패턴은 사람의 지문처럼 개체마다 모두 다르다.

고래상어는 최대 1.5m에 달하는 커다란 입이 있지만 덩치와는 달리 좋아하는 먹이는 작은 플랑크톤이다. 큰 입으로 바닷물을 들이마신 후 그 속에 들어 있는 플랑크톤이나 새우 같은 작은 것들을 걸러서 먹는다. 이런 작은 먹이와 함께 입에 들어오는 정어리나 멸치, 참치 새끼, 오징어 같은 것들을 먹기도 한다. 이런 먹이 활동은 주로 얕은 수심으로 올라와서 한다. 가끔 물속에서 재채기를 하기도 하는데 학자들에 따르면 이런 행동은 먹이 활동 과정에서 필터에 축적된 찌꺼기를 청소하기 위한 목적이라고 한다. 성격 또한 매우 온순해서 다이버나 스노클러들과 어울려 같이 수영을 하고 노는 모습을 더러 발견할 수 있다.

고래상어는 따뜻한 열대 바다에서 주로 서식하는데 지구상의 여러 곳에서 발견된다. 그러나 정기적으로 이동하는 지역으로는 남아프리카 남부 해역, 대서양 남부 세인트헬레나 수역, 서부 호주 지역, 유카탄 반도 일대 등이며 필리핀의 돈솔 지역과 바탕가스 일부 수역도 이런 곳에 포함되어 있다. 고래상어가 이동하는 거리는 태평양을 완전히 가로지르는 장장 13,000㎞에 달한다. 그러나 1년에 한 번은 꼭 어릴 때 살았던 곳으로 회귀하는 것으로 알려져 있다. 필자가 직접 고래상어를 목격한 곳은 중미의 갈라파고스, 중동의 오만, 태국의 시밀란, 그리고 필리핀에서는 오슬롭, 모알보알, 투바타하 등이다.

고래상어는 짝짓기를 한 후 암컷의 몸속에서 알을 부화시켜 새끼로 기른 후 낳는 난태생 동물이라고 하는데, 아직까지 짝짓기를 하거나 새끼를 낳는 장면은 해양 생물학자들에게도 목격된 바가 없다고 한다. 고래상어의 수명은 60년에서 100년 정도라고 알려져 있다.

▲ (사진 3-30) 바다의 거대한 신사 고래상어

고래상어 투어 주의 사항 Whale Shark Code of Conduct

12월부터 5월 초순까지 세계 전역에서 많은 관광객들이 세상에서 가장 크고 점잖은 물고기인 고래상어를 보기 위해 돈솔을 찾아온다. 평생을 다이버로 지낸 사람들 중에서도 고래상어를 목격하지 못한 경우가 수두룩하기 때문에 이 경이로운 해양 생물을 만나 보기 위해 사람들이 몰려드는 것은 전혀 이상한 일이 아닐 것이다.

고래상어가 자주 출현하는 지역에서는 거의 예외 없이 고래상어와 조우했을 때 지켜야 할 규칙을 정해 놓고 있다. 이 규칙은 해양 생물 학자, 정부 기관, 지역 관광 기구 등이 합의하여 결정한 것인데, 내용은 세계 어디에서든 거의 비슷하다. 고래상어가 매우 온순한 동물이기는 하지만, 워낙 덩치가 커서 다이버나 스노클러들의 안전을 확보하기 위한 목적과 함께 고래상어 자체를 보호하기 위한 목적도 있다. 사실 돈솔 만 지역에서는 고래상어를 보호하기 위해 다이빙 자체가 금지되어 있다. 그러나 굳이 물속으로 들어가지 않더라도 이 지역의 고래상어는 거의 수면까지 올라와서 놀기 때문에 스노클링, 심지어는 보트에 타고 있는 상태로도 이 경이롭고 거대한 어류를 충분히 관찰할 수 있다. 물론 인근 지역으로 다이빙을 나가는 경우 수중에서 조우하는 경우도 가끔 있기는 하다. 돈솔 지역에서 고래상어를 보러 나가기 위해서는 소정의 비디오 교육을 받은 후 라이선스를 구입해야한다. 고래상어와 조우했을 때 지켜야 하는 규칙은 다음과 같은데 이 내용은 타운의 조례로 입법화되어 있어서 이를 어길 경우 벌금 등의 처벌을 받게 된다.

··· 스노클러는 고래상어의 머리 또는 몸통으로부터 최소한 3m 이상, 그리고 꼬리 부분으로부터는 4m 이상의 간격을 유지해야 한다.

··· 고래상어 지역에서는 스노클링이나 수영으로만 바다 속에 들어갈 수 있으며, 스쿠바 다이빙이나 제트 스키, 수중 스쿠터 등은 허용되지 않는다.

··· 고래상어를 만지거나 등에 올라타거나, 이동하는 방향을 전방에서 가로막아서는 안 된다.

··· 스노클러의 경우 한 마리의 고래상어에 대해 최대 10분까지만 주변에서 수영하는 것이 허용된다.

··· 한 마리의 고래상어 주변에는 최대 여섯 명의 스노클러만 접근할 수 있다.

··· 플래시를 사용하여 사진을 찍을 수 없다.

··· 3월부터 5월까지는 돈솔 만 일대에 동시에 최대 30척의 보트만 들어갈 수 있으며 한 척당 최대 허용 체류 시간은 세 시간으로 제한된다.

··· 고래상어 한 마리에는 단 한 척의 보트만 접근이 허용된다. 인근의 다른 보트들은 고래상어 주변의 보트가 철수할 때까지 기다려야 한다.

경험이 많은 다이버들은 어느 정도 조류가 있는 포인트를 선호한다. 조류를 타고 드리프팅을 즐기는 것을 다이빙에서의 큰 즐거움 중의 하나로 생각하기 때문이다. 이런 다이버들은 상당히 강한 맞조류나 상승 조류 또는 하강 조류를 만나더라도 효과적으로 대처하는 방법을 경험을 통해 터득하고 있으므로 어지간한 조류에는 겁을 먹지 않는다. 마치 경험 많은 산악인들이 거칠고 험한 산을 선호하는 것과 같은 이치일 것이다.

그러나 인간이 물고기가 아닌 이상 아무리 체력이 강하고 경험이 많은 다이버라도 버틸 수 있는 조류의 강도에는 한계가 있다. 엄청나게 강한 조류를 만났을 때 여기에 휩쓸려 조난을 당하지 않으려면 무엇인가를 붙잡고 버티는 것이 상책이다. 대개 수중에 있는 단단한 바위를 양손으로 꽉 붙잡고 버티게 되는데 이럴 경우 양손을 사용할 수 없어서 카메라나 장비를 조작하기가 어려워지고, 뒤를 돌아보기도 어려운 자세가 된다. 그래서 고안된 것이 바로 조류걸이Reef Hook라는 기구이다.

조류걸이는 단단한 로프의 한쪽에 갈고리Hook가 달려 있고 반대쪽에는 BCD의 D-링에 걸 수 있는 고리가 달려 있는 매우 간단한 구조이다. 로프의 길이는 짧은 것은 1m부터 긴 것은 5m 정도까지 된다. 강한 조류가 예상되는 포인트에 나갈 때에는 미리 조류걸이를 챙겨서 고리를 BCD D-링에 걸고 로프와 갈고리는 잘 말아서 BCD 주머니에 넣은 상태로 입수한다. 강한 조류를 만나면 먼저 주머니에서 갈고리와 로프를 꺼낸 후 줄이 엉키지 않게 잘 풀어 둔다. 그다음에 고리를 걸 만한 단단한 바위를 찾아서 바위의 틈(크레바스)에 갈고리가 빠지지 않도록 잘 건다. 중성부력 상태를 유지하면 호흡에 따라 몸이 조금씩 올라갔다 내려갔다 하면서 로프에 슬랙Slack이 생겨서 장력이 느슨해지고 이로 인해 고리가 빠지는 경우가 있으므로 BCD에 공기를 넣어 양성부력으로 만들어 몸을 띄움으로써 항상 로프를 팽팽한 상태로 만들어야 한다. 이렇게 되면 양손이 자유로워지면서 높은 위치에서 여유 있게 주변을 감상할 수 있다.

다른 위치로 이동하거나 상승해야 할 경우에는 먼저 BCD의 공기를 빼야 한다. 공기를 빼지 않은 양성부력 상태에서 고리를 풀면 순간적으로 수면을 향해 급상승하는 사고로 이어질 수 있다. 그다음 바위 틈에서 고리를 풀고 BCD의 부력을 중성으로 유지하면서 서서히 상승하면 된다. 상승이나 이동을 시작하면 로프와 갈고리가 다른 장애물에 걸리지 않도록 신속하게 정리해서 주머니에 다시 넣는다.

팔라우의 '블루 코너'나 '펠렐리우 익스프레스', 돈솔의 '만타 보울'과 같이 항상 강한 조류가 있는 포인트에서는 조류걸이가 없으면 다이빙을 할 수 없다. 굳이 이런 곳이 아니더라도 예상치 못한 강한 조류를 만났을 때 조류걸이가 있다면 유용하게 사용할 수 있으므로 하나쯤 장만해 두는 것이 좋다.

(사진 3-31) 필자가 사용하는 조류걸이. ▶
사용하지 않을 때에는 훅을 파우치 안에
집어넣고 고리를 이용하여 BCD의 D-링에
걸고 다닐 수 있도록 디자인된 제품이다.

chapter **4**
비사야 지역

세부 섬, 보홀 섬, 네그로스 섬, 파나이 섬 등으로 이루어진 필리핀 중남부 도서 지역을 비사야^{Visaya} 지방이라고 부르는데, 수많은 섬 덕에 필리핀 내에서도 가장 다양한 다이빙 사이트들이 개발되어 있어서 필리핀 다이빙의 메카로 통하는 지역이다. 이 지역은 지금도 새로운 다이빙 사이트들이 끊임없이 개발되고 있는 곳이기도 하다. 비사야 지역의 관문도시이자 필리핀 제2의 도시인 세부 시에는 국제공항이 있어서 필리핀 전역은 물론 우리나라를 포함한 많은 나라에서 직항편이 운항되고 있다. 보홀 섬, 파나이 섬, 네그로스 섬의 주요 다이브 사이트 인근에도 공항들이 있어서 마닐라에서 직접 찾아가기에 편리하다. 최근 초특급 태풍 하이엔을 포함하여 몇 차례의 태풍과 지진으로 많은 다이브 리조트들이 큰 피해를 본 곳이지만, 현재는 대부분 모두 복구되어 다이버들을 맞고 있다.

비사야 지역에 있는 중요한 다이빙 지역으로는 세부 시에 속한 막탄 지역, 모알보알 지역, 보홀 지역, 두마게테 지역, 말라파스쿠아 섬, 그리고 필리핀 사람들에게도 잘 알려진 세계적인 휴양지인 보라카이가 있다.

사마르
Isla han
Samer

Bayan ng
Cawayan

Malapascua

타크로반
Siyudad han
Tacloban

오르모크
Dakbayan
sa Ormoc

다나이
Panay

로엘로
Iloilo

바콜로드
Bacolod

Guimares
Island

Leyte

세부
Lungsod
ng Cebu

Cebu/Mactan

Moalboal

보홀
Bohol

Bohol

더마겟
Lungsod ng
Dumaguete

Bayan ng
Santa Cataline

Dumaguete

Bayan ng
Mambajao

▲ (지도 4-1) 비사야 지역 주요 다이브 사이트

4-1
세부 시와 막탄^{Cebu City & Mactan}

막탄 지역 개요

　　남북 방향으로 길게 뻗어 있는 세부 섬 중앙 부분에 필리핀 제2의 도시인 세부 시^{Cebu City}가 있다. 세부 시는 마닐라와 마찬가지로 여러 개의 도시들이 모여 형성된 메트로폴리탄인데 세부 시티도 그 도시 중 하나이다. 세부 시에서 동쪽으로 가면 막탄^{Mactan}이라는 작은 섬이 있는데, 이 섬에서 가장 큰 도시가 라푸라푸^{Lapu-Lapu}이며 이곳에 세부 국제공항이 들어서 있다. 세부 다운타운 지역과 막탄 섬은 두 개의 다리로 연결되어 있다. 라푸라푸 시는 세부 해협^{Cebu Strait}을 끼고 보홀 섬과 마주 보고 있다.

　　세부 공항이 있는 막탄 섬의 동쪽 해변을 따라 꽤 많은 다이빙 사이트들이 있는데, 대부분 인근의 리조트 다이브 센터들이 개발한 곳들이다. 세부 지역 다이브 센터들이 제공하는 다이빙 교육의 질 문제로 이 지역 다이빙 사이트의 질 또한 도매금으로 평가절하되는 경향이 있지만, 실제로 이곳에서 다이빙을 해 본 사람이라면 다른 어느 지역의 사이트에 못지 않게 훌륭한 다이브 포인트들이 많이 있다는 것을 알게 될 것이다. 한국에서 직항편을 타고 세부 공항에서 내린 후 30분 만에 라푸라푸의 리조트에 도착하여 다이빙을 시작할 수 있다는 지리적 장점 또한 바쁜 일정에 쫓기는 직장인 다이버들에게 고마운 곳임에 틀림없다. 주말이면 세부 지역에 있는 한국인 유학생들이 다이빙을 배우거나 즐기기 위해 부담 없이 찾는 지역이기도 하다. 또한 세부 공항을 통해 비사야 지역의 다른 다이빙 사이트로 가는 다이버들이 여정의 중간에 잠시 들르는 경우도 많다.

세부에는 대규모의 항구도 있는데, 이곳에서 많은 리브어보드들이 출항하거나 기항하기도 한다. 대표적인 관광 지역인 만큼 숙식비를 포함한 전반적인 물가가 필리핀의 다른 지역에 비해 상대적으로 비싸다는 것이 단점 중 하나이기도 하다.

세부 시내는 물론 막탄 지역에도 한식당을 비롯하여 다양한 한국인 업소들이 있어서 한국인 여행자들이 언어의 불편 없이 여행을 즐길 수 있다.

막탄 지역 다이브 리조트

막탄 섬은 세부 시 지역을 대표하는 관광 휴양지이며 수많은 리조트들이 해변을 따라 들어서 있다. 이들 대형 리조트들은 대부분 리조트 안에 다이브 센터를 운영하고 있으며, 리조트 소속 다이브 센터들 외에 독립적인 다이브 센터들도 많다. 세부 시내에도 아주 많은 다이빙 샵들이 운영되고 있는데 세부 일대에 최소한 100개 이상이 영업 중인 것으로 알려지고 있다. 이 지역은 워낙 많은 관광객들이 찾는 곳이며 이 중 많은 사람이 체험 다이빙이나 오픈 워터 교육을 통해 다이빙에 입문한다. 많은 샵들이 밀집한 지역이라 그만큼 경쟁도 심하고 고객 대부분이 경험이 많지 않은 다이빙 입문자들인 탓에 이 지역은 필리핀에서도 다이버 라이선스를 얻기가 매우 쉬운 곳으로 알려져 있다. 이 지역 다이브 센터들이 제공하는 교육의 질은 항상 부정적인 면으로 이슈가 되고 있지만, 반면 그만큼 많은 다이버들을 배출하고 있다는 측면에서는 긍정적인 면도 없지는 않다고 여겨진다.

세부 시와 막탄 지역의 주요 다이브 리조트들은 다음과 같으며, 일부 업체는 수밀론, 카빌라오, 보홀, 모알보알 등의 지역으로 방카를 이용한 미니 리브어보드(사파리)나 당일치기를 운영하기도 한다. 막탄 해변에 자리 잡은 '임페리얼 팔라스'는 한국인 계열의 럭셔리 리조트인데 워터 파크, 다이브 센터, 한식당 등을 갖추고 있다.

막탄 지역 다이브 센터/다이브 리조트 (표4-1)

리조트	위치	객실 수	숙박비	다이빙 비용	참고 사항
오션블루 리조트 www.oceanblue.com	막탄		$70/1박 3식 포함	$80/3회	한인 업체 Medium
포세이돈 다이브 www.poseidoncebu.com	막탄		없음	$100/3회 점심 포함	한인 업체
Kontiki Divers (agoda) www.kontikidivers.com	막탄		$30+	$30/1회	현지 업체 Budget
임페리얼 팔라스 리조트 (agoda) www.imperialcebu.com	막탄	556	$220+	$40/1회	한인 리조트 Luxury
상그릴라 막탄 리조트 (agoda) www.shangri-la.com/cebu	막탄	530	$300+	$40/1회	현지 리조트 Luxury

찾아가는 법

세부 국제공항Cebu International Airport, CEB은 필리핀 전역의 주요 도시는 물론 인천과 부산 등 많은 국제 관문도시들과 연결되는 필리핀 제 2의 주요 공항이다. 인천에서 세부까지는 약 네 시간 반 정도가 소요되며, 마닐라에서는 한 시간이면 도착한다.

세부 공항에서 막탄 지역이나 세부 시내 지역으로 이동할 때에는 택시를 타는 것이 가장 편리하다. 공항에서 시내까지는 대개 300페소 이내, 라푸라푸 막탄 지역으로 이동할 경우에는 200페소 이내의 요금으로 이용할 수 있다. 시내나 리조트에서 공항으로 들어갈 때에도 마찬가지이다.

막탄 지역 다이브 포인트

막탄 섬의 다이브 포인트들은 대부분 섬의 동쪽 해안선을 따라 개발되어 있다. 동쪽 해안은 경관이 아름답고 백사장을 갖춘 비치가 많아서 대형 리조트들이 많이 들어서 있는 지역이며, 이들 리조트에서 다이브 포인트까지 쉽게 접근할 수 있다.

▲ (지도 4-2) 세부 및 막탄 다이브 사이트

··· 탐불리|Tambuli

막탄 섬 동북쪽 끝 부분에 위치하고 있는데, 탐불리 비치 클럽 리조트의 하우스 리프에 해당하는 곳이다. 리조트의 프라이비트 비치 백사장으로부터 걸어서 비치 다이빙으로 들어갈 수도 있다. 수심 15m 정도부터 산호초 지역이 시작되고 이어서 슬로프로 바뀌며 최대 수심 30m까지 이어지는 지형이다. 조류가 거의 없고 비치에서 쉽게 접근할 수 있어서 다이버 교육 장소로도 많이 이용된다. 슬로프 벽과 바닥에는 각종 산호초와 리프 어류들이 많이 서식한다.

20m 수심 지역에 쌍발 비행기 렉이 하나 놓여 있는데 이것은 탐불리 리조트가 다이버들을 위해 폐비행기를 이 지역에 가라앉힌 것이다. 다이버들이 쉽게 내부에 들어갈 수 있도록 출입문과 프로펠러 등은 모두 제거되어 있다. 이 지역은 특히 보트의 통행이 많고 제트 스키와 같은 다른 수상 레저 활동이 많은 곳이라 출수할 때 안전사고에 주의를 기울여야 한다. SMB를 띄워 놓아도 이것이 무엇인지 모르고 제트 스키 경주의 반환점 정도로 생각하는 경우도 있으므로 수면에 올라올 때에는 SMB만 믿지 말고 시각과 청각을 동원하여 사고를 예방하도록 한다.

··· 콘티키|Kon Tiki

콘티키 비치 호텔의 하우스 리프에 해당하는 곳으로 막탄 섬의 동쪽 중앙 부분에 위치한 곳이다. 이곳 역시 안정된 수중 환경으로 많은 다이브 센터에서 교육 다이빙 장소로 애용하고 있는 장소 중 하나이다. 해안 쪽에는 백사장이 없으며 바위 지형과 바다가 바로 맞닿아 있다. 위치적 특성으로 인해 이곳은 거의 직벽에 가까운 월 다이브 포인트가 되었으며 간혹 상어 종류와 같은 원양 어종들이 출현하기도 한다. 고래상어 또한 가끔 발견된다. 설사 대형 어종을 보지 못하더라도 이곳의 벽에는 많은 산호초들이 보존되어 있어서 세부 섬 전역에서 많은 다이버들이 몰리는 장소이다. 수심은 3m에서 시작하여 보통 30m까지 떨어지지만, 일부 지역은 50m까지도 내려가서 대심도大深度 다이빙을 목표로 하는 텍 다이버들도 많이 찾는 곳이다. 엄청난 숫자의 다이버들이 몰리는 곳임에도 불구하고 이곳이 아직도 아름다움을 유지하고 있는 데에는 콘티키 리조트에서 매년 정기적으로 실시하고 있는 환경 정비 캠페인의 영향이 큰 것 같다.

··· 마리곤돈 케이브 Marigondon Cave

라푸라푸시 남쪽 지역에 자리 잡고 있는 동굴 다이빙 사이트이다. 조류가 비교적 강하고 수심이 최대 40m로 깊어서 중급 이상의 다이버들에게 적합한 포인트이다. 대부분의 다이브 센터들은 30로그 이상의 경험자들만 이곳에 안내한다. 입수하면 조류에 밀리는 경우가 많지만, 일단 동굴 안으로 들어가면 수중 상태는 조용해진다. 동굴의 입구는 수심 28m지점이며 동굴 안쪽 바닥은 40m이다. 이런 수심 특성 때문에 무감압 시간을 늘리기 위해 이곳에서의 다이빙은 나이트록스를 사용하는 경우가 많다. 그렇더라도 항상 무감압 한계 시간을 관리해야 한다. 특히 동굴 내부 탐사를 마치고 출수를 위해 입구 쪽으로 나올 때 다시 더 깊은 수심으로 내려갔다 올라와야 하는 부분이 있으므로 이 점도 전체 다이빙 프로파일에서 염두에 두어야 한다.

Tip

베스트 초보자용 다이빙 사이트

경험이 많지 않은 초보 다이버들이 공통적으로 어렵게 느끼는 것은
역시 강한 조류이다. 가뜩이나 부력 조절도 쉽지 않고 공기 소모량도
많은데 강한 조류까지 괴롭히면 아무리 핀 킥을 해도 무심한 가이드
는 속절없이 멀어져만 가고 속은 타들어 가게 마련이다. 이럴 때에는
내가 여기서 도대체 무슨 짓을 하고 있나 하는 회의가 들기 십상이
다. 아무리 경험이 많은 다이버들도 반드시 한때는 이런 시절이 있었
을 것이다. 그러나 거친 바다 속에도 고요하고 평화스러운 곳들이 있
다. 맑은 시야, 조류 없는 평온한 물, 그리고 아름답게 펼쳐지는 산호
초 군락과 많은 물고기들인 노니는 이런 포인트들은 비단 경험이 많
지 않은 초보 다이버들뿐 아니라 어드밴스드 다이버들에게도 마음의
평화를 가져다 준다. 2014년 미국의 'SCUBA Diving Magazine' 잡지
에서 선정한 태평양/인도양 지역 'Best Beginner Dive Sites'는 다음과
같다.

호주 대보초 Great Barrier Reef

이집트 북홍해 샤름 엘 셰이크 Sharm El Sheikh

프랑스령 폴리네시아 타히티 Tahiti

필리핀 아닐라오 Anilao

몰디브 Maldives

224 TIP - 베스트 초보자용 다이빙 사이트

▲ (사진 4-1) 이집트 북홍해 샤름 엘 셰이크 지역의 아네모네 리프

4-2
모알보알Moalboal

모알보알 지역 개요

필리핀에서도 손꼽히는 아름다운 다이빙 지역인 모알보알Moalboal은 세부 섬 동쪽의 타뇬 해협Tañon Strait 쪽에 자리 잡고 있다. 천혜의 월 다이빙 장소로 손꼽히는 페스카도르 섬Pescador Island은 세계적으로도 명성이 높으며 특히 많은 유럽 다이버들이 선호하는 장소이기도 하다. 엄청난 규모의 정어리 떼Sardine School가 명물이지만, 이 외에도 고래상어, 환도상어 등 대양 어종들이 자주 출몰한다. 이 때문에 미국의 다이빙 전문 잡지인 'SCUBA Diving Magazine'에서 선정한 2014년 태평양/인도양 지역 대형 어류 부문 베스트 다이빙 사이트에 4위로 선정된 바 있다.

많은 다이브 리조트들이 자리 잡고 있는 파나그사마 비치Panagsama Beach 지역은 아름답고 장엄한 직벽이 끝없이 이어져 있으며 이 주변에 다양한 해양 생물이 서식한다. 깊은 수심의 딥 다이빙 사이트도 많아서 텍 다이버들에게도 인기가 높은 지역이다.

모알보알 지역 다이브 리조트

모알보알의 파나그사마 비치에는 1970년대 후반에 유럽계 다이브 센터가 처음 들어선 이래 고급 럭셔리 리조트부터 값싼 배낭족 전용 샵에 이르기까지 수많은 다이브 리조트들이 들어서 있

▲ (사진 4-2) 석양이 지는 모알보알의 파나그사마 비치

다. 한국인 업소도 여러 군데 있어서 한국인 다이버들이 편안한 환경
에서 다이빙을 즐길 수 있다. 1회 다이빙 비용은 평균 30불 정도, 숙
박은 1박에 40불에서 60불 수준이다. 파나그사마 비치 주변의 추천
할 만한 다이브 리조트들은 다음과 같다.

모알보알 지역 다이브 센터/다이브 리조트 (표4-2)

리조트	위치	객실 수	숙박비	다이빙 비용	참고 사항
준 다이브리조트 www.junedive.com	파나그사마	10	$40	$30/1회	한인 업체 Budget
MB 블루오션 www.moalboaldive.com	파나그사마	15	$40+	$30/1회	한인 업체 Budget
Savedra Dive Center (agoda) www.savedra.com	파나그사마	10	$40+	$30/1회	현지 업체 Budget

모알보알 지역 참고 사항

모알보알에서 다이브 리조트가 밀집해 있는 곳은 파나 그사마 비치Panacsama Beach 지역인데 모알보알 타운에서 트라이시클로 20분 정도 들어가는 곳에 있다. 파나그사마 비치 자체는 매우 작은 어촌 마을이어서 대부분의 다이버들은 숙박과 식사를 모두 리조트 에서 해결한다. 마을에는 두세 개 정도의 식당과 바Chilly Bar, 커피샵The Coffee Shop이 있다. 공식 환전소는 없지만, 환전이 급한 경우 사베드라 Savedra 다이브 센터로 가면 미화나 유로화를 페소화로 바꿔 준다.

많은 돈을 바꿔야 하거나 ATM 기계를 사용해야 하는 경우, 또는 간 단한 쇼핑을 하기 위해서는 트라이시클이나 모터사이클을 타고 가까 운 모알보알 타운으로 나오면 된다. 모알보알 타운에는 대규모 재래 시장과 어시장도 있어서 한 번쯤 구경해 볼 만하다. 특히 큰길가에 필리핀식 팥빙수인 할로할로Halo-Halo를 파는 가게가 있는데, 이 집의 할로할로는 맛이 좋다고 소문이 나서 항상 사람들이 붐빈다. 엔젤스

버거Angel's Burger 노점 가게에서 파는 핫도그도 아주 맛이 있어서 인기
가 높다. 시내에는 약국 겸 편의점도 있어서 필요한 어지간한 물품은
모두 이곳에서 살 수 있다.

찾아가는 법

모알보알에서 가장 가까운 공항은 세부 국제공항Cebu
International Airport, CEB이다. 인천에서 세부까지는 여섯 개 항공사가 매일
여러 편을 취항하고 있어서 직항으로 들어갈 수 있다. 세부 공항은
또한 마닐라를 비롯한 필리핀의 주요 도시와도 많은 국내선으로 연결
되고 있으므로 다른 지역에서 다이빙을 즐긴 후 이곳으로 바로 이동
하는 것에도 전혀 어려움이 없다. 세부 공항에서 모알보알 파나그사
마 비치까지는 자동차로 약 세 시간 정도 걸린다.

대중 교통수단을 이용할 경우 세부 시내 남부버스터미널South Bus
Terminal에서 모알보알행 버스를 타고 모알보알 시내에서 내린 후 트라
이시클을 타고 들어오는 것이 방법인데, 세부 공항에서 다시 세부 시
내로 들어가야 하는 번거로움이 있고 시간이 많이 걸리기 때문에 그
다지 많이 이용되지는 않는다. 대신 세부 공항에서 택시를 타고 직접
파나그사마 비치까지 오는 것이 편리한데, 출발하기 전에 택시 기사
와 요금을 미리 정해 두어야 한다. 택시 요금은 2,500페소 정도가 적
정선이다. 대부분의 다이브 리조트에서는 프라이비트 카를 이용한
공항 픽업 서비스를 제공하는데 요금은 3,000페소 내외이다.

모알보알 지역 다이브 포인트

　　모알보알을 대표하는 다이브 사이트는 역시 페스카
도르Pescador 섬이다. 그러나 페스카도르 섬 외에도 파나그사마 비치
Panacsama Beach 일대에는 훌륭한 다이브 포인트들이 널려 있다. 파나그
사마 비치 쪽의 해안선에서 불과 20여 미터 정도만 들어가면 50m 이
상의 깊은 수심까지 떨어지는 웅장한 월이 끝없이 이어져 있어서 부
근의 리조트에서 비치 다이빙으로도 엄청난 규모의 월 다이빙을 즐
길 수 있는 특징이 있다. 월 다이빙 외에도 딥 다이빙, 리프 다이빙,
야간 다이빙 등 다양한 형태의 다이빙을 즐길 수 있는 것이 모알보알
이다.

■ (지도 4-3) 모알보알 다이브 사이트

··· 페스카도르 섬Pescador Island

모알보알을 이야
기할 때 빼놓을 수
없는 곳이 페스카
도르 섬이다. 이 섬
은 파나그사마 비
치 어디에서든 육
안으로 뚜렷하게
볼 수 있는 위치에
있는 무인도인데,

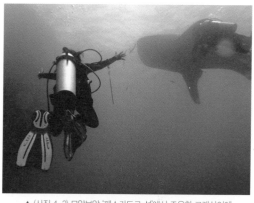

▲ (사진 4-3) 모알보알 '페스카도르 섬'에서 조우한 고래상어에
환호하고 있는 다이버. 이 지역은 고래상어와 환도상어 등
희귀한 대형 어류들이 자주 나타나는 곳으로 유명하다.

세계적인 다이브 사이트 중 하나로 잘 알려져 있는 곳이기도 하다. 파나
그사마 비치에서 방카로 30분 정도면 도착할 수 있다. 섬 자체는 그다
지 크지 않지만, 수중에는 다양한 지형과 해양 생물들이 존재한다. 아주
강하지는 않지만 어느 정도의 조류는 항상 있는 곳이어서 약간의 경험
을 갖춘 중급 이상의 다이버들에게 적합한 장소이다. 일단 이곳을 방문
하면 2회의 다이빙을 하고 돌아가는 것이 보통이다. 섬 주위로 네 개 정
도의 포인트가 있는데 조류 상황에 따라 입수 포인트와 출수 지점을 결
정하게 된다. 수심은 5m부터 30m 정도까지이지만, 일부 지역은 50m
이상 깊이 떨어지므로 수심 관리가 필요한 곳이기도 하다. 섬의 남서쪽
50m 모래 바닥에는 화이트팁 상어가 상주한다. 직벽에는 프로그피시,
랍스터 등 다양한 생물들이 서식하며 리프 주변에는 온갖 종류의 리프
어류들이 회유한다. 가끔 엄청난 규모의 정어리 떼가 나타나곤 하는데
그 규모가 너무 커서 정어리 떼들이 나타나면 주변이 어두워질 정도이

다. 한동안 정어리 떼들이 사라졌다가 최근에 다시 파나그사마 비치 주변에 나타났다. 고래상어 또한 이곳에 자주 출몰한다. 필자는 이 지역에서 여러 차례 고래상어와 환도상어를 직접 목격 하였다. 섬 동쪽 30m 정도 깊이에 커다란 개방형 동굴Cavern이 있는데 이 속에 들어가서 바깥쪽을 바라보는 모습이 매우 환상적이다.

⋯준 다이브 하우스 리프June Dive House Reef

파나그사마 비치 전체가 아름다운 직벽들로 이루어져 있지만, 그 중간쯤 되는 부분에 준 다이브 리조트June Dive Resort가 있다. 이곳에서 자갈 바닥으로 이루어진 하우스 비치를 통해 바다로 들어가면 해안선으로부터 불과

▲ (사진 4-4) 모알보알의 정어리 떼(사진 우측의 검은 부분)와 이를 사냥하려는 참치들(왼쪽 위) 정어리 떼는 그 규모가 거서 이들이 출현하면 주변이 어두워질 정도이다.

20여 미터 정도부터 직벽이 시작되는데 50m 이상의 깊은 곳까지 계속 떨어진다. 벽과 그 주변에는 다양한 해양 생물들이 서식하고 있어서 주간은 물론 야간 다이빙 장소로도 매우 훌륭한 곳이다. 비슷한 모습의 직벽이 끝없이 이어지는 지형이므로 가이드 없이 버디와 다이빙하는 경우 출수 위치의 레퍼런스를 기억해 두는 것이 좋으며, 항상 수심 관리에 신경을 써야 한다. 최근에 엄청난 규모의 정어리 떼Sardine School가 이 부근에 상주하다시피 하고 있으며 이들을 먹이로 삼는 참치와 같은 대형 어종들도 자주 나타난다. 거북 종류는 흔하며 고래상어도 이 곳에 가끔 출몰하기도 한다.

··· 탈리사이 월Talisay Wall

카사이Kasai와 통고Tongo 사이에 위치한 곳으로 입수 지점부터 약 13m 까지는 비교적 완만한 슬로프가 이어지다가 직벽으로 바뀌면서 수심 35m까지 떨어진다. 벽에는 수많은 크레바스가 있어서 다양한 생물들을 관찰할 수 있는데, 다이빙 라이트를 지참하는 것이 좋다. 뱃피시, 바라쿠다, 거북이 등을 흔히 발견할 수 있다.

··· 통고 포인트Tongo Point

끝없이 깊은 바닥으로 떨어지는 직벽 구조의 지역이다. 벽의 중간 부분에는 작은 동굴도 있어서 안으로 들어가 볼 수도 있다. 동굴 주변에는 거북이들이 상주하며 작은 바라쿠다 떼들을 비롯한 다양한 어류들을 관찰할 수 있는 곳이다. 항상 수심 관리에 신경을 써야 한다.

··· 카사이 월Kasai Wall

카사이 포인트라고도 불린다. 바로 앞 해변 쪽에는 누구의 소유인지 모르지만, 살고 싶은 아름다운 별장 스타일의 집이 두 채 있다. 왼쪽 집은 노란색이고 오른쪽 집은 흰색으로 단장되어 있다. 포인트의 지형은 수심 40m까지 떨어지는 직벽 구조인데 보통 20m 정도까지 하강한 후 서서히 10m 정도까지 벽을 타면서 상승하는 패턴으로 다이빙이 진행된다. 벽 중간중간에 깊이 팬 협곡과 크레바스들이 많이 있다. 벽면은 각종 산호들이 군락을 이루고 있으며 주변에는 거북 종류와 많은 어류들이 서식한다. 5월경 플랑크톤이 번성하는 시기에는 고래상어들도 가끔 이곳까지 오곤 한다.

⋯ 투블레|Tuble Reef

수심 약 25m까지 내려가는 직벽 구조이며 이곳에서부터 모래 바닥이 완만한 경사를 이루며 점점 더 깊어진다. 27m에서 30m 깊이에 작은 동굴이 하나 있는데 이 주변은 가끔 이안류가 발생하기도 하므로 조류가 있는 시간에는 주의가 필요하다. 입·출수 위치는 산호초 리프 지역인데 썰물 때에는 수심이 매우 낮아지므로 바다로 뛰어들기 전에 수심을 미리 확인하여 산호초 바닥에 부딪히는 일이 없도록 한다. 출수 때에도 가급적 벽에서 떨어진 깊은 블루 쪽으로 이동하여 보트가 쉽게 접근할 수 있도록 한다.

⋯ 화이트 비치|White Beach

포인트 바로 앞에 대규모 백사장이 있다. 이곳은 많은 관광객들이 찾는 곳이어서 기념품을 파는 상점들이 늘어서 있다. 백사장에서는 간혹 비치 발리볼 시합과 같은 이벤트들이 벌어지곤 한다. 다이빙 중간에 수면 휴식 장소로도 애용되는 곳이다. 물속은 25m 깊이까지 떨어지는데 입수 후 조금 북쪽으로 가면 물고기 먹이 주기Fish Feeding가 가능한 곳이 있고, 이 주변에서 다양한 어류들을 관찰할 수 있다.

··· 마린 생크추어리Marine Sanctuary

일체의 어로 행위가 금지된 해양 생물 보호 구역이다. 모알보알 주변에는 이곳 외에도 몇 군데의 해양 생물 보호 구역이 지정되어 있는데, 수면에 흰색의 부이로 표시가 되어 있어서 쉽게 식별할 수 있다. 보호 구역 내에서는 다이빙 장갑을 착용할 수 없다. 장갑을 낄 경우 아무래도 바닷속에서 무언가를 쉽게 만지게 될 것이라는 우려 때문이다. 입수 지점은 수심 5m 정도이며 이곳에서부터 18m 지점까지는 비교적 완만한 경사면으로 이어지다가 직벽 구조로 바뀌면서 45m까지 바로 떨어진다. 벽 쪽으로는 아름다운 마크로 생물들이 널려 있고 블루 쪽에는 다양한 어류 떼들이 회유하는 곳인데, 참치나 화이트팁 상어와 같은 대형 대양 어류들이 종종 나타나곤 하므로 가끔은 블루 쪽도 돌아보는 것이 좋다.

··· 돌핀 하우스Dolphin House

실제로 돌고래가 나타나는 곳은 아니며 포인트 바로 앞에 돌핀 하우스 리조트가 있어서 붙여진 이름이다. 입수 지점부터 수심 25m까지 직벽이 이어지며 이후

▲ (사진 4-5) 모알보알 '돌핀 하우스'의 거북이. 모알보알 일대에는 수많은 거북이들이 살고 있어서 다이빙 중에 흔히 만날 수 있다.

에는 모래 경사면으로 연결된다. 17m에서 22m 지점 중간 부분에 작은

동굴이 있는데 커다란 거북이 동굴 속에서 낮잠을 즐기는 모습을 종종 볼 수 있다. 벽 중간에 있는 협곡의 모습이 매우 아름다운 곳이다. 20m 정도까지 내려가면 대형 부채 산호와 검은색의 희귀한 산호들을 볼 수 있다. 거북은 물론 가끔 화이트팁 상어나 고래상어도 나타난다고 한다.

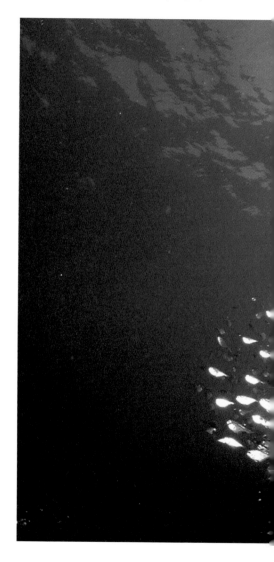

Tip

베스트 대형 어류 다이브 사이트

많은 다이버들의 꿈은 다이빙 중에 거대한 해양 생물들을 만나는 것이다. 상어 종류가 대표적인 대형 어종인데, 그중에서도 고래상어, 환도상어, 해머 헤드(망치상어), 대양 화이트팁 상어Oceanic Whitetip 등이 다이버들이 뵙고 싶어 해 마지않는 것들이다. 이 외에도 몰라몰라(선피시), 만타레이, 이글레이, 대형 참치 등이 오직 운이 좋은 다이버들에게만 모습을 보여 주는 대형 어종들이다.

2014년 미국의 스쿠바 다이빙 잡지가 선정한 태평양/인도양 지역 'Best Big Animal Dive Sites'의 Top 5에는 에콰도르의 갈라파고스를 필두로 미크로네시아의 얍, 코스타리카의 코코스 아일랜드, 몰디브와 함께 필리핀의 모알보알이 선정되었다. 갈라파고스와 코코스 아일랜드는 연중 고래상어, 망치상어, 비단상어, 만타레이, 이글레이 등을 볼 수 있는 유명한 곳이어서 해마다 단골로 대형 어종 사이트로 선정되는 곳이다.

미크로네시아의 얍Yap은 만타레이로 유명한 곳이다. 운이 좋은 다이버라도 한 곳에서 두세 마리 이상의 만타레이를 만나는 경우는 드물다. 그러나 얍에는 무려 100마리 이상의 만타들이 터를 잡고 살고 있어서 한 번의 다이빙으로 수십 마리의 만타를 보는 일이 흔하다. 베스트 사이트에는 선정되지 못했지만, 필리핀의 돈솔 지역(만타 보울) 또한 수많은 대형 만타레이를 흔히 볼 수 있는 곳이다.

필리핀의 모알보알은 대형 어종 사이트로는 2014년에 처음 선정된 곳이다. 최근 들어 자주 나타나는 고래상어와 환도상어 때문일 것으로 추측된다.

2014년 스쿠바 다이빙 잡지가 선정한 Top 5 Big Animal Sites는 다음과 같다.

에콰도르 갈라파고스 제도Galapagos Islands

미크로네시아 얍Yap

코스타리카 코코스 아일랜드Cocos Island

필리핀 모알보알 Moalboal

몰디브Maldives

▲ (사진 4-6) 갈라파고스의 다윈에서 필자와 조우한 엄청난 크기의 고래상어. 옆에 있는 다이버의 몸 길이와 비교해 보면 이 고래상어의 크기를 짐작할 수 있다.

4-3
보홀Bohol

보홀 지역 개요

세부 섬의 동쪽으로 세부 해협Cebu Strait를 끼고 마주 서 있는 큰 섬이 보홀 섬이다. 신기한 모습의 수많은 구릉들로 이루어진 초콜릿 힐Chocolate Hills과 귀여운 모습의 자고 희기한 안경원숭이Tarsier로 유명한 보홀 섬 주변에는 뛰어난 다이빙 사이트들도 많이 자리 잡고 있다.

200페소짜리 필리핀 신권에 초콜릿 힐과 안경원숭이가 그려져 있다. 보홀 다이빙은 대부분 보홀 본 섬에 있는 타그빌라란 지역에 거점을 두고 하루 일정으로 진행하는 경우가 많지만, 일부 다이버들은 팡글라오 섬이나 발리카삭 섬에 있는 리조트에 묵는 것을 선호하기도 한다. 팡글라오 섬은 보홀 본 섬과 다리로 연결이 되어 있어서 자동차로 들어갈 수 있다. 보홀 지역의 대표적인 다이브 사이트는 발리카삭 섬이지만 이 외에도 북쪽의 카빌라오 섬 또한 매우 아름다운 다이브 포인트이다. 보홀에서 민다나오 섬에 있는 카미긴Camiguin 지역까지 왕래하는 쾌속선이 운항되고 있어서 많은 다이버들이 보홀에서의 다이빙을 즐긴 후 민다나오 지역으로 이동하기도 한다.

보홀 지역 다이브 리조트

보홀 지역에도 한국인 다이브 리조트들이 여러 군데 있으므로 한인 다이버들이 언어와 식사에 불편을 느끼지 않고 다이

▲ (사진 4-7) 보홀의 명물인 '초콜릿 힐'.
인근의 전망대에 올라가면 기이한 모습의 수많은 구릉들을 한눈에 조망할 수 있다.

빙을 즐길 수 있다. 보홀 지역의 주요 한국인 다이브 리조트들은 다음과 같다.

보홀 지역 다이브 센터/다이브 리조트 (표4-3)

리조트	위치	객실 수	숙박 비	다이빙 비용	참고사항
보홀 블루워터 다이빙 www.bluewaterdive.com	타그빌라란 트로피칼 리조트 내	50+	$55+	$30/1회	한인 업체 Budget
오션홀릭 다이버스 www.oceanholic.com	팡글라오		$40+	$30/1회	현지 업체 Budget

　　　　보홀의 중심지인 타그빌라란은 생각보다는 큰 도시이다. 시내에는 대형 쇼핑몰은 물론 은행, 마사지 샵, 레스토랑, 바, 환전소 등 모든 편의 시설이 있다. 시내에서는 트라이시클을 이용해 이동하며 어지간한 거리의 요금은 10페소 정도이다.

▲ (사진 4-8) 로복 강 크루즈 도중의 현지인 공연.
이 지역 전통 악기인 우쿨렐레를 연주하며 관광객들을
위해 노래한다.

보홀 지역은 다이빙 외에도 구경할 만한 곳들이 많이 있다. 대표적인 관광 명소로는 초콜릿 힐, 안경원숭이 보호 공원, 로복 강 크루즈 등이 있는데, 묵고 있는 리조트를 통해 예약할 수 있으며 리조트로 찾아와 픽업을 해 주고 관광이 끝나면 다시 리조트까지 데려다 준다. 로복 강 크루즈는 저녁 무렵 출발해서 선상에서 뷔페식 저녁 식사를 하면서 강의 상류까지 올라갔다가 내려오는 코스이다. 중간에 반디불이가 밀집해 있는 곳을 지나기도 하고 현지 마을에서 전통 의상을 입은 할머니들과 꼬마들로 구성된 팀이 음악과 춤 공연을 펼치기도 한다. 블루 워터 다이브 센터가 자리 잡고 있는 트로픽스 리조트 안에는 꽤 규모가 큰 나이트클럽도 있어서 금요일이나 토요일 밤에는 현지인 젊은이들로 붐빈다.

찾아가는 법

가까운 공항은 **타그빌라란 공항**Tagbilaran Airport, TAG이며 마닐라에서 필리핀항공과 세부퍼시픽 등이 매일 운항하고 소요 시간은 한 시간 남짓이다. 세부 항구에서 배를 타고 타그빌라란으로 들어오는 방법도 있는데, 오션젯, 위삼, 수퍼캣 등의 대형 쾌속선들이 한 시간 이내의 항해로 두 도시를 연결하며 요금은 대략 편도 기준 850페소 정도이다. 단, 한국에서 바로 세부 공항으로 들어가는 경우 직항편들의 세부 도착 시간이 자정에서 새벽 2시경이므로 인근 호텔이나 마사지 샵에서 잠시 휴식을 취한 후 아침에 세부 항구로 이동하여 배를 타고 들어가야 한다.

▲ (사진 4-9) 보홀로 들어가는 관문인 타그빌라란 공항.
마닐라에서 매일 여러 편의 항공편이 운항되며 시내와도
가까운 곳에 있다.

타그빌라란 공항이나 타그빌라란 항구에서 리조트까지의 이동은 대개 리조트에서 제공하는 차량을 이용한다. 타그빌라란 지역인 경우 10분 이내, 팡글라오 지역인 경우라도 30분 정도면 리조트에 도착할 수 있다. 발리카삭 섬의 리조트인 경우에는 방카를 한 번 더 타야 하는데, 리조트에서 제공하는 픽업 서비스를 이용하는 것이 좋다.

보홀 지역 다이브 포인트

▲ (지도 4-4) 보홀 다이브 사이트

보홀 지역의 주요 다이빙 거점은 본 섬과 다리로 연결되어 있는 팡글라오 섬이다. 보홀을 대표하는 가장 유명한 사이트는 역시 발리카삭 섬Balicasag Island인데 팡글라오 섬의 남쪽에 있다. 반대로 북쪽 방향에는 해머헤드 상어 떼로 유명한 카빌라오 섬이 있다.

··· 카빌라오 섬Cabilao Island

발라카삭 섬의 정반대 쪽인 타그빌라란 기점 북서쪽에 위치한 섬이다. 전체적으로 깊은 직벽으로 이루어져 있으며 벽에는 아름답고 희귀한 산호들이 군락을 이루고 있다. 주변에는 바라쿠다, 참치, 화이트팁 상어, 그레이 리프 상어 등 대형 어종들이 자주 발견된다. 그러나 카빌라오 섬이 유명한 진짜 이유는 12월부터 4월까지의 시즌에 이 지역에 몰려드는 해머헤드 상어Hammerheads (귀상어 또는 망치상어)들 때문이다. 이 시기에는 전 세계에서 수많은 다이버들이 카빌라오 섬으로 몰려들어 바닷속이 혼잡을 이룰 정도가 된다. 이 지역은 해상공원으로 지정되어 있어서 별도의 입장료를 받는다.

보홀이 종종 세계 10대 사이트 등에 이름을 올린 것을 보고 의아해하는 다이버들도 있지만, 필자는 발리카삭 섬보다는 오히려 카빌라오 섬 때문이 아닐까 짐작해 본다. 그러나 이 지역은 매우 강한 조류 탓에 어려운 다이빙 장소로 손꼽히는 곳이기도 하다. 초보 다이버들에게는 적합하지 않은 곳이며 비교적 많은 경험이 있는 다이버들이라도 가이드와의 간격을 최대한 가깝게 유지하는 것이 좋다. 수심은 30m 정도이다. 해머헤드는 생각보다도 더 조심성이 많아서 조금이라도 위험이 느껴지면 깊

은 곳으로 도망가곤 하므로 너무 가깝게 접근하지는 않도록 한다. 이곳
에서의 다이빙은 강한 조류를 타고 드리프팅으로 진행되는 경우가 많은
데 해저 지형과 조류의 패턴에 밝은 가이드의 안내가 필수적이다.

섬의 남쪽 끝 수심이 낮은 곳의 산호초 지역은 최근 몇 차례의 대형 태
풍으로 많이 손상되어 별로 볼 것이 없지만, 조금 더 북쪽으로 조류를
타고 흘러가다 보면 아름다운 각종 희귀 산호류를 볼 수 있다. 이 지역
은 다른 사이트들로부터 비교적 먼 거리에 있고 다이빙도 어려운 곳이어
서 타그빌라란 지역의 리조트들은 다이버들을 이곳까지 안내하는 것을
꺼리는 경향이 있다. 만일 시즌 중에 해머헤드 상어를 보기 위해 이곳을
찾는다면 카빌라오 섬에 위치한 현지 전문 업체를 이용하는 것도 방법
이 될 수 있다. 해머헤드 상어 시즌에는 예약하기가 어려우므로 서두르
도록 하자. 카빌라오 섬의 현지 전문 업체는 다음과 같은 곳들이 있다.

··La Estrella Beach Resort : www.laestrella.ph
··Polaris Beach and Dive Resort : www.polaris-dive.com

··· 탕간 월Tangan Wall
팡글라오 섬 서쪽으로 타그빌라란과 발리카삭 섬의 중간쯤에 위치한
곳이다. 발리카삭 섬으로 가기 전 또는 다녀온 후 중간에 자주 들르
는 포인트이기도 하다. 지형은 직벽이며 입수 수심은 14m 정도이고
최대 40m까지 떨어지는 딥 다이빙 또는 월 다이빙 사이트이다. 벽에
는 다양한 산호류와 갑각류가 서식하며 블루 쪽으로 바라쿠다 떼들
이 자주 지나가곤 한다.

··· 나팔링 Napaling

팡글라오 섬의 북쪽에
위치한 포인트이다. 섬
의 해안선에 비교적 가
깝게 접근해 있는 리
프 지역은 수심이 8m
정도로 얕아서 스노클
링도 가능하지만, 조금
더 나가면 상당히 가파

▲ (사진 4-10) 보홀 '나팔링'의 아름다운 리프

른 벽이 시작되고 30m 깊이까지 떨어진다. 벽 주변에는 다양한 산호
들과 어류들이 서식하지만, 벽 자체의 웅장함과 중간중간의 오버행
Overhang들이 주된 관전 포인트이다. 전반적으로 수심은 아주 깊지 않
지만, 조류가 강한 지역이어서 다이빙은 대개 조류를 따라 흐르는 드
리프트 다이빙으로 이루어진다. 다이빙 방카는 다이버들의 거품을
보고 따라간다. 비치에서도 입수가 가능하지만, 강한 이안류로 인해
다이빙이 끝난 후 다시 비치로 돌아오기가 어려울 수 있다.

··· 발리카삭 섬 Balicasag Island

팡글라오 섬의 남서쪽 끝 지점으로부터 약 6㎞ 정도 떨어진 곳에 위치
한 곳이며, 섬 안에도 다이브 리조트가 있다. 타그빌라란으로부터는 방
카로 한 시간 가까이 걸리는 곳이다. 발리카삭 섬은 그 아름다운 모습
과 다양한 해양 생물들로 인해 보홀 지역은 물론 비사야 지역을 대표하
는 다이브 포인트 중 하나로 손꼽히는 곳이다. 유명한 곳이니만큼 해마

▲ (사진 4-11) 보홀 '발리카삭' 섬의 잭피시 떼

다 수많은 다이버들이 이곳을 찾는다. 그럼에도 불구하고 해양 생태계 보전 노력 덕에 환경 파괴는 그다지 많지 않은 편이다. 발리카삭 섬 주위에는 초보 다이버들도 비교적 쉽게 다이빙 할 수 있는 곳부터 강한 조류 때문에 경험 많은 다이버들에게 적합한 곳까지 여러 곳의 다이브 포인트들이 있다.

- 블랙 포레스트Black Forest : 발리카삭 섬의 동쪽 지역으로 최대 수심은 40m이다. 희귀한 흑색 산호 군락이 펼쳐져 블랙 포레스트라는 이름이 붙었지만, 이 흑산호들은 30m 정도까지 깊이 들어가야만 볼 수 있다. 조류가 없을 때에는 그다지 어렵지 않은 사이트이지만, 조류가 일기 시작하면 상황이 어려워지며 대개 드리프트 다이빙으로 전환되는 경우가 많다. 바라쿠다와 잭피시 떼들, 그리고 거북이들을 흔히 볼 수 있는 곳이다.

- 다이버스 헤븐Diver's Heaven : 발리카삭 섬의 북쪽 끝 부분에 위치하고 있으며 입수 후 조류의 방향에 따라 섬의 서쪽을 향해 왼쪽으로 진행할 것인지 또는 섬의 동쪽인 오른쪽으로 진행할 것인지를 결정하는 경우가 많다. 왼쪽 방향으로 진행하면 캐세드랄 쪽으로 가게 되고, 오른쪽으로 진행하면 블랙 포레스트 쪽으로 가게 된다.

다양한 종류의 물고기 떼들이 이 주변에 서식하며 특히 잭피시 떼
들이 흔히 발견되는 곳이다.

4-4
두마게테|Dumaguete

두마게테 지역 개요

　　두마게테는 네그로스 섬 남동쪽에 위치하고 있으며 좁은 바다를 사이에 두고 세부 섬의 남쪽 끝 부분을 마주 보고 있다. 세부 섬 쪽의 릴로안Lilo-An과 네그로스 섬 쪽의 시불란Sibulan 간에는 다양한 보트들이 수시로 왕복하고 있으며 해협을 건너는 데에는 30분이 채 걸리지 않는다. 오리엔탈 네그로스 지역의 중심 도시인 두마게테는 고색 창연한 성당 건물들이 많은, 필리핀에서도 손꼽히는 유서 깊은 도시이자 남부 필리핀 최대의 교육 도시로 유명하다. 지방 도시로는 드물게 두마게테에는 일곱 개의 대학교가 있다.

두마게테 지역 다이브 리조트

　　두마게테 시내 주변에도 몇 개의 다이브 리조트와 다이브 사이트들이 있지만, 아포 섬을 비롯한 대부분의 포인트들은 두마게테 시내에서 남쪽으로 40분 가량 떨어져 있는 작은 타운인 다윈Dauin 주변에 밀집해 있으므로 다이브 리조트를 결정할 때에는 가급적 다윈 지역에서 선택하는 것이 좋다. 다윈 지역의 긴 해안 도로를 따라 이동하다 보면 많은 다이브 리조트들을 발견할 수 있다. 이들 리조트들은 대부분 규모가 크고 독립된 하우스 비치와 하우스 리프들을 가지고 있으며, 한국인 리조트도 몇 군데 있다. 다윈 지역의 주요 다이브 리조트들은 다음과 같다.

▲ (사진 4-12) 두마게티 다윈 지역의 한 다이브 리조트.
코코넛을 따 달라고 보채는 다이버를 위해 다이브 마스터가 코코넛을 따고 있다.

두마게테 지역 다이브 센터/다이브 리조트 (표4-4)

리조트	위치	객실 수	숙박비	다이빙 비용	참고사항
El Dorado Beach Resort (agoda) eldoradobeachresort.com	다윈	45	$50+	$37/1회	한인 강사 Budget
Mike's Dauin Beach Resort (agoda) mikes-beachresort.com	다윈	8	$70+	$100/ 2회 (아포)	현지 업체 Medium
Pura Vida Dive Resort (agoda) www.pura-vida.ph	다윈	28	$60+		현지 업체 Medium

두마게테 지역 참고 사항

두마게테는 꽤 큰 도시이다. 시내에는 백화점과 쇼핑몰
을 비롯해 규모가 큰 시장이 있으며 해변 쪽으로는 해산물 요리를 파는 식당들이 줄줄이 늘어서 있다. 방파제 너머에 늘어서 있는 시푸드 레스토랑에서 바다를 바라보며 라이브 밴드가 연주하는 음악과 함께 산미구엘 맥주나 와인 한 잔을 곁들여 맛있는 해물 요리를 즐기는 것은 분명 두마게테에서 누릴 수 있는 낭만이다.

그러나 대부분의 다이버들은 두마게테 시내가 아닌 다윈Dauin 지역에서 머물게 되는데, 다윈에서 두마게테 시내까지 다녀오는 것은 생각보다 쉽지 않다. 특히 어두운 밤에는 리조트를 다시 찾아오기가 녹록지 않다. 그래서 다이버들은 대부분의 시간을 다윈의 리조트 안에서 보내기 마련이다. 그럼에도 불구하고 체재 기간 중 적어도 하루 정도는 두마게테 시내를 둘러볼 것을 추천한다.

찾아가는 법

필리핀항공과 세부퍼시픽이 마닐라와 두마게테 공항 Dumaguete Airport, DGT 간을 각각 하루 두 차례 정도 운항하고 있으며, 소요 시간은 대략 한 시간 정도이다. 또 세부퍼시픽은 세부 공항과 두마게테 공항을 35분 만에 연결하는 직항편을 하루 한 편 운항한다. 두마게테 공항에서 다윈Dauin 지역까지는 자동차로 한 시간 정도가 소요된다. 세부 섬의 남쪽 끝인 릴로안에서 방카를 타면 30분 만에 두마게테 인근 시불란에 도착하는데, 시불란에서 트라이시클로 두마게테 시내까지 들어갈 수 있다. 릴로안과 시불란 간에는 자동차를 싣고 운항하는 Ro-RoRoll-In, Roll-Out 카페리도 자주 운항되므로 세부 섬에서 자동차를 이용하여 직접 두마게테나 다윈까지 가는 것도 가능하다.

다윈 지역에 있는 대부분의 다이브 리조트들은 두마게테 공항으로부터 리조트까지의 픽업 서비스를 무료 또는 실비로 제공해 주므로 이 서비스를 이용하는 것이 편리하다. 대부분의 리조트들이 두마게테에서 다윈 쪽으로 가는 큰길National Road에서 다시 좁은 골목을 따라 해변 쪽으로 들어간 곳에 있는데, 큰길가에는 조그만 간판 하나만 달려 있는 경우가 많아 자칫 표지판을 놓치기 쉬우며, 특히 해가 진 후에는 처음 가는 리조트를 찾기가 쉽지 않을 수 있기 때문이다.

두마게테 지역 다이브 포인트

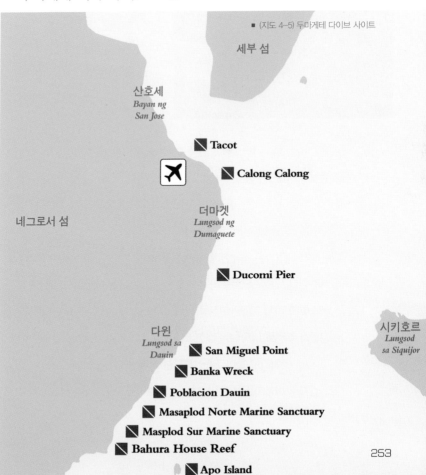

■ (지도 4-5) 두마게테 다이브 사이트

세부 섬

산호세
Bayan ng San Jose

◤ **Tacot**

✈

◤ **Calong Calong**

더마겟
Lungsod ng Dumaguete

네그로서 섬

◤ **Ducomi Pier**

시키호르
Lungsod sa Siquijor

다윈
Lungsod sa Dauin

◤ **San Miguel Point**

◤ **Banka Wreck**

◤ **Poblacion Dauin**

◤ **Masaplod Norte Marine Sanctuary**

◤ **Masplod Sur Marine Sanctuary**

◤ **Bahura House Reef**

◤ **Apo Island**

253

두마게테의 다이빙 지역은 크게 두마게테 시 인근 수역, 다윈 지역, 아포 섬으로 나눌 수 있다. 타콧 등 일부 포인트를 제외하면 아포 섬을 포함한 대부분의 포인트들이 다윈 지역에 집중해 있으며 따라서 많은 다이브 리조트들이 이 다윈 지역에 자리 잡고 있다.

··· 타콧Tacot

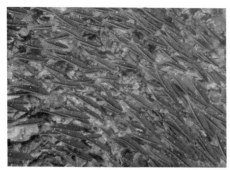

▲ (사진 4-13) 두마게테 '타콧'의 엄청난 물고기 떼

두마게테를 여러 차례 찾은 경험이 있는 다이버들 중에서도 타콧에서 다이빙을 해 보지 못한 사람들이 많다. 이 사이트는 다윈 지역에서 꽤 먼 거리에 있을 뿐 아니라 두마게테 지역에서도 가장 어려운 코스로 꼽히는 곳이어서 현지 가이드들도 안내를 기피할 정도이다. 수면에는 별다른 레퍼런스가 없는 수중 산 지형이어서 수면 위에 띄워진 계류 부이를 이용하여야 한다. 시야는 좋지만 항상 매우 강한 조류가 있는 곳이다. 보트에서 블루 워터로 바로 입수하자마자 부이 라인을 잡고 내려가든 핀 킥을 해서 내려가든 최대한 빠른 속도로 수중 산의 꼭대기 부분까지 내려가야 한다. 강한 조류는 마치 강풍이 불 때 깃발이 휘날리는 상황을 연상케 하며 미처 이퀄라이징을 하기조차 쉽지가 않다. 그 대신 아름다운 경관과 수시로 나타나는 대형 어류들을 볼 기회가 많다는 보상을 받을 수 있는 곳이기도 하다. 일단 하강한 후에는 수심은 최대 23m로 그다지 깊지 않아서 여유 있게 주변을 둘러보아도 공기 잔량은 대개 여유

가 있다. 그러나 만의 하나 감압(데코)에 걸리게 되면 문제가 발생한다. 강한 조류로 인해 오랜 시간 일정한 위치에서 일정한 수심을 유지하기가 매우 어렵기 때문이다.

··· 칼롱칼롱Calong Calong

두마게테 인근 수역이며 다이빙이 시작되는 수심은 약 12m이고 최대 수심 36m까지 내려가지만, 대부분 18m 내외의 수심을 유지하며 다이빙이 진행된다. 전체적으로 변화무쌍한 수중 지형을 선보이는 곳이며 자연스럽게 지형을 따라 움직이며 다이빙을 하는 곳이지만, 올라갔다 내려갔다를 반복하는 구간도 있어서 프로파일 관리에는 신경을 써야 한다. 벽면에는 각종 산호, 랍스터 등 다양한 해양 생물들이 서식하며 블루 쪽으로는 이글레이가 종종 나타나는 곳이다.

··· 두코미 피어Ducomi Pier

두마게티 시와 다윈 타운의 중간에 위치한 바콩Bacong 타운에 있는 포인트이다. 마치 미크로네시아의 트루크Truk에서의 다이빙을 연상할 정도로 멋진 곳이며 수없이 많은 삼각형 돛 모양의 바위가 늘어서 있는 모습이 장관을 이룬다. 모든 바위들은 아름다운 산호로 뒤덮여 있다. 바닥은 모래인데 해초들이 서식하고 있어서 다양한 마크로 생물들을 발견할 수 있다. 이 장소는 사실 Coco Oil Mill이라는 회사의 전용 부두로 유조선과 같은 큰 배가 정박해 있을 때에는 다이빙을 할 수 없으며, 그렇지 않은 경우라도 사전 허가가 필요한 곳이다. 다이빙은 반드시 정해진 시간에 들어가서 정해진 시간에 나와야 한다. 다른 리조트의 다이빙 팀이 바로 다음 시간에 들어가기 위해 보트에서 대기하고 있을 가능성이 높기 때문이다.

··· 산미구엘 포인트San Miguel Point

▲ (사진 4-14) 두마게테 '산미구엘 포인트'의 해마

다윈에서 조금 북쪽으로 올라간 곳에 있는 포인트인데 입수 수심은 5m이고 최대 수심은 25m이며 조류도 거의 없는 쉬운 곳이다. 바닥과 주변은 온통 모래로만 이루어져 있다. 모래 바닥에는 각종 산호 종류, 프로그피시, 스콜피온피시, 고스트파이프피시, 문어, 오징어, 갯민숭달팽이, 스패니시댄서, 해마 등 온갖 마크로 생물들이 널려 있는 곳이다. 이 지역은 어로 행위가 금지된 보호 구역Sanctuary이며 수면에 흰색의 부이로 표시가 되어 있다.

··· 방카 렉/카 렉Banka Wreck & Car Wreck

방카와 자동차가 각각 침몰되어 있는 두 개의 포인트로 이루어져 있는데 위치는 산미구엘 포인트 바로 남쪽이다. 바닥은 모래 지형인데 전체적으로 경사면을 이루며 서서히 깊어진다. 수심 20m에서 24m 정도 깊이에 대형 방카가 앉아 있다. 방카는 조금씩 균열이 나면서 갈라지고 있는 중이지만, 선체 주변에는 많은 해양 생물이 살고 있다. 방카 주변에는 인공 어초로 삼기 위해 투하된 폐타이어들이 많이 있으며 이 주위도 역시 많은 물고기들이 서식한다. 이런 타이어들은 두마게테 주변 바다에서 흔히 볼 수 있는데, 이 지역 대학들이 수중 환경 보호와 해양 생태계 연구를 목적으로 대규모로 조성한 것이다. 이 방카를 조금 지나 27m 깊이까지 내려가면 두 대의 자동차가 바다 바닥에 놓여 있는 것을 발견할 수 있다.

··· 포블라시온 다윈Poblacion Dauin

흰색 부이로 표시된 또 다른 해양 보호 구역이지만 규모는 작은 편이다. 주로 보트를 이용해서 다이빙을 하지만, 다윈 지역의 해변에 가까운 곳이어서 비치 다이빙으로 들어가기도 한다. 수심도 깊지 않고 조류도 약해서 비교적 쉬운 다이브 포인트이다. 입수하면 5m 정도 수심에 모래 바닥이 나타나는데 곧 이어서 온통 경산호들이 밀집한 지형이 나타나며 20m 정도 깊이까지 이어진다. 모래 지형을 따라 계속 진행하다 보면 인공 어초로 사용하는 폐타이어 무리들을 만나게 된다. 전반적인 산호 지형과 함께 주변의 다양한 생물들이 볼거리를 제공하는 곳이다.

··· 마사플로드Masaplod Norte/Sur Marine Sanctuary

마사플로드 해양 보호 구역은 크게 북쪽Norte과 남쪽Sur의 두 지역으로 구분된다. 이들 두 지역은 서로 떨어져 있으며 지형의 모습도 꽤 다르기 때문에 각각을 별도의 포인트로 간주하고 있다. 그러나 두 지역에 서식하는 해양 생물의 종류는 거의 비슷하다고 한다. 수심은 양쪽 모두 5m에서 25m 정도이며 조류도 거의 없는 편안한 다이브 포인트들이다. 바닥은 모래 지형이고 매우 다양한 마크로 생물들이 사는 포인트들이다.

▲ (사진 4-15) 독특한 무늬의 만다린피시. 주로 얕은 수심의 바위 틈에서 초저녁이나 이른 새벽에 발견된다. 사진의 만다린피시는 팔라우 샘스투어 하우스 리프에서 촬영한 것이다.

바후라 리조트의 하우스 리프이며 파나볼론 리프Panabolon Reef라고도 불린다. 바후라 리조트에 묵고 있는 다이버들은 비치 다이빙으로 들어가지만, 다른 리조트에서 온 다이버들은 보트로 다이빙을 한다. 이 지역 또한 해양 보호 구역으로 지정되어 있어서 야간 다이빙은 할 수 없다. 비치 가까운 쪽은 모래 지형이지만 얼마 가지 않아 산호들로 덮여 있는 슬로프가 이어진다. 최대 수심은 25m이다. 이곳에서 남쪽으로 계속 가면 해양 보호 구역의 끝 부분에 도달하는데, 이곳을 만다린 포인트Mandarin Point라고 부른다. 이름 그대로 만다린피시가 많이 서식하는 곳이다. 바후라 리프 쪽에서는 야간 다이빙을 할 수 없기 때문에 보통 해가 지기 직전인 오후 다섯 시나 다섯 시 반경 다이빙을 시작해서 일몰 시각 무렵에 보호 구역이 끝나는 만다린 포인트로 이동하면 짝짓기를 시작하는 만다린피시들을 관찰할 수 있다.

··· 아포 섬Apo Island

보홀을 대표하는 곳이 발리카사삭 섬이고, 모알보알을 대표하는 곳이 페스카도르 섬이라면, 두마게테를 대표하는 곳은 아포 섬이다. 사실 많은 다이버들이 아포 섬에서 다이빙을 하기 위해 두마게테를 찾는다. 두마게테의 아포 섬은 서부 민도로 지역에 있는 아포 리프Apo Reef와는 다른 곳이지만, 이곳 또한 필리핀에서도 손꼽히는 최고의 다이브 사이트 중 하나이며 섬 전체가 1982년부터 해양 보호 구역으로 지정되어 잘 관리되고 있다. 이곳에 들어가기 위해서는 입장료를 내야 하며, 카메라를 가져갈 경우에는 별도의 요금을 추가로 지불해야 한다. 아포 섬과 다윈 사이의 좁은 해협은 돌고래와 고래들의 이동 경로로 알려져 있다. 고래 이동 시즌이 되면 많은 다이브 센터들이 고래 구경 투어를 운영하기도 하는데, 이곳에서 다섯 종류의 고래와 여섯 종류의 돌고래를 관찰할 수 있다고 한다.

▲ (지도 4-6) 두마게테 아포 섬 다이브 사이트

▲ (사진 4-16)
두마게테 '아포 섬'의 산호초 군락지

아포 섬은 두마게테 시와 다윈 타운 자체적으로 해양 보호 구역으로 지정해서 관리해 온 경우이며 현재 필리핀 전국적으로도 매우 성공적인 사례로 알려지고 있다. 여기에는 이 지역 대학들의 체계적인 협조와 연구가 크게 기여하고 있다고 한다. 섬 주위에는 보트가 계류할 수 있는 부이가 설치된 10여 개의 다이브 포인트가 있으며 섬 안에도 다이브 리조트 두 곳이 영업을 하고 있다. 그다지 크다고 할 수 없는 이 섬의 바다에는 무려 650종의 어류와 400종의 산호들이 서식한다.

Tip

땅 위에 산과 언덕이 있는 것처럼 바다 속에도 다양한 지형Topography이 존재한다. 다이버에 따라서는 해양 생물보다도 해저의 지형에 더 중점을 두고 포인트를 선택하는 경우도 많다. 지상의 지형과 마찬가지로 해저 지형도 여러 종류로 구분하지만, 여기에서는 우리가 다이빙 도중에 많이 사용하는 몇 가지만 알아보기로 한다.

먼저, 수면 바로 아래 얕은 수심에 넓고 평탄하게 펼쳐져 있는 지역을 '초礁' 또는 '리프Reef'라고 부른다. 리프의 종류에는 산호들로 이루어진 산호초Coral Reef와 바위로 이루어진 암초Rocky Reef 등이 있지만, 대부분의 암초들도 원래는 산호초였다가 오랜 세월에 걸쳐 죽은 산호들이 쌓여서 암초로 바뀐 것들이 많다. 리프가 거대한 둥근 원형의 호수 모양으로 형성된 곳을 특별히 '환초環礁, Atoll'라고 한다. 투바타하 리프와 아포 리프가 대표적인 환초 지역들이다. 또 해안선과 거리를 두고 평행하고 길게 늘어선 모양의 리프는 먼바다에서 밀려 오는 파도를 막아 주는 방파제 역할을 한다고 해서 '보초堡礁, Barrier Reef'라고 한다. 호주 케언스 인근의 대보초大堡礁, Great Barrier Reef가 여기에 해당한다. 리프는 항해하는 선박에게는 좌초坐礁의 원인이 되는 공포의 대상이지만, 다이버들에게는 아름다운 경치와 편안한 입·출수 장소를 제공해 주는 안식처와 같은 존재이다.

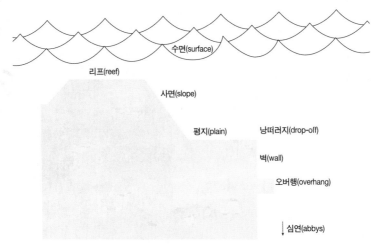

▲ (그림 4-1) 수중지형 1 : 리프, 슬로프, 월, 드롭오프

비교적 완만한 경사를 이루면서 서서히 깊어지는 지형을 '사면斜面' 또는 '슬로프Slope'라고 한다. 반면, 거의 90도에 가까운 각도로 수직 방향으로 급격한 경사를 이루는 지형을 '벽壁', '직벽直壁' 또는 '월Wall'이라고 부르며, 벽면에서 수평 방향으로 옆으로 돌출된 부분은 '오버행Overhang'이라고 부른다. 반면, 비교적 평탄하고 광활한 수중의 바닥 지형을 '평지平地' 또는 '플레인Plain'이라고 한다. 바닥이 보이지 않을 정도의 깊은 바다 밑을 '심연深淵, Abyss'이라고 하는데 지형이 갑자기 깊은 바다로 급격하게 떨어지는 부분은 낭떠러지라는 뜻의 '드롭오프Drop-Off'라고 부른다.

바다 속에도 높고 낮은 각종 돌기와 융기들이 있다. 지상의 산山과 같은 모습으로 끝이 뾰족한 큰 암석 지대를 '해저산海底山, Underwater Mount'이라고 하며, 규모가 작고 언덕처럼 완만한 낮은 산 모양을 '구릉됴陵, Hill'이라고 한다. 바닥에서 위로 돌출해 있지만 정상 부분이 넓고 평평한 지형을 '고원高原, Plateau'이라고 하는 반면 좁고 뾰족한 모습으로 돌출되어 있는 바위를 '바위기둥' 또는 '피너클Pinnacle'이라고 부른다. 한편 좁고 깊은 모습으로 밑으로 함몰되어 있는 부분을 '협곡峽谷' 또는 '캐니언Canyon'이라고 한다.

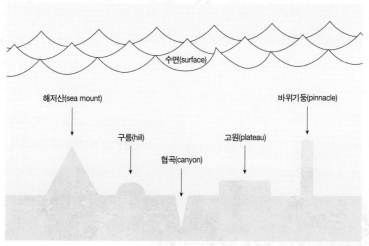

▲ (그림 4-2) 수중지형 2 : 해저산, 구릉, 협곡, 고원, 바위기둥

4-5
말라파스쿠아 Malapascua

말라파스쿠아 개요

말라파스쿠아 섬은 세부 섬의 북쪽 끝에 위치한 작은 섬이다. 섬의 전체 인구는 3,000명 정도 되는데 주민들은 대부분 섬의 뒤쪽 마을에 살며, 해변 쪽 일대는 관광객과 다이버들을 위한 다이브 리조트와 식당들이 차지하고 있다. 말라파스쿠아에서는 세계적으로 희귀한 상어인 **환도상어**Thresher Shark를 볼 수 있는 곳으로 유명하며, 이 때문에 세계 전역에서 수많은 다이버들이 이 작은 섬을 찾아온다. 섬 안에는 작은 구멍가게 몇 개 외에는 별다른 시설이 없으며 자동차도 없다. 환전소가 한 군데 있기는 하지만, 은행이나 ATM도 없으므로 섬에 들어가기 전에 필요한 페소 현금을 충분히 확보해 두는 것이 좋다. 이곳도 2013년 초특급 태풍 하이엔의 직격탄을 맞아 섬 전체가 거의 폐허로 변할 정도로 피해가 컸지만, 다행히 현재는 거의 대부분 복구되어 정상적인 다이빙이 가능하다고 한다.

말라파스쿠아에서의 다이빙 비용은 필리핀의 다른 곳에 비해 약간 비싸다. 고급 리조트일 경우 자가 장비 사용을 기준으로 1회 다이빙에 1,500페소(약 37불) 정도이다. 말라파스쿠아에서는 30m 내외의 깊은 수심에서 오랜 시간 동안 환도상어나 만타레이를 기다리는 형태의 다이빙이 많아서 많은 다이버들이 일반 압축 공기보다는 나이트록스를 사용한다. 처음에는 아무 생각 없이 공기탱크를 매고 들어갔다가 환도상어를 아직 보지도 못했는데 무감압 한계 시간이 되어 할 수 없이 수면으로 올라가야 할 때, 초록색 나이트록스 탱크를 매고 같이 들어간 다이버들은 아직도 저 밑에서 여유 있게 앉아 있는 모습을 보면 바로 나이트록스로 전환하게 마련이다. 나이트록스 비용은 탱크당 350페소 정도이다.

말라파스쿠아 다이브 리조트

　　　　　말라파스쿠아는 다이빙으로 먹고사는 작은 섬이다. 말라파스쿠아의 해변 쪽으로 작은 모래로 된 좁은 오솔길이 섬 해안선을 따라 나 있고 이 길을 따라 20개 이상의 다이브 리조트들이 밀집해 있다. 배낭족을 위한 염가 시설부터 럭셔리한 풀서비스 리조트까지 선택의 폭은 넓은 편이다. 리조트에서의 숙박비는 리조트 및 객실의 등급에 따라 차이가 크지만, 기본적인 Standard Room을 기준으로 대략 1박에 40불에서 70불 정도로 잡으면 된다. 한국인 리조트는 아직 없지만, 추천할 만한 다이브 리조트는 다음과 같다.

말라파스쿠아 지역 다이브 센터/다이브 리조트 (표4-5)

리조트	위치	객실 수	숙박 비	다이빙 비용	참고 사항
Exotic Dive Resort (agoda) malapascua.net	말라파스쿠아	30	$65+	$37/1회	현지 업체 Medium
Ocean Vida Resort ocean-vida.com	말라파스쿠아	20	$60+	$43/1회	현지 업체 Medium
Blue Water Malapascua (agoda) malapascuabeachresort.com	말라파스쿠아	20	$40+	$30/1회	현지 업체 Budget

찾아가는 법

말라파스쿠아에서 가장 가까운 공항은 세부 국제공항
Cebu International Airport, CEB이다. 먼저 세부 공항이나 세부 시내에서 택시
나 버스를 타고 세부 섬 북쪽 끝에 있는 마야Maya까지 가야 한다. 택
시로는 두 시간 반 정도 소요되며 요금은 흥정하기에 따라 달라서
3,000페소에서 5,000페소 정도까지 부른다. 세부 북부버스터미널에서
Cares 버스를 타고 마야까지 갈 수도 있는데, 요금은 180페소 정도이
고 거의 30분 간격으로 출발한다. 버스는 에어컨이 있는 버스와 없는
버스로 구분되는데 버스 앞에 큰 글씨로 에어컨 버스인지 아닌지를
표시하고 있어 쉽게 식별할 수 있다. 에어컨이 없는 버스는 거의 직
행으로 운행되어 네 시간 정도면 마야에 도착할 수 있다. 에어컨 버
스는 중간에 계속 정차하며 사람을 태우고 내리므로 다섯 시간 정도
잡아야 한다.

마야에서 말라파스쿠아까지는 방카를 타고 30분 정도 건너가야 한
다. 방카는 지프니처럼 여러 사람이 같이 타고 가는 퍼블릭 보트도
있고, 전세를 내어 타고 가는 프라이비트 보트도 있다. 퍼블릭 보트
는 인당 80페소 정도로 싸기는 하지만, 사람이 다 차기 전에는 출발
하지 않는다. 기다리기 싫으면 빈자리만큼의 요금을 추가로 내면 바
로 떠난다. 전세 보트는 요금을 흥정해야 하는데 통상 1,000페소에
서 1,500페소 정도면 빌릴 수 있지만 보트 드라이버들은 항상 다이버
나 관광객들에게 조금이라도 더 받으려고 하기 때문에 바가지를 쓰지
않도록 조심해야 한다. 어떤 경우든 1,500페소 이상을 지불하지 않도

록 하자. 마야와 말라파스쿠아 간을 오가는 방카는 타고 내리는 사다리가 유난히 좁기 때문에 직접 가방을 들고 타고 내리는 것이 거의 불가능하여 포터 서비스를 받아야만 한다. 가방을 방카에 실어 주거나 내려 주는 데 가방 1개당 20페소에서 30페소 정도씩 받는다. 간혹 썰물 때에는 물이 빠져서 선착장에서 바로 방카를 타거나 내릴 수 없는 경우도 있는데 이럴 때에는 작은 전마선을 이용해 보트에 오르거나 내려야 하며 이 역시 약간의 추가 요금을 지불해야만 한다.

이렇게 단계 단계마다 실랑이를 벌이기 싫다면 처음부터 예약한 다이브 리조트에 픽업 서비스를 부탁하는 것이 좋다. 공항이나 세부 시내에서 프라이비트 차량으로 마야까지 수송하고 이곳에서 다시 프라이비트 보트로 다이브 리조트 앞까지 데려다 주는데, 편도 기준으로 두 명 정도가 이용할 수 있는 소형 승용차는 4,500페소, 다섯 명까지 이용할 수 있는 밴은 6,000페소 정도이다.

■ (사진 4-17) 말라파스쿠아 모나드 숄에서 입수를 준비 중인 다이버

267

말라파스쿠아 지역 다이브 포인트

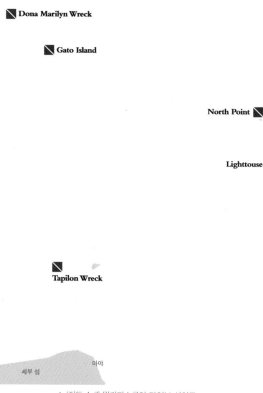

▲ (지도 4-7) 말라파스쿠아 다이브 사이트

　　말라파스쿠아 섬의 다이빙 지역은 크게 세 군데로 나뉜다. 첫째, 말라파스쿠아 섬 주변인데 이곳에도 **라이트하우스**나 **노스 포인트** 등 좋은 포인트들이 많다. 특히 훌륭한 야간 다이브 포인트들이 널려 있다. 자체적인 프라이비트 렉을 가지고 있는 '엑조틱 다이브 리조트'의 하우스 리프는 특히 유명하다. 둘째, 말라파스쿠아 섬

의 동쪽 지역으로 그 유명한 **모나드 숄**Monad Shoal과 **칼랑가만**Calanggaman
이 있다. 말라파스쿠아 섬 서쪽으로는 조금 멀기는 하지만 대단히 아
름다운 **가토 섬**Gato Island과 **도나 마릴린**Dona Marilyn Wreck 렉이 자리 잡고
있다.

··· **모나드 숄**Monad Shoal

말라파스쿠아 섬에서 동쪽
으로 방카로 약 30분 정도
걸리는 거리에 있는 커다란
수중 산맥Shoal이다. 말라파
스쿠아에 묵는 다이버라면
이른 아침에 졸린 눈을 비비
면서 아직 어둠이 걷히지 않
은 가운데 이 모나드 숄로
가는 다이빙 보트에 몸을 싣

▲ (사진 4-18) 말라파스쿠아 '모나드 숄'에 나타난
두 마리의 환도상어. 모나드 숄은 수심이 깊어 빛이 거
의 없고 시야도 좋지 않으며 플래시를 사용할 수 없어
사진이 선명하지는 않으나 긴 꼬리를 가진 환도상어를
식별할 수 있다.

게 마련이다. 환도상어Thresher Shark를 만나러 가야 하기 때문이다. 모나드
숄은 카리스마가 넘치는 희귀한 환도상어를 정기적으로 관찰할 수 있는,
지구상에서 유일한 장소이다. 물론 다이빙 때마다 환도상어를 만난다는
보장은 없지만, 대략 70% 정도의 확률이 있으므로 정기적으로 볼 수 있
다는 표현이 틀린 것은 아닐 것이다.

포인트의 수심은 25m에서 30m 정도인데 이 수심부터 절벽Drop-Off이
200m 깊이의 심연까지 떨어진다. 이곳이 환도상어가 찾아오는 **클리닝**

▲ (사진 4-19) '모나드 숄' 클리닝스테이션 경계에서 환도상어를 기다리는 다이버들. 다이버들은 이 경계선에 설치된 수중 로프를 넘어갈 수 없다.

스테이션이다. 환도상어는 동이 트기 시작할 무렵 이곳을 찾아 클리닝 서비스를 받고 먼바다로 돌아간다. 학자들에 따르면 환도상어들은 먼바다에서 이곳을 찾아와 도착한 순서대로 줄을 서서 질서 있게 차례를 지켜 클리닝스테이션으로 들어가 클리닝 피시들이 제공하는 클리닝 서비스를 받고 돌아간다고 한다. 다이브 포인트에는 계류 부이가 설치되어 있고 이 부이에 연결된 로프를 따라 내려가면 클리닝스테이션 입구의 리프로 연결된다. 이곳에는 다이버들을 위한 전망대(?)가 마련되어 있고 클리닝스테이션 영역을 침범하지 못하도록 수중에 로프가 설치되어 있다. 다이버들은 이 로프의 뒤쪽에서 무릎을 꿇고 경건하게 앉아서 환도상어가 시야에 나타나기를 기다린다.

상당히 깊은 수심에서 장시간 기다리는 스타일의 다이빙이기 때문에 많은 다이버들이 나이트록스를 사용한다. 일반 압축 공기를 사용할 경우 나이트록스 다이버보다 먼저 무감압 한계 시간에 도달하기 때문에 환도상어를 보지 못했더라도 출수해야 하기 때문이다. 환도상어들은 저만치 멀리서 다이버들을 지켜보며 한참을 선회하다가 유유히 시야에서 사라진다. 간혹 여러 마리의 환도상어가 동시에 나타나는 경우도 있다. 환도상어가 클리닝스테이션을 벗어나 다이버들이 있는 리프 쪽으로 넘어오는 경우는 흔치 않지만, 필자는 다이빙을 마치고 출수를 위해 부이 로프로 이동하는 도중에 불과 2m 앞까지 접근한 환도상어와 조우한 경험이 있다. 팔을 뻗으면 닿을 것 같은 가까운 거리에서 마주친 환도상어는 경이로움과 함께 공포심도 일으키는 존재였다.

모나드 숄에는 환도상어 외에도 대형 **만타레이**도 자주 나타난다. 만타레이 역시 클리닝 서비스를 위해 이곳에 들른다. 간혹 **모블라레이**나 **몰라몰라**도 출현한다고 한다. 만타레이는 환도상어와 클리닝스테이션에서 직접 마주치는 것을 피해서 주로 오후 시간에 이곳에 나타나지만, 필자는 오전 일곱 시경에 환도상어와 만타레이를 같은 장소에서 불과 2분 정도의 간격으로 목격한 적이 있다. 모나드 숄에서 환도상어나 만타레이를 촬영하는 것은 전문 장비를 갖춘 프로 사진 작가들에게도 쉬운 일이 아니다. 시야가 그리 밝지 않은 깊은 수심인데다가 이곳에서는 플래시 사용이 금지되어 있기 때문이다. 최대한 ISO 감도를 올려 놓아야 어느 정도 윤곽이 잡힌 사진을 얻을 수 있다.

··· 가토 섬Gato Island

말라파스쿠아를 찾는 다이버들의 1차적 목표는 당연히 모나드 숄의 환도상어이다. 그러나 말라파스쿠아에는 모나드 숄 외에도 뛰어난 다이브 사이트들이 많이 있다. 그중 대표적인 곳이 바로 가토 섬이다. 가토 섬은 말라파스쿠아 섬에서 서북쪽에 위치해 있는데 방카로 한 시간 이상을 가야만 도착할 수 있는 꽤 먼 거리의 포인트이다. 보통 이곳에서는 2회 이상의 다이빙을 하게 된다. 웅장한 수중 지형에 총천연색의 산호 군락들, 다양하고 풍성한 각종 어류들이 있는 매우 아름다운 곳이다.

▲ (사진 4-20) 말라파스쿠아 '가토 섬'의 바다뱀. 가토 섬 지역은 바다뱀 보호 구역으로 지정되어 있다. 바다뱀은 강한 독을 가지고 있기는 하지만, 입이 작아서 다이버들을 물지는 못한다.

가토 섬 지역은 특이하게도 **바다뱀**Sea Snake 보호 구역으로 지정되어 있다. 그만큼 많은 바다뱀을 만날 수 있는 곳이기도 하다. 조류와 날씨에 따라 여러 가지의 얼굴을 보이는 곳이어서 필자는 이 곳에서만 여섯 차례 정도 다이빙을 했지만, 매번 새로운 모습을 만났던 경이로운 사이트이기도 하다. 첫 다이빙은 대개 입수를 하자마자 바로 시작되는 동굴을 통과하는 방식으로 진행된다. 이 동굴은 섬 중앙을 통해 반대편까지 연결되는데 전체 길이는 30m 정도이다. 동굴의 벽과 천정에는 각종 산호와 갑각류가 많이 서식한다. 동굴 자체도 아름답지만 동굴을 빠져나오자마자 시작되는 현란한 산호 군락들은 다이버들의 혼을 빼놓기에 충분하다. 날씨가 좋아서 밝은 햇빛이 바닷속까지 쏟아져 들어오는 날이면 그 모습은 더욱 현란해진다.

거대한 바위의 밑바닥에 또 다른 작은 동굴이 있는데, 그 속에는 화이트 팁 상어들이 집단으로 서식한다. 이곳은 화이트팁 아기 상어들을 단체로 키우는 유치원 같은 장소로 알려져 있는데, 수십 마리의 아기 상어들 주변을 엄마 상어들이 순회하면서 지키는 모습을 볼 수 있다. 아빠 상어들은 교대로 굴 밖으로 나와서 섬 전체를 돌아가며 순찰한다. 둘째 다이빙은 장엄하게 펼쳐지는 수중 바위산 지역을 도는 코스로 진행되는 것이 일반적인 패턴이다. 입수 수심은 5m 정도이고 최대 수심은 25m이다.

말라파스쿠아 섬 동남쪽으로 방카로 약 한 시간 정도 걸리는 곳에 위치한 아름다운 섬이다. 거리도 멀고 수면 상태도 거친 편이어서 날씨가 좋은 날에만 갈 수 있다. 대개 점심 식사를 준비해서 두 번 이상의 다이빙을 하고 돌아오는 일정으로 진행된다. 섬 자체도 백사장을 따라 야자수가 늘어서 있는 아름다운 모습이지만, 이곳의 수중 경치 또한 그 못지않게 아름다운 곳이다. 외해에 가까운 곳이어서 환도상어, 대양 화이트팁 상어, 고래상어와 같은 대양 어류들이 자주 나타난다. 다이빙을 마치고 보트 주변에 출수하면 주변에서 돌고래들이 뛰노는 모습도 흔히 볼 수 있다. 입수 수심은 3m에서 시작하지만 최대 40m까지 떨어진다. 바닥은 모래 지형과 리프가 혼합되어 있다.

Tip

환도상어Thresher Shark

환도상어 보통 수심 500m 내외의 깊은 대양에서 서식하는 대형 상어
이므로 연안 지역에서 발견되는 경우는 그리 흔치 않다. 이런 점만으
로도 수시로 환도상어를 볼 수 있는 말라파스쿠아의 모나드 숄은 세
계의 수많은 다이버들이 기를 쓰고 찾아 올 만한 곳일 수밖에 없다.
환도상어는 최대 3.3m까지 자라며 긴 꼬리지느러미가 몸의 절반을
차지할 정도로 독특한 모습을 하고 있다. 환도상어는 어미의 몸속에
서 부화하여 새끼로 길러진 상태에서 태어나는데 어미 상어의 몸속
에서 아직 부화되지 않은 다른 형제 상어의 알을 먹으며 자라는 것으
로 알려졌으며, 한 번에 두 마리에서 네 마리 정도의 새끼를 낳는다.
커다란 꼬리는 먹이 활동을 할 때에 물을 후려쳐서 먹이들이 혼란을
일으키도록 하는 데 주로 사용되며, 작은 참치나 고등어 종류를 좋
아한다.

환도상어는 무리를 지어 살지 않으며 항상 단독으로 생활한다. 학자
들에 따르면 비교적 환도상어들이 많이 모여 서식하는 곳에서는 각
각 자신이 주로 활동하는 수심을 정해서 서로 침범하지 않는다고 한
다. 잘 알려진 것처럼 모나드 숄에는 환도상어를 위한 클리닝스테이
션이 있다. 가끔 이 지역에서 두세 마리의 환도상어가 동시에 나타나
는 것을 볼 수 있는데 이 경우도 이들이 공동 활동을 하는 것은 아니

며 각자 별도의 스케줄에 따라 클리닝을 하고 이 작업이 끝나면 각자 돌아간다고 한다.

환도상어는 성격이 난폭하지 않아 다이버를 공격하는 경우는 거의 없지만, 방해를 받는 것을 싫어하므로 다이빙 도중 조우하더라도 너무 가까이 접근하는 것은 금기로 되어 있다.

말라파스쿠아 만타레이 Manta Ray

우리말로 쥐가오리라고도 불리는 만타레이는 대양을 회유하는 이동성 종과, 일정한 곳에서 자리를 잡고 사는 **텃새성** 종이 있다. 생물학적으로는 만타레이는 거대한 이글레이 종류라고 한다. 다른 지역에서 흔히 발견되는 만타레이들은 대부분 한곳에 터를 잡고 사는 텃새형 만타인데, 모나드 숄에 나타나는 만타는 이들과는 다른 유목민형 만타레이라고 하며, 이 종류가 텃새형에 비해 더 큰 몸집을 가지고 있다고 한다.

만타 Manta란 말은 스페인어로 담요라는 뜻인데 우리가 흔히 '망토'라고 부르는 몸에 걸치는 담요와 비슷한 옷과도 같은 뜻인 것 같다. 긴 꼬리를 세우고 도도하게 다이버들을 내려다보며 커다랗게 선회하는 환도상어의 모습이 물속의 왕이라는 느낌이라면, 거대한 양 날개를 천천히 흔들면서 수중을 우아하게 유영하는 만타레이의 모습은 영락없는 물속의 여왕이라는 이미지를 떠올리게 한다.

만타레이는 주로 따뜻한 열대 바다 또는 아열대 바다에서 서식하는 데 고래상어와 비슷하게 커다란 입으로 바닷물을 빨아들인 후 그 속에 포함된 플랑크톤 종류를 걸러서 먹는다. 따라서 아주 맑은 물보다는 플랑크톤이 많이 포함된 다소 탁한 수중에서 조우할 가능성이 높다. 만타레이는 단독 생활을 하기도 하고 몇 마리씩 그룹을 지어 다니기도 한다.

▲ (사진 4-21) 만타레이

4-6
보라카이^{Boracay}

보라카이 지역 개요

　　보라카이는 파나이^{Panay} 섬 북쪽 끝에 있는 또 다른 섬
이다. 아름다운 해변과 필리핀에서는 보기 드문 백사장이 있는 보라
카이는 두말할 나위 없는 필리핀의 대표적인 관광 휴양지로, 세계 전
역에서 많은 관광객들이 몰려드는 곳이며 필리핀 사람들도 꼭 한 번

▲ (사진 4–22) 필리핀에서는 드문 흰 모래가 펼쳐진 보라카이 해변.
해변에서 100여 미터 거리까지 들어가도 모래 바닥의 얕은 수심이 계속된다

은 가 보고 싶어하는 명소이기도 하다. 워낙 많은 관광객들이 몰리는 지역이라 다이버들에게는 일종의 기피 지역처럼 알려지기도 하지만, 실제로는 꽤 좋은 다이브 포인트들이 있는 곳이어서 한 번쯤은 가 볼 만한 가치가 있는 곳이다. 특히 야팍Yapak과 같은 사이트는 깊은 수심과 웅장한 해저 절경으로 더블 탱크와 혼합 기체를 사용하는 텍 다이버들도 즐겨 찾는 세계적 수준의 포인트이기도 하다. 보라카이 섬 안에는 관광객들이 필요로 하는 거의 모든 시설들이 있어서 불편함이 없고, 한국 식당도 몇 군데 있다.

보라카이 지역 다이브 리조트

유명한 관광지인 만큼 보라카이에서의 다이빙 비용은 필리핀의 다른 곳에 비하면 다소 비싼 편이다. 자가 장비를 가지고 다이빙을 하는 경우 1회 다이빙에 1,200페소에서 1,300페소 정도를 받으며, 렌탈 장비를 사용할 경우 1회 다이빙에 1,600페소 정도 소요된다. 숙박은 예산에 따라 여러 가지 옵션 중에서 선택할 수 있지만, 무난한 방을 기준으로 1박에 60불에서 100불 정도를 평균 가격으로 보면 될 것 같다.

섬 중앙 부분에 해당하는 스테이션 2Station 2를 중심으로 30여 개 이상의 다이브 리조트들과 다이브 센터들이 들어서 있다. 다이버들은 숙박 시설까지 갖춘 다이브 리조트에 묵으면서 다이빙을 하거나, 일반 리조트에 묵으면서 별도의 다이브 센터를 찾아 다이빙을 하는 방법 중 하나를 택하면 된다. 보라카이 지역에서 추천할 만한 다이브 센터들은 다음과 같다.

보라카이 지역 다이브 센터/다이브 리조트 (표4-6)

리조트	위치	객실 수	숙박비	다이빙 비용	참고 사항
Sea World Dive Center & Resort www.seaworldboracay.com	Station 2	없음		$32	한인 강사
Victory Divers (agoda) www.victorydivers.com	Station 2	18	$70+	$31	현지 업체 Medium
Watercolor Dive Resort (agoda) www.watercolors.ph	Station 2	12	$75+	$42/dive	현지 업체 Medium
Calypso Diving Resort (agoda) calypso-boracay.com	White Beach	50+	$140+	$30/dive	현지 업체 Luxury

▲ (사진 4-23) 스테이션 2 비치에 위치한 한 다이브 리조트 Water Colors

찾아가는 법

보라카이 섬 안에는 공항이 없지만 인근 파나이 섬에 카티클란 공항Caticlan Malay Airport, MPH과 칼리보 국제공항Kalibo International Airport, KLO이 있어서 마닐라와 세부를 포함하여 필리핀의 주요 도시들과 보라카이를 연결한다. 카티클란 공항은 보라카이행 보트를 타는 항구까지 트라이시클로 5분이면 도착할 정도로 가까운 곳에 있기는 하지만, 매우 작은 비행장이고 활주로도 짧아서 SeaAir나 Asian Sprit 항공의 경비행기만 취항한다. 칼리보 공항은 서울에서 필리핀항공과 제스트항공(에어아시아)이 직항편도 운행하고 있어서 한국인 관광객들이 주로 이용하는 공항으로 한국 식당까지 들어서 있다. 칼리보 공항에서 보라카이까지 이동하는 데에는 약 두 시간 정도가 소요된다.

칼리보 공항에 내리면 카티클란 항구까지 가는 버스를 타야 한다. 버스는 Southwest Tour, Star Express, 7107 Island Tour의 세 개 회사가 운행하는데 이 중 어느 것을 타도 상관없다. 버스에 타기 전에 먼저 표를 사야 하는데 요금에는 공항에서 카티클란까지의 버스 요금과 카티클란에서 보라카이까지의 보트 요금이 모두 포함되어 있다. 이 티켓은 현지에서 구입해도 되지만 인터넷을 통해 미리 예약해 두는 것도 좋은 방법이다. 인터넷 예약과 지불은 **MyBoracay.com**을 통해서 할 수 있다. MyBoracay를 통해 미리 예약한 경우에는 칼리보 공항 청사에서 대기하고 있는 직원에게 가면 이후 모든 것을 안내해 준다. 칼리보 공항에서 보라카이행 보트를 타는 카티클란까지는 68km정도의 거리이며 버스로 약 한 시간 반 정도가 소요된다.

카티클란 항에서 보라카이까지의 보트는 약 30분 정도 걸리고, 보통 보라카이의 스테이션 2에 내려준다. 이곳에는 선착장 시설이 없어서 보트에서 내릴 때에는 바로 물로 내려 백사장으로 걸어 올라가야 하는데 이때 무릎 정도까지 물이 올라올 수 있으므로 반바지에 슬리퍼를 착용하는 편이 좋다. 스테이션 2의 선착장에는 트라이시클이나 멀티캡들이 기다리고 있으니 이것을 타고 자신의 숙소까지 이동하면 된다.

보라카이 지역 다이브 포인트

보라카이의 다이빙 지역은 크게 네 군데로 나뉜다. 첫째, 보라카이 섬의 주 해변인 스테이션 2 인근의 가까운 포인트들이다. 여기에는 푼타봉가나 프라이데이 락, 엔젤스 포인트, 카미아 렉, 버진 드롭오프 등 여러 포인트가 있고, 리조트 해변에서 가깝고 조류도 거의 없어서 교육 사이트 또는 체험 다이브 포인트로 많이 이용된다.

보라카이 섬 북쪽에는 이 지역을 대표하는 야팍Yapak 포인트가 있는데 외해 쪽이라 항상 조류가 강한 대표적인 어드밴스드 다이버들의 선호 포인트이다. 보라카이 섬과 파나이 섬 사이의 좁은 카티클란 해협 쪽에도 몇 개의 포인트들이 있는데 해협 탓에 조류는 어느 정도 있지만, 대체로 수심이 낮고 리프가 아름다워 많은 다이버들로부터 사랑받는 곳이다.

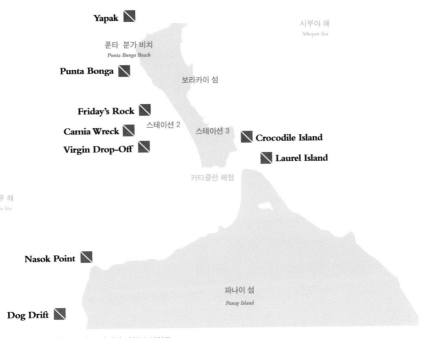

Yapak

푼타 분가 비치
Punta Bunga Beach

시부야 해
Sibuyan Sea

Punta Bonga

보라카이 섬

Friday's Rock
스테이션 2
Camia Wreck
스테이션 3
Virgin Drop-Off
Crocodile Island
Laurel Island

카티클란 해협

술루 해
Sulu Sea

Nasok Point

파나이 섬
Panay Island

Dog Drift

■ (지도 4-8) 보라카이 다이브 사이트

··· 프라이데이 락Friday's Rock

물속에 잠겨 있는 거대한 수중
바위 지형이다. 7m 수심에 넓은
산호 정원이 펼쳐져 있고 이어서
경사면이 18m 수심까지 완만하
게 이어진다. 포인트의 위치가 보
라카이 해변에서 가까운 데다가
조류도 거의 없고 수심도 깊지

▲ (사진 4-24) 보라카이 '프라이데이 록'에서 다
이버에게 몰려드는 물고기 떼. 이곳은 보라카이
비치에서 가까운 곳이며 물고기 먹이 주기도
가능하다.

않아 보라카이 지역의 다이브 샵들이 각종 교육 장소로 즐겨 이용하는 곳이기도 하다. 이곳은 물고기 먹이 주기Fish Feeding가 허용되는 곳이기도 하다.

··· 카미아 렉|Camia Wreck

스테이션 2 앞 바다에 인공 어초 목적으로 2001년에 조성한 30m 길이의 폐화물선 렉이다. 수심은 꽤 깊어서 상단 부분이 24m이고 바닥 부분은 30m이다. 다이빙 자체는 그다지 어렵지 않지만 현지 다이브 센터들은

▲ (사진 4-25) 보라카이 '카미아 렉'의 터줏대감인 대형 Red Bass

수심 때문에 어드밴스드다이버 이상만 데리고 들어가는 곳이다. 렉 안에는 대형 어류들이 많이 서식한다.

··· 버진 드롭오프|Virgin Drop-Off

역시 스테이션 2에서 그리 멀지 않은 위치에 있는 아름다운 직벽 다이브 포인트이다. 월은 24m부터 시작하여 35m 수심까지 떨어진다. 비치에서 가까우면서 수심이 깊어서 딥 다이빙 트레이닝 코스로 애용되는 곳이기도 하다. 부채 산호를 비롯한 다양한 종류의 산호가 서식하며 밀물과 썰물 때에는 온도가 다른 바닷물들의 색깔이 겹쳐서 보이는 써모클라인Thermoclines 효과를 경험할 수 있다. 수심이 깊고 조류가 간간이 있는 곳이어서 어드밴스드급 이상의 다이버들에게 추천된다.

··· 크로코다일 섬Crocodile Island

파나이 섬과 보라카이 섬 사이의 좁은 카티클란 해협Caticlan Strait 동쪽 입구 쪽에 위치한 포인트이다. 전체적인 지형이 악어와 비슷한 모습의 바위로 된 수중 섬 모양인데, 이 지역은 특히 줄무늬를 가진 바다뱀들이 많은 곳이기도 하다. 해협을 따라 적당한 강도의 조류가 일기 때문에 다양한 수중 생물을 관찰할 수 있다. 수심은 입수 지점이 5m이고 가장 깊은 곳이 25m 정도이다.

··· 로렐 섬Laurel Island 1 & 2

▲ (사진 4-26) 보라카이 로렐 섬의 산호초 군락

카티클란 해협을 사이로 크로코다일 섬과 마주 보고 있는 곳에 위치한 포인트이다. 불과 3m 수심에 아름다운 산호초들이 널려 있어서 다이버들뿐 아니라 스노클러들에게도 인기가 높다. 산호초 지역 끝부터는 경사면이 이어져서 최대 수심 20m 정도까지 내려간다. 수심은 그다지 깊지 않지만, 조류가 어느 정도 있기는 하다. 대형 어류보다는 아름다운 경관에 주안점을 두게 되는 포인트이다. **로렐 섬 1, 로렐 섬 2**로 불리는 두 곳의 세부 포인트로 나뉘는데, 이 중에서 로렐 섬 1에 있는 약 8m 길이의 수중 동굴이 아름답기로 유명하다.

··· 야팍Yapak

경험 많은 다이버들이 보라카이 지역에서 가장 선호하는 다이브 포인트이다. 이 포인트의 수심은 30m에서 40m로 매우 깊으며 항상 강한 조류가 있는 곳이어서 초보 다이버들에게는 적합하지 않다. 만일 다이브 센터에 다이버 고객들이 많지 않고 그중에 초보 다이버들이 포함되어 있다면 아마도 야팍으로 다이빙을 나가기는 어려울 것이다.

벽을 따라 아름다운 산호와 리프 피시들이 많이 있지만, 다이버들의 관심은 블루 쪽으로 집중된다. 이곳에 화이트팁, 블랙팁 상어와 같은 대양 어종들이 자주 나타나기 때문이다. 이 외에도 만타레이, 고래상어들도 종종 출현하는 곳으로 알려지고 있다. 야팍 인근에 있는 **푼타 봉고**Punta Bongo 1 & 2 또한 야팍과 비슷한 유형의 훌륭한 포인트들이다.

Tip

베스트 비치 다이빙 사이트

대부분의 다이빙은 보트를 타고 포인트까지 이동한 후 이루어진다.
이른바 '보트 다이빙'이다. 그러나 일부 다이브 사이트들은 해변에서
가까운 곳에 자리 잡고 있어서 굳이 보트를 타지 않더라도 바로 장비
를 매고 걸어서 바다 속으로 들어간 후 약간의 수영으로 포인트까지
이동할 수 있다. 이런 형태의 다이빙을 '비치 다이빙Beach Diving' 또는 '쇼
어 다이빙Shore Diving'이라고 한다. 이런 다이빙은 보트를 이용하지 않기
때문에 대개 비용도 저렴하다.

다이브 리조트들은 대부분 해변에 자리 잡고 있어서 리조트 앞 바다
에서 바로 다이빙을 즐길 수 있는 리프를 가지고 있다. 이런 곳을 우
리는 '하우스 리프House Reef'라고 한다. 따로 가이드를 동반하지 않는
한 하우스 리프에서의 비치 다이빙은 별도의 비용 없이 무제한으로
즐길 수 있는 곳도 많다. 그러나 솔로 다이빙 라이선스가 없다면 반
드시 동반 다이버(버디)와 함께 들어가야 한다.

2014년 미국의 'SCUBA Diving Magazine'이 선정한 태평양/인도양
지역의 'Best Shore Diving Sites'들은 다음과 같다.

인도네시아 발리 툴람벤Tulamben

이집트 홍해Red Sea

인도네시아 와카토비Wakatobi

몰디브Maldives

서부 호주 지역Western Australia

베스트 비치 다이빙 사이트로 선정된 인도네시아 발리의 툴람벤은 베스트 렉 다이빙 사이트로도 자주 선정되는 곳이다. 툴람벤은 발리 다운타운에서 자동차로 두 시간 정도 떨어진 다소 먼 곳이지만 찾아 갈 만한 가치가 있는 아름다운 사이트이다. 이곳에는 'USS Liberty Wreck'을 비롯하여 다섯 개 정도의 포인트가 있다. 모든 포인트들은 해변에서 비치 다이빙으로 들어간다. 해변은 모래가 아닌 자갈밭으로 이루어져 있어서 바닥이 단단한 부티를 신어야 하며, 입수와 출수 때 거친 파도가 이는 경우가 많아 가이드의 안내에 따라야 한다.

툴람벤의 대표 사이트는 'USS Liberty Wreck'이다. USS Liberty는 2차 대전 당시 일본 해군의 어뢰에 맞아 침몰 직전에 툴람벤 비치에 좌초된 미군 화물선으로, 좌초한 지 20년 후인 1963년에 인근 지역의 화산 폭발로 인해 다시 물속에 잠기게 된 팔자가 매우 기구한 선박이 었지만, 지금은 세계적인 다이빙 사이트로 유명해졌다.

(사진 4-27) ▶
인도네시아 발리 툴람벤의
'USS Liberty Wreck'

chapter 5
팔라완 및 술루해 지역

      팔라완은 필리핀에서도 가장 서쪽에 해당하는 좁고 긴 섬 지역이다. 섬의 넓이는 50㎢ 정도이지만 길이는 남한 본토의 길이와 비슷한 450㎞에 달하며 거의 45° 각도의 사선 형태로 기울어져 있는 모습이다. 본 섬이라 할 수 있는 팔라완 섬 외에도 많은 섬으로 이루어져 있는데, 필리핀 전체의 7,107개 섬 중 1,768개가 팔라완 지역에 있다고 한다. 팔라완의 북동쪽 끝에 엘니도El Nido가 있으며 여기에서 조금 더 나가면 코론Coron 과 아포 리프Apo Reef가 있다. 팔라완의 북동쪽 끝은 서부 민도로Occidental Mindoro와 인접해 있고, 남서쪽 끝은 말레이시아의 보르네오 섬(사바 지역)과 인접해 있다. 이 남서부쪽 도서 지역은 이슬람을 믿는 주민들이 많으며 필리핀 중앙 정부보다도 이 지역의 종교적 군주에 해당하는 술탄의 영향력이 더 강하다고 한다. 같은 술탄의 영향권에 있는 필리핀 팔라완 쪽 주민들과 말레이시아 사바 지역 주민들은 국가 개념보다 강한 유대감을 가지고 있어서 이로 인해 양국 간의 분쟁이 끊이지 않고 있다.

팔라완 일대는 2차 세계대전 중에 치열한 격전이 벌어진 곳이기도 하며, 전쟁 말기에 일본군이 미군 전쟁 포로 150여 명을 막사에 몰아넣고 산 채로 불을 질러 학살한 역사적 상처가 있는

남 중국
South China

테블라스 섬
Tables Island

Apo Reef ◼

부수앙가 섬
*Busuanga
Island*

Boracay ◼

Coron ◼

El Nido ◼

산호세
San Josè

록사스
*Bayan
ng Roxas*

술루 해
Sulu Sea

토
사
rincesa

섬
n

투바타하리프
국립해상공원 ◼

▲ (지도 5-1) 팔라완 및 술루해 지역 주요 다이브 사이트

곳이기도 하다. 북쪽의 코론 만Coron Bay 지역에서는 미군의 대규모 공습으로 많은 일본 군함이 침몰하여 현재는 세계적인 렉 다이빙 장소로 명성을 얻고 있다. 팔라완 섬과 비사야 사이에는 술루해Sulu Sea가 있으며 그 중간에 투바타하 리프 국립 해상공원이 자리 잡고 있다.

5-1
코론^{Coron}

코론 지역 개요

필리핀 최고의 렉(난파선) 다이빙 사이트로 꼽히는 곳이 코론이다. 코론은 팔라완 섬 북쪽 끝 부분의 부수앙가^{Busuanga} 섬에 자리 잡고 있는데 수많은 작은 섬으로 이루어진 경관이 매우 아름답기 때문에 '필리핀의 하롱베이'라고도 불린다. 사실 바다의 풍경만으로 보자면 코론보다는 엘니도 쪽이 더 아름답기는 하다.

루손 지역의 수비크 만에는 주로 미국 선박들이 침몰해 있는 반면, 코론 지역에는 일본 군함들이 많은데, 2차 대전 당시 코론 만 지역에 일본 해군 선단이 매복하고 있는 것을 알아차린 미군이 1944년 9월 24일을 기해 대규모 항공 모함들을 투입한 기습 공격으로 많이 침몰시켰기 때문이다. 코론 만 일대에 침몰된 일본 군함의 수는 20척이 넘는다. 대형 항공 모함 등은 수심 200m 내외의 깊은 곳에 가라앉아 다이빙이 불가능하지만, 다이빙이 가능한 수심에 침몰된 대형 군함만도 10척 이상이나 있어서 그야말로 렉 다이빙의 천국이라고 해도 과언이 아닐 정도이다. 물론 코론 지역에도 리프 다이빙 사이트들이 전혀 없는 것은 아니지만, 이곳의 주 종목은 역시 렉 다이빙이라고 할 수 있다.

렉 다이빙 외에도 바라쿠다 레이크^{Barracuda Lake}라는 호수에서 다이빙

▲ (사진 5-1) 바다에서 바라본 코론 타운 전경

을 할 수도 있는데, 이곳은 부수앙가 섬에서 멀지 않은 코론 섬Coron Island에 자리 잡고 있다.

일부 예외 포인트는 있지만, 수비크 만과 마찬가지로 코론 역시 만灣 지역으로 형성되어 있어서 파도나 조류는 그리 험하지 않다. 따라서 보트가 정박하기는 좋지만, 물의 움직임이 많지 않은 탓에 전반적으로 시야는 그리 좋지 않은 편이다. 가끔 20m 이상 시야가 나올 때도 있지만, 대개는 10m 이내인 경우가 많고 3m에 불과할 때도 드물지 않다. 1월부터 5월까지가 비교적 시야가 좋은 시기이고 반대로 6월부터 11월까지는 시야가 좋은 경우가 거의 없으며 바다의 상태도 거칠어져서 다이빙 또한 어려워진다. 한국 다이버들 중에는 렉 다이빙이나 텍 다이빙 마니아들이 많지 않은 편임에도 불구하고 코론이 한국 다이버들 사이에서 인기가 높은 점은 이해하기 어려운 측면이 없지 않지만, 아마도 아름다운 주변 경관 때문이 아닐까 추측해 본다.

▲ (사진 5-2) 코론만 '세븐 아일랜드' 일대의 모습.
이 주변에 아름다운 리프 다이빙 사이트들이 있지만,
워낙 시야가 좋지 않아 그 아름다움이 반감된다.

코론 만의 렉들은 대부분 수심 30m 이상의 깊은 곳에 자리 잡고 있다. 일반 압축 공기로는 쉽게 감압(데코)이 걸리기 때문에 이곳에서는 많은 다이버들이 목표 포인트의 수심에 따라 산소 농도 26%부터 36% 사이의 **나이트록스**를 사용한다. 따라서 코론을 찾을 때에는 나이트록스 카드를 반드시 챙겨 가도록 하자. 혹시 아직도 나이트록스 라이선스를 못 받은 다이버라면 이곳에서 교육을 받는 것도 좋은 방법일 수 있다. 일부 렉은 일반 다이버들도 내부에 들어갈 수 있지만, 내부 구조가 복잡한 대형 렉들은 적절한 장비를 갖춘 테크니컬 다이버나 전문 렉 다이버들에 한해 진입이 가능하다.

코론 지역 다이브 리조트

코론 만 일대에는 많은 다이브 리조트와 다이브 센터가 있다. 숙소를 갖춘 다이브 리조트를 이용하는 방법과 묵는 숙소와 다이브 센터를 별도로 정하는 방법 중 택할 수 있다. 비용 면에서는 후자 쪽이 다소 유리한 편이다. 다이빙 비용은 샵의 등급과 위치에 따라 편차가 심한 편인데 자가 장비 사용 시 1회 다이빙에 1,000페소(25불)부터 렌탈 장비를 기본으로 포함하여 1,700페소(42불)를 받는 곳까지 있으며, 보트 요금을 별도로 받는 곳도 있으므로 다이브 센터를 결정할 때에는 미리 정보를 충분히 확인하는 것이 좋다. 평균적인 펀 다이빙 요금은 1회당 1,400페소(35불) 정도로 보면 될 것 같다. 텍 다이빙 요금은 더블 탱크를 기본으로 1회 다이빙에 2,800페소(70불) 정도 한다. 코론을 찾는 다이버들 중 많은 사람이 자가 장비를 가져오지 않고 렌탈 장비를 사용한다.

숙박비는 20불짜리 배낭족 숙소부터 200불짜리 고급 리조트까지 다양하며, 코론 만 일대에 매우 많은 숙소가 있어서 방을 잡는 것은 그다지 어렵지 않을 것이다. 일부 리조트에서는 중형 방카를 개조한 간이 리브어보드로 인근의 아포 리프까지 1박 2일 또는 2박 3일 정도의 다이빙 사파리를 운영한다. 2박 3일짜리 아포 리프 사파리 요금은 숙박, 식사, 주간 및 야간 다이빙(총 10회 내외)을 포함하여 22,500페소(550불 정도) 수준이다. 이 지역은 수비크 만과 마찬가지로 텍 다이버들이 많이 찾는 곳이어서 텍 다이빙 전문 다이브 센터들도 많이 있다.

▲ (사진 5-3) 코론 공용 부두 바로 옆에 자리 잡은 'Sea Dive Resort'. 서비스에 대해 평이 엇갈리는 곳이지만, 워낙 좋은 위치 덕에 항상 북적인다.

가장 규모가 큰 곳은 공용 보트 선착장 인근에 있는 'Sea Divers'인데, 이용해 본 다이버들의 평이 엇갈리는 곳이기는 하다. 확실히 현지 스텝들의 서비스에 문제가 있어 보이기는 하지만, 워낙 편리한 위치에 자리 잡고 있고 규모가 커서 트립도 많다 보니 고객들이 꾸준히 몰리기는 한다. 필자가 이용해 본 적은 없지만 한국인이 운영하는 '산호 다이버Coral Aqua Air Diving'도 있다.

인근의 상갓 섬, 포포토탄 섬, 친도난 섬에는 고급 다이브 리조트들이 있어서 여유 있는 다이빙과 휴식을 원할 경우 이런 종류의 리조트도 고려할 만하다. 코론 만 지역에서 추천할 만한 다이브 센터들은 다음과 같다.

코론 지역 다이브 센터/다이브 리조트 (표5-1)

리조트	위치	객실 수	숙박 비	다이빙 비용	참고 사항
Coron Divers corondivers.com.ph	Coron Town	없음		$50/2회	현지 업체
Dugong Dive Center www.dugongdivecenter.com	Dimakaya island	없음		$35	현지 업체
Sea Dive Resort www.seadiveresort.com	Coron Town		$30+	$40 장비 포함	현지 업체 Budget
Sangat Island Resort (agoda) www.sangat.com.ph	Sangat Island	15	$310 숙박, 식사 + 2회 다이빙		현지 업체 Luxury
Coral Bay Dive Resort (agoda) coralbay.ph	Popototan Island	22	$76+	$40	현지 업체 Medium
Chindonan Island Dive Center www.chindonan-diveresort.com	Chindonan Island	9	$620 4박 + 8회 다이빙		현지 업체 Luxury

코론 지역 참고 사항

코론은 생각처럼 큰 도시는 아니지만 여행자나 다이버들에게 필요한 시설은 모두 갖추고 있다. 은행과 ATM은 물론 수많은 다이브 센터, 기념품 가게, 재래식 시장, 호텔, 식당, 세탁소, 바 등이 자리 잡고 있다. 다이버들이 많이 찾는 바는 Sea Dive Resort에 있는 '**Helldiver Bar**'이다(Helldiver는 1944년 9월 코론 일대에 정박 중인 일본 해군 선단들을 폭격한 주역인 미국 해군의 항공 모함 발진 폭격기 기종이다). 바 내부에는 헬다이버 폭격기의 것으로 추정되는 대형 프로펠러를 비롯하여 코론 바닷속에서 인양한 여러 가지 흥미로운 물건들이 전시되어 있다. '**Hard Rock Disco Bar**'는 DJ가 음악을 틀어주는 제법 규모가 큰 바인데 코론 타운에서 거의 유일하게 아가씨가 접대하는 곳이기도 하다. 그 옆에는 간단한 식사도 할 수 있는 'No Name Bar'가 있다.

시내에는 식당이 많이 있지만, 대부분 규모가 작고 필리핀 현지 음식을 주로 판다. 막상 외국인이 식사를 할 만한 레스토랑은 그리 많지 않다. 식당들은 대부분 보트 선착장에서 반경 200m 안에 밀집되어 있는데, 가장 무난한 레스토랑은 Sea Dive Resort에 있는 'Sea Dive Restaurant'으로 메뉴도 다양하고 가격도 합리적인 편이다. 바다 쪽에서 보면 Sea Dive Resort 왼쪽에 또 하나의 Waterfront 레스토랑인 'La Sirenetta'가 보이는데 해산물 요리 전문점으로, 비교적 합리적인 가격에 맛있는 해물 요리를 즐길 수 있는 레스토랑이다. 추천 메뉴는 싱싱한 라푸라푸(다금바리)를 튀겨서 달콤한 소스Sweet and Sour Sauce를 얹은 요리인데 400g 정도의 중간 크기라면 600페소 남짓에 먹을 수 있다. 길가에서 간판을 찾은 후 옆의 골목으로 끝까지 들어가면 레스토랑이 나타난다. 싼 가격에 현지 음식을 맛보고 싶다면 시장 입구에 있는 'Foodtrip'을 찾는 것이 좋다. 고객은 주로 현지인들이지만 간혹 외국인들이 식사를 하거나 맥주를 마시는 모습도 볼 수 있다. 시

▲ (사진 5-4) '헬다이버 바'에 전시되어 있는 미군 헬다이버 폭격기의 프로펠러. 사진 속의 인물은 RAG II 방카 리브어보드 선주이자 텍 다이빙 강사인 독일인 랄프.

▲ (사진 5-5) 코론 시장 입구에 있는 'FoodTrip' 식당. 현지식 중심의 값싸고 맛있는 음식과 맥주를 판다.

내 중심가에서 조금 떨어진 코론 소방서 부근에 Coron EconoLodge 라는 작은 호텔이 있는데 이 호텔의 1층에 'Galle Real'이라는 아담한 레스토랑이 있다. 이곳은 규모는 작지만 매우 깔끔하며 특히 피자와 파스타가 맛있는 곳이다.

코론 시내에서의 이동은 트라이시클을 타는 것이 가장 편리하다. 시내 대부분은 10페소 정도로 갈 수 있으며 짐이 있으면 20페소 정도 지불하면 된다. 그러나 시내 중심부에서라면 어지간한 곳은 도보로도 이동이 가능하다.

찾아가는 법

코론으로 가려면 마닐라에서 국내선 비행기를 타고 부수앙가 공항Busuanga Airport, USU으로 가야 한다. 마닐라와 부수앙가 간은 필리핀항공, 세부퍼시픽, 스카이 젯Sky Jet이 매일 운항하고 있다. 부수앙가와 세부 간에도 세부퍼시픽 항공편이 있다. 그런데 부수앙가 공항은 활주로 길이가 1,200m밖에 되지 않아 대형 제트 여객기가 이착륙할 수 없으므로 필리핀항공(에어필 익스프레스)은 Q400 기종, 세부퍼시픽은 ATR 기종과 같은 프로펠러로 추진되는 작은 비행기만이 취항한다. 비행시간은 한 시간 정도 걸린다. 필리핀항공의 경우 이코노미클래스의 무료 허용 수하물 중량은 10㎏이다. 코론을 찾는 많은 다이버들이 자가 장비 대신 렌탈 장비를 이용하는 것도 이런 이유 때문이다. 공항은 아주 아담한 전형적인 필리핀의 시골 공항 모습이다. 비행기에 오르기 위해서는 두 차례의 철저한 짐 검사와 몸 수색을 거치는데 모든 가방을 열어 내용물을 일일이 확인한다. 흔히 문제가 되는 물품은 라이터와 배터리이다. 라이터는 어쩔 수 없이 압수되는데 다이브 라이트나 카메라 안에 든 배터리는 충전용Rechargeable이라고 하면 대개 그냥 통과된다. 탑승 직전에 공항 사용료 50페소를 지불해야 한다.

▲ (사진 5-6) 코론의 관문 부수앙가 공항.
KOICA의 지원으로 건설된 이 공항은 활주로 길이가 짧아서 프로펠러로
추진되는 소형 기종만 이착륙이 가능하다.

코론 시내는 공항에서 그다지 멀리 않아서 자동차로 약 45분 정도면 도착할 수 있다. 공항 부근에서 대기하고 있는 밴이나 지프니를 타고 코론으로 들어가는 방법이 가장 일반적이지만(요금 150페소 정도), 대부분의 다이브 센터들이 1,500페소 정도의 추가 요금으로 공항 픽업 서비스를 제공한다. 일부 리조트나 호텔에서는 무료 셔틀 밴을 운행하기도 한다.

한때 수퍼페리 여객선이 마닐라에서 출발하여 코론까지 다닌 적도 있었지만, 최근 대형 화재 사건이 발생한 이후부터 이 노선은 폐쇄되

어 더 이상 운항하지 않는다. 그러나 엘니도와 코론 간에는 여러 편의 보트가 운항되는데 소요 시간은 바다 사정에 따라 다르지만 대략 여덟 시간 정도이며 요금은 2,200페소이다. 엘니도의 일부 다이브 센터에서는 엘니도와 코론 양쪽에서 다이빙을 즐기기를 원하는 다이버들을 위해 두 지역을 연결하는 편도 다이빙 보트를 운영하기도 한다.

코론 지역 다이브 포인트

코론 지역은 필리핀을 대표하는 렉 다이브 사이트이며, 상대적으로 리프 다이브 포인트는 그다지 많지 않다. 세븐 아일랜드 등의 리프 다이브 포인트들이 꽤 아름답기는 하지만, 워낙 시야가 좋지 않아 다이버들의 만족도는 많이 떨어진다. 다만, 인근의 코론 섬에 호수 다이빙을 할 수 있는 바라쿠다 레이크Barracuda Lake가 있어서 이곳을 찾는 다이버들에게 특별한 경험을 선사하고 있다.

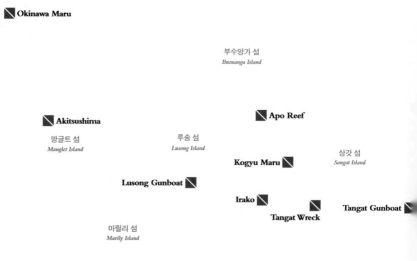

◼ Okinawa Maru

부수앙가 섬
Busuanga Island

◼ Akitsushima
망글트 섬
Manglet Island

루송 섬
Lusong Island

◼ Apo Reef

Kogyu Maru ◼

상갓 섬
Sangat Island

Lusong Gunboat ◼

Irako ◼   ◼
        Tangat Wreck   Tangat Gunboat

마릴리 섬
Marily Island

▲ (지도 5-2) 코론 만 다이브 사이트

렉 사이트들은 코론 만 일대에 퍼져 있는데 아포 섬과 상갓 섬 사이의 얕은 수심에 침몰된 타갓 건보트 정도만 제외하면 대부분 수심도 깊고 조류도 강하며 시야도 거의 없는 전형적인 어드밴스드 렉 포인트들이다. 텍 다이버나 소정의 교육을 이수한 렉 다이버들만이 필요한 장비들을 갖추고 렉 내부까지 들어갈 수 있다는 점을 알아 두자. 다만, 일부 난이도가 낮은 렉의 일정 부분에 한해서는 일반 어드밴스드 다이버들에게도 진입이 허용되는 경우가 있다.

··· 올림피아 마루Olympia Maru

길이 128m의 대형 화물선이며, 수심은 30m이다. 좌현Port 쪽으로 약 10도 정도 살짝 기울어진 상태로 침몰해 있다. 주 갑판의 수심은 21m이고 가장 깊은 프로펠러 부분은 32m이다. 커다란 화물창이 거의 오픈되어

▲ (사진 5-7) '올림피아 마루'의 외부 모습. 이 지점을 통해 선창으로 들어가 볼 수도 있다.

있어서 본격적인 렉 다이빙에 앞서 몸풀기 사이트로 많이 이용된다. 엔진은 모두 제거된 상태라서 커다란 엔진룸에는 두 개의 작은 보일러만이 남아 있다. 함교艦橋, Bridge 부분은 폭격 당시 직격탄을 맞은 위치라서 거의 형체를 알아보기 힘들 정도로 망가져 있지만, 선수 부분에는 대공포對空砲가 장착되어 있던 포대Turret의 흔적이 아직도 남아 있다.

가끔 조류가 밀려들 때도 있지만, 수중 상태는 대체로 조용한 편이다. 시야는 평균적으로 8m에서 10m 정도이지만 더러 3m 내외로 급격히 떨어지기도 한다. 선체 내부까지 들어가지만 않는다면 오픈 워터 다이버도 다이빙이 가능하며, 어드밴스드 다이버라면 오픈된 선창 안까지 들어갔다가 나올 수 있다. 선체가 길기 때문에 선미 부분에서 선수 부분까지 천천히 이동하는 데에도 적지 않은 시간이 필요하다. 많은 다이버들이 산도 농도 36% 나이트록스를 사용하는 렉이다.

··· 고교 마루Kogyo Maru

▲ (사진 5-8) '고교 마루' 다이빙을 마치고 상승을 위해 안전 정지를 하고 있는 필자. 조류가 강할 때에는 뒤에 보이는 로프를 잡고 안전 정지 및 상승을 해야 한다.

2차 대전 당시 일본 해군의 수송선으로 선체 길이는 135m이며 수심 34m 깊이에 우현 Starboard 쪽으로 기울어져 침몰해 있다. 대부분의 렉 다이버들은 34% 나이트록스를 매고 들어간다. 최소한 어드밴스드급 이상의 다이버들만 이 렉에 접근할 수 있다. 적재된 화물은 주로 건설 자재와 장비들인데 일본 공군을 위한 임시 활주로를 건설하기 위한 철판과 시멘트 등이 주를 이룬다. 선창 속에서는 아직도 미쓰비시 로고가 선명한 엔진을 장착한 불도저를 발견할 수 있다. 또 다른 선창에서는 시멘트 포대들이 쌓여 있는 모습도 볼 수 있다. 대형 엔진룸의 디젤 엔진은 없어졌지만, 커다란 보일러 두 개가 아직도 남아 있다. 이곳의 시야는 3m에서 10m 정도이다.

··· 오키나와 마루Okinawa Maru

코론 만 북쪽으로 꽤 멀리 떨어져 있는 포인트이며, 160m짜리 유조선으로 코론 지역에서는 가장 큰 렉이다. 수심 25m 지점에 바닥을 밑으로 하고 침몰해 있는데 36% 혼합 나이트록스가 추천된다. 미군의 1차 공습 때 폭격을 맞아 치명상을 입고 선체가 화염에 휩싸였지만, 그 이후에도 무려 3주 정도를 바다 위에 떠 있다가 이어진 2차 공격에 다시 피폭되어 선수 부분이 폭발하면서 바다 속으로 가라앉았다고 한다. 이 때문에 렉의 선수 부분은 형체를 알아보기 힘들 정도로 파괴되어 있다. 상대적으로 수심이 얕은 선체 상부 구조물 쪽과 양쪽 좌우현 선체 면에는 여러 종류의 해양 생물이 빽빽하게 자리 잡고 있어서 수중 사진 작가들에게도 인기가 높은 렉이다. 무엇보다도 선미의 프로펠러 축을 따라서 선실과 기름 탱크까지 진입하여 통과하는 코스는 본격적인 렉 다이버들에게는 잊지 못할 경험을 선사한다고 한다. 이곳은 강한 조류가 자주 때리는 매우 까다로운 곳으로 다이빙을 시작하기 전에 조류와 시야 상태를 체크하는 것이 좋으며 상황이 여의치 않으면 다음 기회를 기약하고 과감하게 다이빙을 포기하는 것도 좋은 선택일 수 있다. 특히 경험이 많지 않은 오픈 워터 다이버들에게는 추천할 수 없는 포인트이다.

··· 아키쓰시마JNS Akitsushima

35m 깊이의 모래 바닥에 좌현 쪽을 바닥으로 침몰해 있는 일본 해군의 수상 항공기Seaplane 지원선이며 선체의 길이는 114m이다. 코론 만 일대

의 수많은 렉 중에서도 렉 다이버들에게 가장 인기가 높은 렉이라고 할 수 있다. 렉 다이버들은 다이빙 프로파일 계획에 따라 28%에서 32%까지의 나이트록스를 사용한다. 선미 부분에 어뢰를 맞아 침몰했기 때문에 이 부분에 커다란 구멍이 나 있다. 선미 쪽에는 수상 항공기를 들어 올리기 위한 대형 크레인이 설치되어 있고 크레인 주변에는 25㎜ 기관총들이 아직도 남아 있으며, 127㎜ 함포들의 포대 흔적도 발견할 수 있다. 함교Bridge 부분은 손상이 많은 상태이지만, 거대한 통신탑Radio Tower 은 아직도 건재한 모습이다.

렉 다이버들에게 선체 내부 구조의 탐험은 매우 흥미로운 경험을 선사하는데, 선체 내부는 3층 갑판으로 이루어져 있으며 함포의 이동을 위한 엘리베이터를 볼 수 있다. 2층과 3층 갑판에는 아직도 포탄들이 남아 있다. 거대한 엔진실에는 네 대의 대형 디젤 엔진이 아직도 그 자리에 남아 있다. 아키쓰시마 호가 2차 대전 침몰선 중에서 가장 큰 것은 아닐지 몰라도 가장 멋진 렉이라는 것이 많은 렉다이버들의 중론이다. 강한 조류와 낮은 시야(최대 15m이지만 3m까지 떨어지는 경우도 많다), 깊은 수심 때문에 렉 다이빙 경험이 많은 어드밴스드급 이상의 다이버들에게만 추천되는 포인트이며, 선체 내부까지 들어가려면 렉 스페셜티가 반드시 필요하다.

··· 이라코IJNS Irako

145m 길이의 거대한 군수 보급선이며, 미군의 집중 폭격을 받고 45m 깊이의 바닷속으로 침몰하였다. 렉 다이빙 전문가들 사이에서도 이 렉

은 소위 3-D 사이트로 통한다. 3-D란 "Deep, Dark, Dangerous"라는 의미이다. 한마디로 이 렉은 초보 다이버들을 위한 곳은 아니며, 심지어 경험 많은 렉 다이버들에게까지도 내부 통과가 매우 어

▲ (사진 5-9) '이라코' 렉 탐사를 위한 내부 구조 브리핑 모습. 우측은 RAG II 선주이자 텍 다이빙 강사인 독일인 랄프. 좌측은 스페인 여성 텍 다이버인 시오

려운 렉으로 정평이 나 있는 곳이다. 렉 주변에는 조류도 심해서 상승과 하강 시 계류 로프를 사용해야 한다. 렉의 윗부분만 둘러보는 데에도 최소한 50로그 이상의 경험이 필수적이지만, 이 렉의 진수를 맛보기 위해서는 내부로 진입해야만 한다고 한다. 물론 텍 다이버나 렉 다이버가 아니면 내부로는 들어갈 수 없다. 내부에서는 통신 장비들이 남아 있는 통신실, 좁고 긴 프로펠러 샤프트, 엔진들이 아직도 남아 있는 엔진실, 공작 기계들이 남아 있는 작업실, 주방 등을 차례로 둘러볼 수 있다. 선체 내·외부에는 수많은 어류와 해양 생물들이 서식하며 1년에 한 번꼴로 고래상어가 이 주변까지 찾아온다고 한다. 텍 다이버들은 충분한 감압 시간을 확보하기 위해 더블 탱크와 감압 탱크를 달고 이른 아침에 들어가는 경우가 많은데, 이 시간에는 배 고픈 잭피시들이 작은 물고기들을 사냥하는 모습을 볼 수 있다.

이 렉은 수면에 떠 있을 때와 같은 모습으로 거의 똑바로 침몰해 있는데 바닥의 수심은 45m이고 상부 갑판은 33m 깊이이다. 깊은 수심 때문

에 산호가 많이 살지는 않지만, 흑색 산호, 스펀지 산호와 일부 연산호가 있으며 그 주변으로 대형 어류들이 자주 나타난다. 함교Bridge를 포함한 선체 중간 부분은 집중 폭격으로 파괴되었으나 선미 부분의 거대한 기둥은 아직도 남아 있어서 하강하거나 상승할 때 이 기둥 뒤에 숨어서 강한 조류를 피하는 용도로 요긴하게 사용된다. 기둥의 끝 부분에 계류 로프가 수면의 부이까지 연결되어 있다. 시야는 통상 5m 정도이며 좋을 때에도 10m를 넘지 않는다. 다이빙 목표에 따라 수심의 편차가 크기 때문에 다이빙 플랜에 맞는 나이트록스 블렌딩이 필요하다.

··· 교쿠잔 마루Kyokuzan Maru

부수앙가 섬 북쪽 지역에 침몰한 2차 대전 당시 일본 육군 소속의 화물선인데, 하필 1944년 9월 미군의 대규모 공습이 막 진행 중일 때 다른 두 척의 군함과 함께 이 일대에 도착하여 폭격으로 희생된 비운의 선박이다. 당시의 기록에 따르면 미군의 VB-19 헬다이브 함재 전폭기의 폭탄 중 하나가 교쿠잔 마루의 좌현 쪽에 명중하여 화염에 휩싸였다고 하는데, 실제로 선박의 상태와 화물 적재 상태, 그리고 구명 보트들이 사라진 점 등을 종합해 보면 폭격 자체로 바로 침몰된 것이 아니고 나중에 일본군들에 의해 유기된 것이라는 설이 유력하다.

코론 만에서 꽤 먼 거리인 부수앙가 섬 부근에 위치해 있어서 코론의 다이브 센터들은 이곳까지 잘 나가지 않는다. 최대 수심은 40m이지만 대부분의 선창 속의 깊이는 22m에서 28m 범위이며 코론 만 일대에 비해 시야도 훨씬 좋아서 20m까지 보일 때도 많아 전반적으로 매우 좋은 다이빙 조건을 갖추고 있는 렉이다. 엔진실은 물론 선창에는 당시 수송 중이던 트럭 등 군용 차량이 그대로 보존되어 있다. 침몰 자세는 우현 쪽으로 10° 정도 약간 기울어져 있기는 하지만 전체적으로 거의 똑바로 앉아 있는 형태여서 텍 다이버가 아니더라도 경험 많은 다이버들은 내부에 들어가는 것이 가능하다. 이곳에서 다이빙할 때 사용하는 호흡 기체는 표준 비율의 나이트록스이며 최소한 두 번 정도 다이빙 하는 것이 보통이다.

··· 이스트 탕갓 건보트 East Tangat Gun-Boat

탕갓 섬과 아포 섬 사이의 수심이 얕은 지역에 침몰해 있는 13m 길이의 대잠수함 공격정 Submarine Chaser이다. 원래의 이름은 "타마가제 Tamakaze"였다고 하는데 최소 5m에서 최대 19m 정도의 수

▲ (사진 5-10) '이스트 탕갓' 야간 다이빙에서 발견한 해마. 이 주위의 경산호 밭에서는 만다린피시도 찾을 수 있다.

심에 있어서 초보 다이버들도 무리 없이 다이빙을 즐길 수 있는 렉이며 하루 일정 중 마지막인 세번째 다이브 포인트로도 자주 애용되는 편이다. 여러 모로 주변에 있는 **루송 건보트** Lusong Gunboat 렉과 비슷한 점이 많다. 침몰한 위치가 해안선에 가까운 데다 선체에 별다른 손상도 없는 것으로 미루어 보아 이 보트는 직접 폭격을 맞고 침몰한 것이 아니고 공습이 끝난 후 일본군 승무원들이 의도적으로 선체 바닥의 해수 밸브를

열어 침몰시킨 것이 아닌가 추측되고 있다. 어느 정도 경험이 있는 다이버라면 가이드 없이도 버디 팀끼리 탐사가 가능할 정도로 큰 부담이 없는 렉인 동시에 선체 내·외부에 해양 생물들이 많아서 매우 아름다운 렉 포인트로 인정받는 곳이기도 하다. 리브어보드 트립의 경우 야간 다이브 포인트로도 많이 이용되는 곳이다. 렉 내부 또는 주변의 경산호 밭을 잘 찾아보면 각종 해마와 만다린피시를 발견할 수 있다.

··· 바라쿠다 호수Barracuda Lake

▲ (사진 5-11) 코론 섬의 '바라쿠다 레이크'로 올라가는 사다리 길

코론 섬 북쪽 해안에 접해 있는 호수로, 코론 타운에서 보트로 20분 정도면 도착할 수 있는 곳이다. 이 호수는 여러 가지 면에서 필리핀에서도 매우 독특한 특징을 가진 흥미로운 다이브 포인트라고 할 수 있다. 코론의 트레이드마크인 렉 다이빙보다도 이 바라쿠다 레이크에서 다이빙을 하려고 코론을 찾는 다이버들도 꽤 있다.

이곳에서 다이빙을 하기 위해서는 스쿠바 장비를 짊어지고 석회석 바위 언덕을 사다리 길을 타고 올라가야 하는데, 언덕 구간은 그리 길지 않아서 아주 힘들지는 않다. 여성 다이버 등 체력이 약한 다이버들은 현지 스텝들의 도움을 받을 수도 있다. 호수의 수심은 40m로 깊은 편이고, 깊이에 따라 물의 성분과 수온이 달라지는 써모클라인Thermocline 효과를 경험할 수 있으며, 마치 멕시코 칸쿤 지역에서 세노테 동굴 다이빙Cenote

Diving을 하는 것과 비슷한 경험을 할 수 있다. 입수 후 서서히 계속 하강하다 보면 어떤 포인트에서 갑자기 시야가 제로로 변하는 것을 경험하게 된다. 이 수심 이하로는 더 이상 내려갈 이유는 없지

▲ (사진 5-12) 코론 섬의 바라쿠다 레이크 전경.

만, 이 지역의 바닥은 마치 젤리나 점토와 같이 끈적끈적한 물질로 이루어져 있어서 팔을 깊숙이 집어넣어 볼 수도 있다.

호수 안에는 기괴한 모습의 바위 지형, 가파른 경사면의 벽, 호기심을 자극하는 동굴 등 흥미진진한 것들이 널려 있다. 가장 흥미로운 부분은 수심 13m에서 15m 사이로 유영해 나가는 것인데, 이 부분에서 28℃ 정도의 차가운(?) 물과 37℃ 정도의 뜨거운 물이 층을 이루며 만나는 경험을 하게 된다. 다이버의 선호에 따라 두 개의 층 중에서 좋아하는 쪽의 온도 층을 택할 수 있으며 머리는 차가운 물 쪽에, 몸통은 따뜻한 물 쪽에 두고 유영할 수도 있다. 실제로 이 두 개의 수온 층이 만나는 부분은 육안으로도 명확하게 구분되어 마치 또 다른 수면이 있는 것과 같은 착각을 일으킨다. 많은 다이버들이 이곳에서 다이빙을 할 때에는 웨트 수트를 벗고 수영복과 래시가드 차림으로 들어간다. 호수의 일부는 가느다란 동굴을 통해 바다로 연결되어 있지만, 호수 자체에는 작은 물고기와 새우 외에는 이렇다 할 볼 만한 해양 생물이 많지 않다. 그럼에도 불구하고 바라쿠다 호수는 코론을 찾는 다이버라면 반드시 한 번은 가 보아야 할 명소임에 틀림없다.

Tip

렉 다이버Wreck Diver

수비크 만과 코론 만은 필리핀을 대표하는 본격적인 렉 다이빙 사이트들이다. 물론 어드밴스드급 이상의 다이버라면 누구나 이 지역에서도 다이빙을 즐길 수 있다. 그러나 당신의 어드밴스드 다이버 라이선스를 눈여겨 본 현지 전문 가이드는 절대로 깊은 수심에 있는 난파선의 복잡한 내부까지는 데려가지 않을 것이다. 본격적인 난파선의 내부 탐험은 적절한 훈련을 받은 소위 '렉 다이버Wreck Diver'들만의 특권이기 때문이다.

많은 다이버들이 어드밴스드 라이선스 과정에서 스페셜티Specialty로 렉 다이빙을 배운 적이 있겠지만, 이것만으로 당신이 렉 다이버가 될 수는 없다. 렉 다이버는 전문 교육을 받은 일종의 텍 다이버Technical Diver이기 때문이며 상대적으로 위험도가 매우 높은 어두운 렉 내부를 통과Penetration하려면 그에 알맞은 특수한 기술과 장비가 필요하다.

그러면 어느 자격부터 렉 다이버라고 할 수 있을까? 수비크나 코론의 전문 텍 다이빙 강사들은 TDITechnical Diver Institute **Advanced Wreck** 과정(또는 다른 기관의 동급 과정)을 이수한 다이버들을 렉 다이버라고 정의하고 있다. 이 과정은 어드밴스드 오픈 워터 이상의 자격을 가진 다이버라면 약간의 선수 과목을 교육 과정에 포함하는 조건으로 누구든 이수할 수 있으므로 렉 다이빙을 좋아하는 다이버라면 도전해 볼 만한 교육이다.

렉 다이빙 교육에 관심이 있다면 수비크나 코론을 찾는 것이 좋다. 이곳에는 렉 다이빙이나 텍 다이빙만을 전문으로 하는 다이브 센터들이 다른 지역에 비해 훨씬 많으며, 실제 난파선을 통해 살아 있는 렉 다이빙 교육을 받을 수 있기 때문이다. TDI Advanced Wreck 코스의 요점을 살펴보면 다음과 같다.

최대 허용 수심Maximum Depth

렉 다이버에게 허용되는 최대 수심은 55m이지만, 해당 다이버가 가진 기본 다이버 자격에서 허용하는 최대 수심을 초과할 수 없다. 예를 들어 Hypoxic Trimix 교육을 받은 텍 다이버는 최대 100m까지 들어갈 수 있지만, 일반 어드밴스드 다이버들은 렉 다이버가 되더라도 최대 40m까지만 내려갈 수 있다.

주요 교육 내용

Advanced Wreck 과정에는 6회의 다이빙이 포함되며 전체적인 다이빙 시간은 최소 100분 이상이 되어야 한다. 여섯 번의 다이빙 중 최대 2회까지는 다음에 Advanced Nitrox, Decompression Procedure, Entry Level Trimix와 같은 텍 다이빙 과정을 이수할 경우 인정받을 수 있다. 렉 다이버 과정에서 다이버들은 좁고 어두운 폐쇄된 환경에서 안전하게 다이빙을 할 수 있는 기술과 지식들을 배우게 되는데 여기에는 다음과 같은 것들이 포함된다.

- 혼합 호흡 기체Mixed Breathing Gas의 이론과 측정법, 수중에서의 탱크 교환 방법
- 감압Decompression 방법 및 비상 감압 절차
- 좁은 공간에서의 이동 방법 및 정밀한 부력 조절 방법
- 비상 상황 발생 시의 절차와 백업 장비 사용법
- 가이드라인Guide Line 설치 및 사용법 등

측정

교육 과정이 끝나면 실기와 필기 시험을 통해 필요한 지식과 기술이 갖추어졌는지를 측정한 후 합격하면 자격증이 발급되고 비로소 렉 다이버가 된다. 본격적인 텍 다이버들은 어차피 더 어려운 관문을 통과해야 하지만, 일반 어드밴스드 다이버들이 렉 다이버 교육을 받는 경우 이 측정 과정에서 공통적으로 어렵다고 느끼는 난관은 다음과 같은 것들이다.

- 수중에서 마스크를 벗은 상태로(시계 제로 상태) 수심의 변동이 없이 15m 이상 전진하기
- 의식 불명 상태의 다이버(모의)를 동반하고 안전하게 상승Controlled Ascend하여 수면에서 30m 이상 견인한 후 스쿠바 장비 해체하기

렉 다이버 선수 조건Student Prerequisite

- 18세 이상
- 어드밴스드 오픈 워터 이상의 자격자

.. 최소 50로그 이상의 다이빙 증명
 (스탬핑 된 로그북 또는 로그 수가 명시된 C-카드)

.. Basic Wreck 코스 또는 Cavern Dive 코스 이수자
 (이 코스들은 본 교육과 병행해서 이수할 수 있음)

장비 요건Required Equipment

.. 더블 또는 트윈 탱크Dual Valve, Double Manifold & Independent Double

.. 각 탱크에 연결된 두 개 이상의 독립된 레귤레이터
 (호스 중 하나는 2m 이상의 롱 호스)

.. 오픈 워터 환경에 적합한 형태의 BCD
 (통상 텍 다이빙용 Back Inflation 형태 또는 사이드마운트 BCD)

.. 감압 시간이 계산되는 다이브 컴퓨터

.. 수심 및 시간을 표시할 수 있는 백업 장치
 (수심계 및 다이빙 시계, 또는 백업 컴퓨터 등)

.. 라이트 시스템(주 라이트 및 백업 라이트)

.. 최소 11kg 이상의 부양력을 가진 리프트 백Lift Bag 또는 SMB와
 허용 최대 수심 이상의 길이를 가진 상승용 라인

.. 다이빙 수역에 적합한 두께와 종류의 다이빙 수트

.. 두 개 이상의 라인 절단 장치 (다이브 나이프 또는 라인 커터)

.. 슬레이트(수중에서 글씨를 써서 의사소통할 수 있는 도구)

.. 두 개 이상의 릴
 (렉 내부에 설치할 주 페네트레이션용 릴과 세이프티 릴)

5-2
엘니도^{El Nido}

엘니도 지역 개요

　　팔라완 섬의 북쪽에 자리 잡은 엘니도는 매우 아름다운 바다 경관을 지닌 필리핀의 대표적인 휴양지 중 하나이다. 한국 다이버들에게는 상대적으로 덜 알려진 곳이지만, 유럽 다이버들은 많이 찾는 곳이다. 필리핀의 젊은이들이 가장 선망하는 신혼여행지로도 유명하다. 엘니도 자체는 작은 어촌이지만, 최근에는 다이브 센터와 리조트들이 많이 들어서 있다. 또한 미니록^{Miniloc} 등 인근의 섬에는 1박에 500불 이상 하는 고급 휴양 리조트들이 자리 잡고 있다. 엘니도 타운에서 방카로 한 시간 이내의 거리에 수많은 아름다운 섬들이 널려 있는데 그만큼 아름다운 다이브 포인트들도 많다.

　　엘니도는 작은 타운이기 때문에 은행이나 ATM은 없다. 환전소가 한두 군데 있기는 하지만, 환율이 좋지 않으므로 마닐라나 푸에르토프린세사에서 미리 페소화를 준비해 오는 것이 좋다. 숙소는 값싼 배낭족 숙소부터 고급 리조트까지 다양하게 있으므로 선택의 폭은 넓은 편이며 기본적인 시설을 갖춘 스탠다드 룸의 경우 1박에 평균 50불 정도로 묵을 수 있다. 타운 내에 식당은 비교적 많은 편이며 메뉴는 필리핀 스타일과 이탈리안 스타일이 주종을 이루고 있다. 저녁에는 생음악을 연주하는 바도 해변을 따라 몇 군데 영업하고 있다. 타운 내에 비교적 규모가 큰 재래시장이 하나 있어서 어지간한 물품은

▲ (사진 5-13) 아름다운 엘니도의 모습. 필자의 견해로는 코론 만보다 엘니도 쪽의 풍경이 더 아름답다.

현지에서 살 수 있다. 엘니도 타운에서는 전기가 오후 두 시부터 다음 날 새벽 여섯 시까지만 제한적으로 공급된다. 일부 대형 리조트는 자가 발전기를 돌려 그 밖의 시간에도 전기를 공급하는 경우도 있지만, 대부분은 낮 시간에 전기가 들어오지 않으므로 충전이 필요한 기기는 전기가 들어오는 밤 시간에 충분히 충전해 두도록 하자.

엘니도 지역은 연중 다이빙을 즐길 수 있는 곳이다. 그러나 11월부터 5월까지가 전반적인 날씨와 바다 상태가 가장 좋은 시기로 알려져 있다.

엘니도 지역 다이브 리조트

엘니도 타운 내에는 다이빙 센터나 다이브 리조트가 10여 개 이상 들어서 있다. 숙소를 갖춘 리조트에 묵으면서 다이빙을 즐길 수도 있고, 숙소와 다이빙 센터를 각각 별도로 이용하는 방법도 있다. 다이빙은 해변에 정박하고 있는 방카를 이용하는데, 대부분의 포인트들이 한 시간 이내의 거리에 있으며 아침에 나가서 점심 식사를 포함하여 2회 또는 3회의 다이빙을 마친 후 돌아오는 방식이 많다. 다이빙 요금은 리조트별로 차이가 있지만, 평균적으로 자가 장비를 사용할 경우 3회 다이빙이 포함된 보트 당일치기가 90불 정도이다. 점심 도시락을 포함하여 하루에 4,000페소 정도 잡으면 무난하다. 가끔 1박 2일 일정으로 먼 사이트까지 나가는 일정도 있는데 숙박과 식사, 야간 다이빙을 포함한 7회 다이빙에 300불(12,000페소) 정도 받는다. 엘니도에서 코론이나 투바타하까지 나가는 본격적인 리브어보드 여행도 있다. 엘니도 타운 지역에서 추천할 만한 다이브 센터들은 다음과 같다.

엘니도 지역 다이브 센터/다이브 리조트 (표5-2)

리조트	위치	객실 수	숙박 비	다이빙 비용	참고 사항
Deep Blue Safari www.deepblueseafari.com	El Nido Town		없음	$90/3회	현지 업체
Submariner Diving Center www.submariner-diving.com	El Nido Town		없음	$90/3회	현지 업체
Palawan Divers www.seadiveresort.com	El Nido Town		없음	$95/3회	현지 업체
El Nido Miniloc Resort (agoda) www.elnidoresorts.com	Miniloc Island	50		$540 1박+식사 포함	현지 업체 Luxury

찾아가는 법

엘니도에 들어가는 길은 만만치 않다. 엘니도 타운 북쪽 4㎞지점에 리오 공항Lio Airport, ENI이라고 부르는 작은 비행장이 하나 있으며 현재까지는 마닐라에서 ITI라는 항공사가 소형 프로펠러 전세기를 운항하고 있다. 이 전세기는 기본적으로 엘니도 지역에 위치한 고급 리조트의 차터Charter(전세 비행기)편이므로 이 리조트El Nido Resorts(http://www.elnidoresorts.com)를 통해서 예약할 수 있다. 이 전세기는 통하지 않고 ITI로 직접 예약(전화번호 02-8515674)할 수도 있기는 한데, 출발 일자를 기준으로 5일 이내에, 리조트로 가는 승객의 예약이 끝나고 자리가 남는 경우에만 가능하다. 요금은 편도에 6,750페소(약 170불)로 필리핀 국내선 기준으로는 꽤 비싼 편이다. 활주로 길이가 1,200m밖에 되지 않는 작은 공항인 데다가 비행기도 워낙 작아서 수하물은 핸드 캐리를 포함하여 총 10㎏을 초과할 수 없으므로 다이빙 여행에는 적합하지 않을 수 있다.

그래서 대부분의 다이버들은 장거리 육로 여행을 각오하고 마닐라에서 푸에르토프린세사를 통해 엘니도로 들어간다. 푸에르토프린세사까지는 마닐라, 세부 등 필리핀 주요 도시에서 필리핀항공, 세부퍼시픽을 비롯한 여러 항공편이 자주 운항된다. 다만, 필리핀항공은 정규 항공편이 아닌 에어필익스프레스 소속 소형기가 운항되므로 위탁 수하물의 중량 한계(일반 이코노미클래스 10㎏)가 있어서 다이버들은 요금만 내면 30㎏까지 짐을 가져갈 수 있는 세부퍼시픽을 선호하는 경향이 있다.

푸에르토프린세사에서 엘니도까지는 산호세San Jose 버스터미널에서 에어컨 버스 또는 밴을 타고 먼 길을 가야 한다. 밴Van의 요금은 600페소이며 엘니도까지는 대략 여섯 시간 정도가 소요된다. 두 명 이상일 경우 푸에르토프린세사 시내 호텔에서 픽업도 해 주는데 이 때는 인당 100페소가 추가된다. 엘니도까지 가는 도로는 대부분 비포장 구간이어서 밴을 타고 여섯 시간을 가는 것이 쉬운 일은 아니다. 에어컨 버스는 대형 차량이라 승차감 면에서는 이쪽이 훨씬 낫다. 버스 요금은 380페소인데 중간에 경유를 많이 하는 까닭에 일곱 시간 이상 걸린다. 밴을 대절하는 경우 350불(14,000페소) 정도 들며, 엘니도의 리조트를 통해 공항 픽업을 요청하는 경우에도 비슷한 정도의 비용이 추가된다. 푸에르토프린세사를 통해 엘니도로 가려면 스마트폰에 좋아하는 영화를 적어도 세 편 정도는 준비해 가는 것이 좋다. 물론 백업 배터리 또한 필수품이다.

코론과 엘니도 간에는 보트가 운항되고 있으므로 코론에서 다이빙을 즐기고 엘니도로 이동하거나 또는 그 반대 방향으로 움직이는 경우에 이용할 수 있다. 코론-엘니도 간 보트 요금은 필리핀 사람들에게는 1,500페소를 받지만 외국인에게는 2,200페소(55불)를 받는다. 소요 시간은 일곱 시간 정도이다. 숙소가 엘니도 타운이 아니고 인근 섬에 있는 리조트일 때에는 방카를 한 번 더 타야 하는데 대개 이런 경우에는 해당 리조트에서 제공하는 교통편을 이용하게 된다.

엘니도 지역 다이브 포인트

　　엘니도 지역의 다이빙은 원래 미니록 섬을 비롯한 이 지역의 고급 리조트들이 리조트 고객을 위해 자기네 섬 인근 지역을 중심으로 포인트를 개발한 것으로 시작되었다. 지금도 많은 포인트들이 이런 인근 섬에 자리 잡고 있지만, 최근 엘니도 타운에도 많은 다이브 리조트들이 들어서면서 더 많은 포인트들이 계속 개발되고 있는 추세이다.

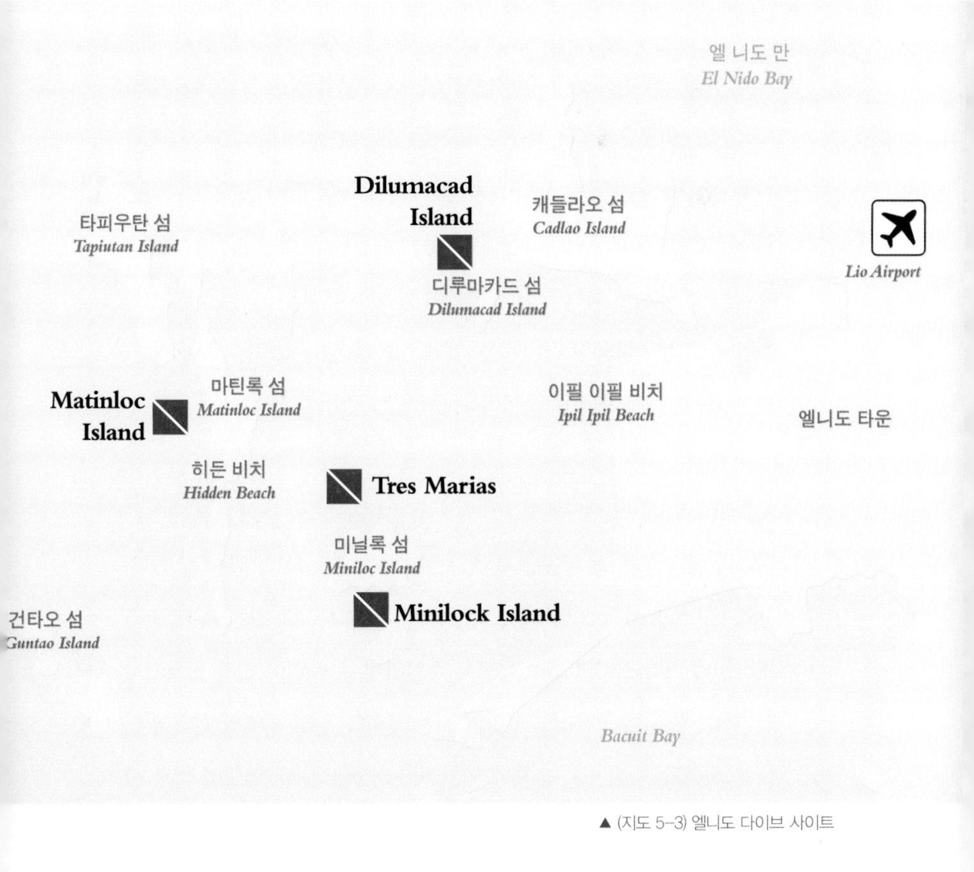

엘 니 도 만
El Nido Bay

Dilumacad Island
캐들라오 섬
Cadlao Island

Lio Airport

타피우탄 섬
Tapiutan Island

디루마카드 섬
Dilumacad Island

마틴록 섬
Matinloc Island

Matinloc Island

이필 이필 비치
Ipil Ipil Beach

엘니도 타운

히든 비치
Hidden Beach

 Tres Marias

미닐록 섬
Miniloc Island

건타오 섬
Guntao Island

 **Minilock Island**

Bacuit Bay

▲ (지도 5-3) 엘니도 다이브 사이트

··· 딜루마카드 섬Dilumacad Island

▲ (사진 5-14) '딜루마카드 섬'의 버팔로피시 Bumphead Parrotfish. 한때는 개체 수가 많았지만. 지금은 다섯 마리 정도만 남아 있다.

엘니도 타운에서 서쪽으로 6㎞정도 떨어진 곳에 있는 작은 섬이다. 이곳은 멋진 동굴 다이브 포인트로 유명한데, 동굴 입구는 섬의 북쪽에 있으며 입구가 넓어서 두 명의 다이버가 동시에 들어가기에 충분하다. 약 15m에서 20m 정도 전진하면 중앙에 큰 동굴이 나타난다. 동굴 바닥은 모래로 이루어져 있는데 새우와 작은 게 종류가 많이 서식한다. 이곳으로부터 출구로 나가는 구간은 점차 좁아져서 마지막 10m 정도의 구간은 한 사람씩 차례대로 통과해야 한다. 출구로 나가면 거대한 바위 지형이 나타나는데, 대형 어종들을 자주 관찰할 수 있다. 수심은 5m에서 시작하여 최대 10m에 불과하여 그다지 어렵지 않은 코스이다. 그러나 북풍이 강하게 불 때에는 동굴 안에 강력한 서지Surge가 형성되므로 이런 때에는 다이빙을 하지 않는 것이 좋다.

··· 트레스 마리아스Tres Marias

미니록 섬의 북쪽 끝 부분에 **탁바오**Tagbao라는 작은 섬이 있는데, 이 부근의 포인트를 트레스 마리아스라고 부른다. 섬 사이에 있는 세 개의 리프라는 뜻이라고 하며, 5m 정도로 수심이 얕은 지역이 길게 펼쳐져서 다이버는 물론 스노클러들도 많이 찾는 곳이다. 일부 지역의 최대 수심은 21m까지 내려간다. 벽 틈에 있는 랍스터들을 볼 수 있으며 얕은 산호 지역에는 아름다운 각종 물고기들이 서식하여 수중 사진 작가들이 좋아하는 장소이기도 하다.

··· 마틴록 섬Matinloc Island

엘니도 타운 서쪽에 위치한 섬으로 삼 자체와 인근 지역에 매우 흥미로운 다이브 포인트들이 있다. 섬의 남쪽 끝 부분을 **바나얀 포인트** Banayan Point라고 하는데 조류가 강한 곳이어서 다이빙

▲ (사진 5-15) 반바지와 티셔츠 차림으로 '마틴 록'의 수중 바위 사이의 깊은 협곡을 통과하고 있는 필자

이 쉽지는 않지만, 그 대신 참치, 잭피시, 고등어 등 대양 어종들이 많이 나타나는 곳이기도 하다. 섬의 서쪽 부분에는 **비카나요스 록**Bikanayos Rock 포인트가 있는데 어떤 사람들은 **피카나야스**Picanayas라고 부르기도 한다. 이곳은 대형 바위산들이 늘어서 있는 지형으로, 화이트팁 상어를 포함한 대형 어류들이 자주 나타난다. 비카나요스에서 바로 남서쪽에 있는 또 다른 포인트는 **인보갈 포인트**Inbogal Point로, 완만한 슬로프가 수심 35m까지 이어지는 지형이고 벽면에는 아름다운 대형 산호들이 서식한다. 잭피시, 참치, 고등어 종류가 흔히 발견되는 곳이기도 하다.

··· 미니록 섬Miniloc Island

엘니도 타운에서 서남쪽에 위치한 섬으로, 섬 안에는 고급 리조트가 자리 잡고 있으며 섬 주위를 아름다운 다이브 포인트들이 둘러싸고 있다.

▲ (사진 5-16) '사우스 미니록'의 상추 산호 군락. 주변에 엄청나게 많은 숫자의 옐로 스내퍼 떼들이 선회한다.

섬의 가장 남쪽 끝 부분에는 비엣 포인트Biet Point라는 다이브 포인트가 있는데, 수심은 13m에서 21m 정도이다. 이곳에는 상추 모양의 산호Lettuce Corals들이 많이 있다. 잭피시, 바라쿠다, 오징어 종류가 흔한 곳이며 지형적으로 안쪽으로 쏙 들어가 있어서 연중 조류의 걱정 없이 편하게 다이빙을 할 수 있다. 미니록 섬의 북쪽으로는 트윈 록Twin Rocks이 있다. 이곳은 수심 13m로 시작해서 21m 깊이까지 내려가는 완만한 슬로프 지형이며 바닥은 모래로 되어 있다. 책상 산호Table Corals를 비롯한 다양한 종류의 산호 군락으로 유명한 곳이며 작은 가오리 종류도 흔하다. 전체적으로 이 미니록 지역은 조류가 강하지 않아 편하게 다이빙을 할 수 있다.

Tip

베스트 월 다이빙 사이트

흔히 월 다이빙Wall Diving 사이트를 바닷속의 미술관이라고도 부른다. 깊은 심연으로 떨어지는 거대한 암벽의 캔버스에 형형 색색의 산호초들을 입히고, 바위 틈 사이사이에 새우, 랍스터, 게, 문어 등의 암벽 생물들을 끼워 넣은 후, 마지막으로 주변에 수많은 리프 어류들을 노닐게 하면 자연이 빚은 하나의 예술 작품이 완성된다. 여기에 간혹 외해 쪽으로 상어나 참치와 같은 대형 어류가 지나간다면 그야말로 화룡점정이다. 아름답고 장엄한 월 다이빙은 모든 다이버들이 공통적으로 좋아하는 종목이다.

▲ (사진 5-17) 팔라우의 블루 코너.
해마다 단골로 최고의 월 다이빙 사이트로 선정되는 곳이다.

미국의 'SCUBA Diving Magazine'이 선정한 2014년 태평양/인도양 지역의 'Best Wall Diving Sites'는 아래와 같다. 미크로네시아의 팔라우는 유명한 블루 코너Blue Corner, 펠렐리우 월Peleliu Wall, 빅 드롭오프Big Drop-Off 등의 장엄하고 아름다운 월과 그 주변에서 흔하게 발견되는 상어와 가오리 종류들로 인해 매년 Best Wall Diving Site로 꼽히는 곳이다. 팔라우 외에도 피지Fiji, 이집트 남홍해의 브라더 섬Brother Island, 말레이시아의 시파단Sipadan, 파푸아뉴기니아 등이 선정되었다. 이 중에서 말레이시아 시파단의 '바라쿠다 포인트Barracuda Point'는 거대한 낭떠러지 사이로 깊은 협곡을 형성하는 장엄한 경관을 자랑하며 벽에는 거대한 거북들과 각종 암벽 생물들이, 수중에는 대형 바라쿠다와 상어, 잭피시 무리들이 막 입수를 시작하는 다이버들을 환영하는 곳이다.

·· 미크로네시아 팔라우Palau

·· 피지Fiji

·· 이집트 남홍해 브라더 아일랜드Brother Island

·· 말레이시아 시파단Sipadan

·· 파푸아뉴기니아

(사진 5-18) ▶
말레이시아 시파단의 '바라쿠다 포인트'.
스내퍼 떼(좌측 상단)와
잭피시 떼(우측 상단)를
참치와 상어들(아래)이 쫓고 있다.
시파단은 동남아시아에서 가장 뛰어난
월 다이브 포인트로 꼽히는 곳이다.

5-3
아포 리프^{Apo reef}

아포 리프 지역 개요

아포 리프는 민도로 섬 서쪽 민도로 해협^{Mindoro Strait}에 위치한 환초環礁 지역인데, 산호초의 전체 길이로만 따지면 세계에서 둘째로 긴 지역이다. 팔라완 부수앙가 섬의 코론과 민도로 섬의 산호세^{San Jose} 사이에 있으며, 지리적으로는 민도로 섬 쪽에 더 가까워 행정적으로 서부 민도로 지역^{Occidental Mindoro}으로 분류된다. 이곳의 아포 리프에도 아포 섬이 있지만, 비사야 지역의 두마게테 인근에 있는 아포 섬과는 전혀 다른 곳이므로 헷갈리지 않도록 하자.

▲ (사진 5-19) 아포 리프에 떠 있는 필리핀 전통식 리브어보드 방카

아포 리프가 투바타하 국립 공원과 함께 필리핀을 대표하는 최고의 다이빙 사이트라는 데에는 이론의 여지가 없을 정도로 유명하다. 그래서 찾아가기가 어려운 곳임에도 불구하고 해마다 수많은 다이버들이 아포 리프의 환상적인 수중을 경험해 보기 위해 이곳을 찾는다. 산호초로 이루어진 리프는 수심 5m 정도로 얕지만, 산호초가 끝나는 부분에서는 끝없이 깊은 심연으로 떨어지는 장엄한 직벽들로 이루어져 있어서 최고의 리프 다이빙과 월 다이빙 사이트의 조건을 동시에 만족시킨다. 주변에는 물의 탁도濁度를 높일 만한 강이 없어서 아포 리프의 수중 시야는 연중 30m 내외로 뛰어난 편이다. 5m 수심에서 안전 정지를 할 때에도 발밑으로 50m 수심의 바닥에 있는 상어의 모습을 뚜렷이 볼 수 있을 정도이다. 상어 종류도 많아서 한 번의 다이빙으로 최소한 다섯 마리 이상의 상어를 볼 수 있을 정도이다. 이외에도 만타레이, 고래상어, 이글레이, 마블레이 등의 대형 어류들이 자주 나타난다.

아포 리프는 투바타하와 마찬가지로 지역 전체가 **해상 국립 공원**으로 지정되어 있어서 입장료를 내야 하며, 겉으로 보기에는 변변한 섬 하나도 없는 환초 지역이다. 그러나 수중으로 들어가면 엄청난 장관의 수중 지형과 아름다운 산호초, 수많은 물고기 떼들을 볼 수 있다. 위치적인 특성으로 인해 각종 상어 종류를 비롯한 대형 대양 어종들도 수시로 출몰하는 환상적인 사이트이다. 1년 중 6개월은 들어갈 수 없는 투바타하에 비해 아포 리프 지역은 연중 다이버들에게 개방되어 있다. 그래도 가장 좋은 시기는 3월부터 6월까지이며 그 외의 시기에는 파도가 높아지고 시야도 많이 떨어져서 다이빙이 힘들어진다.

아포 리프 지역에는 수면 위로 솟아 있는 세 개의 작은 섬이 있는데, 이 중에서 가장 큰 섬인 아포 섬에만 소수의 국립 공원 관리 직원들이 살고 있으며 나머지 섬은 모두 무인도이다.

칼라판
Lungsod
ng Calapan

마린두케
Marinduque

 Apo Reef

산호세
San Jose

테블라스 섬
Tables Island

부수앙가 섬
Busuanga Island

코론
Coron

▲ (지도 5-4) 아포 리프의 위치.
팔라완 부수앙가 섬과 민도로 산호세 사이의 해협에 위치한 산호초 지대이다.

아포 리프 다이빙 옵션

아포 리프에서 다이빙을 하는 방법에는 여러 가지 옵션이 있지만, 하나같이 만만치 않다. 일반적인 방법은 마닐라에서 산호세 공항San Jose Airport, SJI까지 국내선 항공편으로 이동해서 사블라얀Sablayan이나 판단 섬Pandan Island의 다이브 리조트에 묵으며 하루 일정으로 아포 리프를 찾는 방법인데, 문제는 리조트에서 아포 리프 다이브 포인트까지는 방카로 최소한 세 시간 이상이 걸린다는 점이다. 필자의 견해로는 팔라완의 코론이나 푸에르토프린세사 또는 민도로의 푸에르토갈레라에서 출발하는 리브어보드를 타는 것이 아포 리프에서의 다이빙을 제대로 즐기는 최선의 방법이다. 각자의 형편과 취향에 따라 다음과 같은 방법 중 한 가지를 택하여 계획을 짜도록 하자.

·· 사블라얀 지역의 리조트에 묵는 방법

·· 판단 섬의 리조트에 묵는 방법

·· 코론에서 미니 리브어보드를 타는 방법

·· 푸에르토갈레라에서 단기 리브어보드를 타는 방법

·· 투바타하 리브어보드의 트랜지션 트립을 이용하는 방법

··· 사블라얀Sablayan 지역 리조트

마닐라에서 국내선 항공편으로 민도로 섬 남쪽에 있는 **산호세 공항**으로 간 후 이곳에서 육로로 사블라얀으로 이동한다. 마닐라와 산호세 간은 세부퍼시픽이 매일 운항한다. 산호세 공항 대신 민도로 섬의 반대 쪽에 있는 푸에르토갈레라 지역에서 육로나 보트 편으로 이동하는 방법도 있지만, 어느 편이든 시간은 일곱 시간 이상 걸린다. 푸에르토갈레라의 일부 리조트에서는 아포 리프까지의 미니 리브어보드 트립 프로그램을 운영하는 곳도 있다. 사블라얀은 지리적으로 아포 리프와 가장 가까

운 육지 쪽 포인트이다. 이곳에서 대형 방카를 이용한 하루 일정으로 아포 리프 다이빙을 할 수 있다. 그러나 포인트까지 이동하는 데 세 시간 이상이 걸리며 아침 일찍 출발해서 3회 다이빙을 마치면 해가 저문 저녁 시간에야 리조트로 돌아올 수 있다.

이 지역 다이브 리조트로는 **아포 리프 클럽**Apo Reef Club(www.aporeefclub.com)이 있으며 3박 4일간의 패키지 요금은 1인 기준으로 18,120페소(약 450불)이다. 이 요금은 두 명이 같은 방을 쓸 경우이므로 싱글 다이버는 비용이 추가된다. 요금에는 숙박과 식사, 2일간의 아포 리프 다이빙, 산호세 공항과 리조트 간의 왕복 교통편이 포함되어 있다.

··· 판단 섬Pandan Island 지역 리조트

판단 섬은 사블라얀에 비해 아포 리프에 조금 더 가까운 곳에 있어서 하루 일정으로 아포 리프에 가기에는 더 유리한 곳이다. 다만, 이 판단 섬까지 가기까지는 사블라얀에 비해 조금 더 고생을 해야만 한다. 보통 아침 일찍 일어나서 간단한 아침 식사를 마친 후 오전 일곱 시에 리조트에서 출발한다. 아홉 시 반경 아포 리프로 가는 중간에 위치한 '샤크 리지Shark Ridge'에서 첫 다이빙을 마치고 아포 리프로 이동하여 다이빙을 2회 더 한 후 저녁 여섯 시 반경 리조트로 돌아오는 일정이 표준이다.

판단 섬 안에는 **판단 아일랜드 리조트**Pandan Island Resort(www.pandan.com)가 있다. 자가 장비를 사용할 경우 1회 다이빙에 1,300페소(약 32불) 정도 받으며 숙소는 스탠다드 룸 기준으로 1박에 1,600페소(40불)

로 꽤 합리적인 가격이다. 하루 세끼 식사는 1,000페소(25불)이다. 산호세 공항부터 리조트까지의 교통편(육로 및 보트) 또한 편도 기준 5,500페소(약 135불)에 제공하는데, 밴을 사용하므로 최대 여섯 명까지 이용할 수 있다. 6일 이상 장기 체재할 경우 하루 2,800페소(70불)로 숙박, 식사, 무제한 다이빙 서비스가 제공된다.

··· 코론Coron에서의 미니 리브어보드
코론 지역에 있는 일부 대형 다이브 리조트에서는 보트 안에서 숙식을 해결할 수 있도록 개조한 방카를 이용하여 아포 리프 지역으로의 다이브 사파리Safari 프로그램을 운영하는 곳이 꽤 있다. 대개 출항 날짜가 한 달 전 경에 공지되므로 일정만 맞는다면 아포리프 다이빙을 적절한 비용으로 제대로 즐길 수 있는 좋은 방법이다.

참고로 코론에 위치한 다이브칼 리조트Divecal(www.divecal.com)의 3박 4일짜리 아포 리프 사파리의 요금은 숙식, 장비, 다이빙을 모두 포함하여 25,000페소(약 600불) 정도이다.

··· 푸에르토갈레라Puerto Galera에서의 리브어보드
아포 리프 지역을 취항하는 리브어보드로는 푸에르토갈레라에서 출항하는 **랙스 2**RAGS II(www.apo-reef-coron-wrecks-liveaboard.com)가 있는데 대형 방카 형태의 보트로, 코론과 아포 리프를 포함하는 3박 4일 또는 6박 7일짜리 코스를 운항하며 요금은 다이빙을 하는 날을 기준으로 하루 240불 정도이므로 3일 다이빙을 하는 경우 공원 입장료를

포함해서 780불 정도 소요된다. 이 금액에는 장비 임대료만 제외하고 모든 것이 포함되어 있고, 다이빙은 하루에 4회 진행된다. 아포 리프의 다이브 포인트들은 조류가 강하고 수심이 깊어서 야간다이빙에는 적합하지 않기 때문에 모든 다이빙은 주간에만 이루어진다. 매끼 주문을 받아 조리해서 제공하는 푸짐한 식사와 맥주가 별도의 요금 없이 무제한 제공된다.

텍 다이버들이 주 고객인 만큼 랙스 2에서는 나이트록스를 기본으로 사용하며 별도의 요금도 받지 않는다. 표준 산소 비율은 32%에 맞추어 블렌딩하지만, 포인트의 수심과 다이빙 계획에 따라 비율을 조정하므로 매번 다이빙 전에 탱크의 산소 농도를 측정한 후 컴퓨터의 PO2 값을 조정해 주어야 한다.

랙스 2는 네 개의 선실을 갖추고 있어서 최대 여덟 명까지 수용할 수 있다. 공동으로 사용하는 화장실 두 개의 비롯해 시설은 결코 럭셔리급 보트가 아니지만, 서비스는 매우 뛰어난 추천할 만한 보트이다.

… 투바타하 리브어보드의 트랜지션 트립
투바타하를 취항하는 정규 리브어보드들의 대부분이 시즌 첫 항해와 마지막 항해에서 아포 리프를 경유하는 트랜지션 트립을 운항하므로 이것을 이용하는 것도 방법 중의 하나이다. 일반적인 투바타하 트립 요금인데 아포 리프 다이빙이 공짜로 하루 추가된다는 점이 매력이다. 그러나 한 척의 보트당 1년에 단 두 차례밖에 기회가 없으며, 대개 아포 리프에서 하루만 머물기 때문에 다소 아쉬움이 남을 수 있다. 정규 리브어보드에 관한 정보는 '필리핀 리브어보드 정보'편을, 그리고 트랜지션 트립에 대해서는 '투바타하 리브어보드 트랜지션 트립' 참고 자료를 참조하기 바란다.

아포 리프 지역 다이브 포인트

아포 리프의 주요 포인트들은 대부분 환초의 서남쪽 지역인 아포 섬 일대에 집중되어 있다. 그러나 리프의 동쪽에도 샤크 리지)를 포함한 일부 포인트들이 있어서 메인 포인트로의 이동 과정에서 들르곤 한다. 민도로 섬에 가까운 판단 섬Pandan Island에 다이브 리조트들이 있는데 이 때문에 이 섬 일대에도 몇몇 포인트들이 개발되어 있다. 아포 리프에서 서쪽으로 조금 멀리 떨어져 있는 헌터스 록 Hunter's Rock 또한 대형 어종들이 자주 출몰하는 곳이어서 어드밴스드 다이버들이 좋아하는 포인트이다.

아포 섬은 아포 리프에서 수면으로 솟아 있는 산호초 지형의 섬이며 가운데에 등대가 설치되어 있다. 섬 주위는 다양한 종류의 다이브 포인트들이 둘러싸고 있다. 이 지역은 특히 온갖 종류의 산호들을 볼수 있는데 이 중에는 독성이 강한 파이어코랄Fire Coral도 많으므로 만

▲ (사진 5-21) 아포 리프의 아포 섬.
아포 리프 지역에 있는 세 개의 섬 중에서 유일하게 사람이 거주하고 있는 곳이다.

지거나 피부에 닿지 않도록 조심하자. 섬의 북쪽, 동쪽 그리고 남쪽
은 거대한 드롭오프Drop-Off 지형으로 깊은 바다로 떨어지는 직벽들이
장관을 이룬다. 전체적으로 조류가 강한 지역이라 초보 다이버들에
게는 적합하지 않는 곳이다. 그러나 강한 조류를 견딜 수 있는 정도
로 경험 많은 다이버라면 이 지역에서 화이트팁 상어, 대형 참치, 잭
피시, 바라쿠다 등의 대양 어류들을 흔하게 볼 수 있으며 만타레이나
이글레이, 해머헤드도 종종 나타난다.

비낭간 드롭오프Binangaan Drop-Off는 아포 리프의 남서쪽에 위치한 지역을 일컫는데 이곳 역시 웅대한 낭떠러지 지형으로 이루어진 곳이다. 아름다운 색의 산호들이 벽을 덮고 있고 주변에는 형형색색의 다양한 물고기 떼가 회유하는, 매우 컬러풀한 곳이기도 하다. 참치, 그루퍼, 스내퍼 종류의 물고기도 많다. 만타레이도 자주 나타난다. 이 일대에는 이름을 거론하기조차 어려울 정도로 많은 포인트가 있다. 모두 한결같이 웅장한 경관을 자랑하고 아름답고 다양한 해양 생물들이 넘쳐나, 이곳에 들어가 보면 왜 그렇게 많은 다이버들이 아포 리프에 열광하는지를 이해하게 된다.

아포 리프 일대의 중요한 세부 다이브 포인트들은 다음과 같다.

··· 사우스웨스트 코너South West Corner

이름 그대로 아포 리프의 남서쪽 모서리 지역이다. 포인트에는 계류 부이가 설치되어 있다. 리프의 수심은 4m에서 6m 정도로 매

▲ (사진 5-22) 아포 리프 사우스웨스트 코너의 마블레이

우 얕으며 이후는 깊은 수심으로 연결되는 직벽으로 바로 떨어진다. 전체적으로 어느 정도 조류가 있지만, 대개 조류 방향을 따라 드리프팅으로 진행하므로 다이빙 자체는 그다지 어렵지는 않다. 그러나 코너를 돌

때에는 갑자기 강한 조류가 때리는 경우가 있으므로 항상 대비하면서 다이빙을 진행해야 한다. 대략 20m 내외의 수심을 맞추어 벽을 따라 서쪽 방향으로 드리프팅을 하면서 위쪽 리프를 올려다 보면 잭피시, 참치, 바라쿠다, 도미류 등 엄청나게 많은 종류의 물고기 떼가 회유하는 멋진 모습을 볼 수 있다. 가끔 발밑도 내려다봐야 하는데 30m 내외의 수심에서 화이트팁 상어와 이글레이, 마블레이 등 대형 어종들이 수시로 출몰하기 때문이다. 상어나 가오리들이 나타날 때마다 깊은 수심으로 내려갔다 다시 올라오는 것을 반복하다 보면 쉽게 감압이 걸릴 위험이 있으므로 수심 관리에 주의를 기울일 필요가 있다. 리프 쪽은 수심이 낮아 보트가 들어가지 못하므로 다이빙이 끝나면 깊은 블루 쪽으로 나와서 SMB를 쏘아 올리고 안전 정지를 마친 후 출수해야 한다.

··· 사우스 포인트 South Point

아포 리프의 최남단 끝 지점이다. 포인트에는 계류 부이가 설치되어 있다. 리프의 끝 부분이라 입수 지점부터 리프 끝의 드롭오프까지는 강한 조류를 뚫고 가야 한다. 보트에서 점프하자마자 부이 라인을 붙

▲ (사진 5-23) 아포 리프 사우스 포인트의 버팔로피시 떼

잡고 일단 바닥까지 내려간다. 만일 이 줄을 놓치는 날에는 순식간에 반대 방향으로 날아가 버리고 그러면 그것으로 그 다이빙은 끝이다. 라인의 끝 부분에 도착했으면 강한 조류를 뚫고 20여 미터 정도 더 전진하

면 드디어 벽이 시작되는 드롭오프 지점에 도착하게 되고 큰 고생은 끝난다. 여기서부터는 완만한 조류를 타고 오른쪽 어깨를 벽 쪽으로 둔 채 서쪽 방향으로 드리프팅을 하면서 벽면, 위쪽의 리프, 아래 쪽의 심해, 벽 바깥쪽의 블루 쪽을 차례대로 여유 있게 둘러보면서 진행하면 된다. 벽 위쪽에는 대형 도미류, 쌍쌍이 짝짓기를 하는 잭피시 무리들, 화이트 팁 상어들을 볼 수 있으며 간혹 30여 마리 이상의 초대형 버팔로피시 떼와 쉐브런 바라쿠다 떼를 볼 수도 있다. 30m에서 50m의 깊은 곳에서는 만타레이도 자주 나타난다. 공기 잔량에 여유가 있으면 드리프팅을 계속하여 사우스웨스트 코너까지 갈 수도 있다. 다이빙이 끝났으면 벽에서 떨어져 깊은 블루 쪽으로 이동한 후 SMB를 띄우고 안전 정지를 마치고 출수한다.

··· 아포 29Apo 29

보트를 계류할 수 있는 부이가 수심 29m 바닥까지 연결된 포인트라고 하여 이런 이름이 붙었다고 하며 **바라쿠다 힐**Barracuda Hill이라고도 불린다. 약 50m 주변에 수심 25m까지 연결된 또 다른 부이가 있다. 수중의 지형은 매우 광활하고 완만한 슬로프여서 육안으로는 거의 드넓은 평지처럼 보인다. 29m 지점부터는 깊은 수심으로 연결되는 드롭오프인데 간혹 50m 이하의 깊은 수심과 강한 조류 속에서 상어들의 이동이 활발해서 텍 다이버들이 트라이믹스 탱크를 매고 대심도 다이빙을 하기도 한다. 주위에 조류를 막아 줄 만한 지형이 거의 없어서 이곳은 항상 조류가 거센 곳이다. 조류에 익숙한 노련한 다이버들도 이곳에서는 부이 라인을 붙잡고 하강하며, 다이빙이 끝난 후에도 다시 줄을 잡고 안전 정지를 한 후 상승한다.

다이빙을 마친 후에는 원래의 위치로 돌아와야 하므로 다이빙을 시작하자마자 최대한 멀리까지 조류를 거슬러 나아가야만 한다. 만일 다이빙 초반부터 조류를 타고 드리프팅을 하기 시작하면 조류를 거슬러서 원위치로 돌아오는 것은 거의 불가능하다. 핀 킥을 열심히 해도 제자리에 머물 뿐 앞으로 전진하지 못하는 상황도 생기지만, 인내심을 가지고 최대한 천천히 호흡을 하면서 차분하고 끈기 있게 버텨야 한다. 그 대신 출수 위치로 돌아올 때에는 편하게 흘러 들어올 수 있다. 어느 정도 고생을 각오하고 들어가는 곳이니만큼 수중에서는 대형 참치, 화이트팁 상어, 마블레이 등을 쉽게 볼 수 있다. 바닥에 커다란 책상 산호가 하나 있는데 그 밑을 들여다보면 어린 화이트팁 상어 몇 마리가 산호 밑을 빙빙

▲ (사진 5-24) 아포 리프 '아포 29'의 바라쿠다 떼. 이 외에도 이곳에서는 각종 상어와 가오리 종류들을 흔히 볼 수 있다.

돌아다니는 모습도 볼 수 있다. 이곳은 또한 대규모 바라쿠다 떼가 터를 잡고 사는 곳인데, 바라쿠다 떼가 한 군데에만 멈춰 서 있는 것이 아니라 이 지역을 끊임없이 순회하므로 항상 볼 수 있는 것은 아니다.

조류가 너무 강할 때에는 지형지물 중 뭐든지 붙잡고 그 자리에서 상어나 바라쿠다 떼들이 나타나기를 기다리는 것이 상책이다. 따라서 이곳

은 나이트록스 사용이 필수이지만, 그렇다 하더라도 깊은 수심과 조류로 인한 체력 소모 때문에 다이빙 시간을 길게 가져가기는 어렵다.

... 메노르 섬Menor Island

아포 리프에는 아포 섬 외에도 수면 위에 떠 있는 또 다른 작은 바위 섬이 있다. 바로 메르노 섬이다. 포인트에는 오렌지 색의 계류 부이가 설치되어 있다. 입수 지점은 5m 수심의 리프 지역이며 슬로프를 따라 내려가면 수심 22m의 모래 바닥을 만나게 되고 여기서 조금 더 진행하면 다시 27m 수심의 또 다른 모래 바닥이 있다. 여기에서부터 다시 슬로프가 33m 깊이까지 이어지는 지형이다. 오후 점심 시간 무렵 이후에 이곳에 들어가면 모래 바닥 곳곳에 배를 깔고 엎드려서 낮잠을 자는 화이트 팁 상어들을 무수히 목격할 수 있다. 쉬고 있는 상어들에게는 최대한 조심스럽게 접근해야 하며, 이상한 낌새를 느끼면 금세 다른 곳으로 가 버린다. 그러나 그 자리에서 계속 기다리면 게으른 녀석들은 다시 원위치

로 돌아와 계속 잠을 청하기도 한다. 이곳은 잠자고 있는 상어에게 최대한 가까이 접근하여 근접 촬영할 수 있는 곳이며, 가끔 이글레이도 이곳에서 잠을 잔다. 화이트팁 상어 외에도 대형 붉은 도미 종류와 쉐브런 바라쿠다

▲ (사진 5-25) 아포 리프 '메노르 섬'의 모래 바닥에서 잠자는 상어들에 접근하고 있는 다이버. 이곳의 모랫바닥에서는 잠을 자는 화이트팁 상어들을 무수히 목격할 수 있으며 조심스럽게 접근하면 상어의 눈을 근접 촬영 할 수도 있다.

떼를 곧잘 목격할 수 있다.

아포 섬 인근 지역과는 달리 이곳은 강한 조류도 별로 없어서 편안하게 다이빙을 즐길 수 있는 곳이지만, 수심이 꽤 깊고 주로 오후에 들어가게 되므로 무감압 한계 시간을 넘기기 쉬워서 수심 관리에는 신경을 써야 한다. 섬의 북쪽 지역은 만타레이가 가끔 나타난다고 해서 Manta Point라고도 불리는데, 만타를 보지 못하는 경우에는 달리 볼 만한 것이 아무것도 없어서 다이버들이 즐겨 찾는 곳은 아니다. 메노르 섬은 아포 리프에서는 드물게 야간 다이빙이 가능한 곳이기도 하다.

··· 노스 월North Wall

아포 리프 북쪽의 거대한 드롭오프 지역으로 형성된 환상적인 다이브 포인트이다. 수심 5m 지역에서 입수하면 엄청나게 넓은 경산호 지대가 펼쳐진다. 이곳에는 대형 스위트립과 도미 종류들이 떼를 지어 서식하며 화이트팁 상어도 흔히 발견된다. 이곳은 아포 리프의 남쪽 지역과 달리 조류도 그리 강하지 않다. 산호 지대를 계속 가로질러 가면 가파른 직벽으로 연결되는 드롭오프에 다다르게 된다. 벽은 매우 깊은 수심까지 떨어지지만 대개는 수심 20m 정도에서 오른쪽 어깨를 벽 쪽으로 향하게 하고 동쪽 방향으로 다이빙이 진행된다. 60분 정도 진행하면 리프

▲ (사진 5-26) 아포 리프 '노스 월'의 나폴레옹 놀래기

의 동쪽 끝 지점에 도착할 수 있으며, 리프의 벽 틈에서는 거북이와 랍스터 등을 발견할 수 있다. 이곳 주변에는 클리닝 스테이션이 있어서 만타레이가 자주 출현하는 곳으로도 유명하다. 12월부터 3월까지는 해머헤드 상어들도 자주 나타난다. 해머헤드는 다이버를 발견하면 깊은 수심으로 도망치는데, 이 녀석들을 쫓아 너무 깊은 수심까지 들어가는 일이 없도록 조심해야 한다.

다이빙이 마무리될 무렵 다시 수심이 얕은 리프 지역으로 들어가서 아름다운 산호초 군락과 화이트팁 상어, 나폴레옹 놀래기 등을 찾아다니다 보면 자연스럽게 안전 정지가 끝나 있을 것이다. 출수는 리프를 벗어나 깊은 블루로 나와서 SMB를 띄운 후 올라가도록 한다.

··· 샤크 리지|Shark Ridge

아포 리프 지역 중에서 판단 섬이나 민도로 섬에 가장 가까운 곳에 있는 포인트이다. 이름에서 암시하듯 이곳에서는 상어들을 거의 항상 볼 수 있는데, 종류는 대부분

▲ (사진 5-27) 아포 리프 동쪽 '샤크 리지'의 화이트팁 상어

화이트팁 또는 블랙팁이다. 만타레이 또한 자주 나타나는 곳으로 알려져 있다. 산호초 지역은 그다지 인상적이지는 못하지만 대형 어류를 보는 맛으로 다이버들이 자주 찾는 곳이다.

아포 리프로부터 서쪽으로 약 20㎞ 정도 떨어진 곳에 있으며 이 지역에 밝은 가이드라야만 이 포인트를 찾을 수 있다. 수중 지형은 거대한 수중 바위Pinnacle인데 바위 상단은 거의 수면 높이까지 솟아 있지만 밑으로는 매우 깊은 수심으로 떨어진다. 이곳은 항상 강한 조류도 있는 곳이어서 경험 많은 다이버들만 다이빙이 가능하다. 그러나 어렵게 이 지역을 찾기만 한다면 충분히 많은 대형 어류들로 그 보상을 받을 수 있는 곳이기도 하다. 이곳이 유명해진 가장 큰 이유는 바다뱀 때문이다. 이 지역은 특히 바다뱀들이 밀집해서 서식하는 곳으로, 6월과 7월 사이의 짝짓기 시기에는 수천 마리의 바다뱀들이 이곳에 몰려들어 그야말로 장관을 이룬다. 바다뱀은 독성이 매우 강하다고 해서 위험한 동물로 여겨지는데 실제로는 입이 매우 작아서 다이버를 무는 경우는 거의 없으며 보기보다는 겁이 많은 동물이라고 한다. 그러나 너무 가깝게 접근하지는 않도록 한다.

Tip

베스트 어드밴스드 다이빙 사이트

갈라파고스Galapagos는 이 세상의 모든 다이버들이 평생 단 한 번만이라도 꼭 가 보고 싶어 하는 곳이다. 특히 지구의 거의 반대편에 있는 한국의 다이버들에게 갈라파고스는 그야말로 꿈의 다이빙 목적지가 아닐 수 없다. 중미 에콰도르 본토에서 서쪽으로 거의 1,000㎞나 떨어진 태평양 상의 갈라파고스 제도는, 그러나 모든 다이버를 다 받아 주는 곳은 아니다. 오직 리브어보드를 통해서만 접근해야 하는 큰 바다여서 항상 수면에는 높은 파도가 일렁거린다.

이 지역은 수많은 해류들이 겹치는 곳이어서 수중에는 도무지 방향을 예측할 수 없는 강한 조류들이 시도 때도 없이 밀어닥치며 수시로 그 방향이 바뀌곤 한다. 적도에 가까운 곳이라 수온도 차서 어떨 때에는 10℃까지 내려가기도 한다. 추운 물이야 경험 많은 다이버에게나 경험 적은 다이버에게나 똑같은 고통이겠지만, 문제는 7㎜ 웨트 수트나 드라이 수트의 부력을 상쇄하기 위해 평소보다 훨씬 무거운 웨이트를 달아야 하므로 그만큼 부력 조절이 어려워진다는 데 있다. 경험 많은 다이버들도 갈라파고스 바다에서는 일행으로부터 떨어져 나가 조난을 당하는 경우가 빈번하게 발생하곤 해서 다이버들은 조난 위치를 자동적으로 알려 주는 GPS 조난 신호기를 항상 휴대하고 다이빙을 한다. 안전 정지를 하고 있노라면 험상궂은 커다란 상어들이 다이버의 주위를 빙빙 돌며 공포 분위기를 조성하기도 한다.

그러나 갈라파고스에서는 수백 마리씩 떼를 지어 회유하는 해머헤드 (망치상어) 무리를 비롯하여 고래상어, 비단상어, 갈라파고스상어, 레오파드상어, 불헤드상어, 만타레이, 이글레이, 마블레이 등 헤아릴 수 없는 많은 대형 어류들과 바다표범, 돌고래, 심지어는 펭귄까지 물 속이나 수면에서 만나 볼 수 있는 환상적인 경험을 하게 된다. 경험 많은 다이버들이 많은 비용과 큰 고생을 각오하면서 굳이 이곳을 찾는 것은 다 그만한 이유가 있는 것이다.

미국의 'SCUBA Diving Magazine'이 선정한 2014년의 태평양/인도양 지역 **'Best Advanced Diving Sites'**들은 다음과 같다.

·· 에콰도르 갈라파고스 제도Galapagos Islands

·· 미크로네시아 추크Chuuk

·· 코스타리카 코코스 아일랜드Cocos Island

·· 프랑스령 폴리네시아 타히티Tahiti

·· 뉴질랜드 푸어나이츠 군도Poor Knights Islands

(사진 5-28) ▶
갈라파고스 다이빙 수중에서
엄청난 조류 때문에 바위를
양손으로 꼭 붙잡고 버티고 있는
필자의 버디인 말레이시아 다이버.
거의 90도 각도로 옆으로 쏠리는
공기 거품이 조류의
강도를 말해 주고 있다.

5-4
투바타하 국립 공원^{Tubbataha Reef National Park}

투바타하 지역 개요

      필자를 포함하여 필리핀에서 많은 다이빙 경험을 가진 다이버들이 공통적으로 필리핀 최고의 다이빙 사이트로 꼽는 데 주저하지 않는 곳이 바로 투바타하 해상 국립 공원^{Tubbataha Reef National Park}이다.

▲ (지도 5-5) 투바타하 국립 공원의 위치. 팔라완과 비사야의 중간에 있는 술루해의 환초 지역이다.

투바타하는 팔라완 섬과 비사야 사이의 술루해에 위치한 환초 수역으로 북환초North Atoll와 남환초South Atoll 두 지역으로 구분된다. 인근 수역에는 이렇다 할 작은 섬마저 없는 망망대해에 위치하고 있어 오직 리브어보드로만 다이빙이 가능하다. 투바타하는 1993년에 유네스코 세계 유산UNESCO World Heritage으로 지정되어 보호받고 있으며, 지리적 위치와 지형적 특성으로 인해 필리핀은 물론 인근 동남아 지역의 해양 생물 생태계에 큰 영향을 미치는 중요한 지역으로 알려져 있다. 거대한 환초의 영향으로 절경을 자랑하는 이곳도 과거 다이너마이트를 사용한 불법 어획 등으로 몸살을 앓다가 1988년 당시 필리핀 대통령이자 그 자신이 열성 다이버였던 피델 라모스Fidel Ramos 대통령에 의해 조직된 국립 공원 레인저들이 1년 365일 보호 및 감시 활동이 시작한 이후 원래의 모습을 회복하여 지금까지 잘 지켜지고 있다.

▲ (사진 5-29) 투바타하 리프 위에 외롭게 떠 있는 레인저 스테이션.
전원 자원 봉사자들로 구성된 레인저들이 이 외딴 곳까지 와서 국립공원 전역을 감시한다.

투바타하 해상 국립 공원은 경관과 생태계 보호를 위해 엄격하게 관리되고 있으며 특별한 법률에 의해 자연 훼손 행위가 금지되어 있다. 또 전담 레인저들이 1년 365일, 하루 24시간 감시와 순찰 활동이 하는 만큼 부주의로 문제를 일으키는 일이 없도록 하여야 한다. 대표적인 금지 행위는 낚시를 포함한 일체의 어로 행위, 쓰레기를 바다에 버리는 행위, 산호초 위에 닻을 이용하여 보트를 정박시키는 행위, 바닷속의 동식물을 만지거나 쫓는 행위 등이며 제트 스키 등의 모터 스포츠 또한 금지되어 있다.

투바타하 다이빙 시즌과 리브어보드

투바타하 수역은 태풍과 같은 기상 조건을 고려하고 또한 해양 생물 보호를 위해 3월 중순부터 6월 초순까지만 다이버들에게 개방된다. 일년 중 불과 4개월도 되지 않는 이 시즌에 맞춰 여러 종류의 리브어보드들이 팔라완을 중심으로 운항되고 있다. 투바타하 리브어보드 요금은 보트나 선실에 따라 다소의 차이는 있지만, 대개 1,900불에서 2,500불 정도인데 여기에는 투어 기간 중 선실에서 먹고 자고 다이빙하는 대부분의 비용이 모두 포함된다. 즉, 선실에서의 숙박 비용, 식사 비용, 가이드를 포함한 하루 평균 5회의 다이빙 비용, 그리고 푸에르토프린세사 공항에서의 픽업 및 트랜스퍼 비용 등이 포함되어 있는 경우가 많다. 투바타하 리브어보드에서는 첫날과 마지막 날을 제외하고는 매일 주간 다이빙 4회, 야간 다이빙 1회 등 5회씩 다이빙을 하게 된다.

투바타하 리프는 술루해 한가운데에 있는 망망대해인만큼 항상 강한 조류가 동반되는 드리프트 다이빙이 주종을 이룬다. 리프의 벽을 따라 흘러가는 다이빙이 많지만, 가끔 주변에 아무런 레퍼런스가 없는 오직 푸른 빛의 바닷속에서의 블루 워터 다이빙도 이루어진다. 이 수역에는 화이트팁, 블랙팁, 그레이리프는 물론 고래상어, 해머헤드, 환도상어 등 희귀한 대형 상어들과 만타레이, 이글레이 등 대형 가오리 종류들을 흔히 볼 수 있다. 한마디로 투바타하는 필리핀을 대표하는 최고의 다이빙 사이트임에 틀림없는 곳이다.

찾아가는 법

레귤러 트립의 경우에는 팔라완의 **푸에르토프린세사**에서 승선하고 또 하선한다. 푸에르토프린세사 국제공항Puerto Princessa International Airport, PPS은 필리핀항공, 세부퍼시픽 등 여러 항공사들이 마닐라와 세부 등 주요 도시와 잇는 항공편을 매일 여러 차례 운항하고 있다. 말레이시아항공이 **코타키나발루**와 푸에르토프린세사 간의 직항편을 운행하기 때문에 국제공항으로 분류되어 있다. 대부분의 리브어보드 회사들이 푸에르토프린세사 공항과 보트 사이의 왕복 교통편을 제공한다. 푸에르토프린세사 공항에서 보트가 정박하고 있는 항구까지는 30분 정도면 도착한다. 중간에 항해 중에 필요한 물품을 구입할 수 있도록 쇼핑몰에서 잠시 정차해 주기도 한다. 리브어보드들은 대부분 푸에르토프린세사 항구에 정박한 상태로 저녁 식사를 하고 전체 일정에 대한 오리엔테이션을 한 후 저녁 늦은 시간에 항구를 떠나 투바타하 리프로 향하며 그 다음 날 아침부터 다이빙이 시작된다. 출항 전에 국립 공원 직원들이 승선하여 다이버들에게 투바타하에 대한 소개와 지켜야 할 규칙에 대한 브리핑도 한다. 푸에르토프린세사 항구로부터 투바타하 리프까지는 열 시간 정도 걸린다.

Transition Trip 1을 택한 경우에는 푸에르토프린세사 대신 보트가

▲ (사진 5-30) 투바타하 리프로 가는 관문인 푸에르토프린세사 공항

첫 출항을 하는 바탕가스의 아닐라오 또는 세부로 들어가야 한다. 마닐라의 파사이에 있는 버스 터미널에서 바탕가스로 가는 버스를 타면 두 시간 반 정도 걸려 바탕가스 그랜드 터미널에 도착하는데, 이곳에서 아닐라오행 지프니를 타면 된다. 투바타하 일정이 끝난 후에는 푸에르토프린세사 항으로 돌아가므로 돌아오는 항공편은 이곳에서 출발하여 마닐라나 세부로 가는 편도 항공편을 예약해야 한다. 푸에르토프린세사 항에서 공항까지는 차량편이 제공된다.

하지만 Transition Trip 2를 택한 경우에는 마닐라 또는 세부에서 국내선 비행기를 타고 푸에르토프린세사 공항으로 가서 대기하고 있는 리브어보드 회사의 픽업 서비스를 이용하여 보트로 이동한다. 여정이 끝나면 보트는 바탕가스의 아닐라오나 세부로 돌아가는데 아닐라

오 또는 세부에서 마닐라까지의 교통편은 요금에 포함되어 있지 않으므로 각자가 해결하여야 한다. 세부에는 공항이 있어서 별문제가 없지만, 아닐라오로 귀항하는 경우에서 지프니를 타고 바탕가스 그랜드 터미널 또는 바탕가스 다이버전Diversion까지 간 후 그곳에서 마닐라행 버스를 타면 된다.

투바타하 지역 다이브 포인트

투바타하 리프는 남환초South Atoll와 북환초North Atoll 두 개의 수중 환초로 이루어져 있다. 대개의 리브어보드들은 일정을 둘로 나누어 남환초와 북환초를 차례대로 돈다. 파도와 조류의 상황에 따라 실제로 다이빙이 이루어지는 포인트는 그때그때 달라질 수 있는데, 대체로 투바타하 리프의 포인트들은 강한 조류를 동반하는 경우가 많아 조류를 타고 벽을 따라 흐르는 드리프트 다이빙으로 진행되는 경우가 많다. 투바타하 리프의 주요 포인트들은 다음과 같다.

... 델산 렉Delsan Wreck

스내이퍼와 스위트립 떼들이 둘러싸고 있는 렉으로, 이글레이와 상어 종류, 거북이들이 자주 출현하는 곳이다. 렉 주변에는 다양한 종류의 마크로 생물들도 많이

▲ (사진 5-31) 투바타하 '델산 렉'의 스위트립

서식하고 있어 리브어보드들이 즐겨 들르는 단골 포인트 중 하나이다.

··· 블랙 록Black Rock

▲ (사진 5-32) 투바타하 '블랙 록'의 화이트팁 상어

서전피시, 레인보우 러너, 스위트립 떼들이 항상 있는 포인트이며 거대한 테이블 산호 밑에서 쉬고 있는 화이트팁 상어들도 자주 보인다. 리프에는 아름다운 색깔의 산호들이 서식하는 아름다운 포인트이다.

··· 말레이 렉Malayan Wreck

▲ (사진 5-33) 투바타하 '말레이 렉'을 살펴보는 다이버

침몰한지 오래된 폐어선 렉으로 선체 안팎과 그 주변에 온갖 다양한 마크로 생물들이 서식하는 곳이다. 주변 리프에는 다양한 종류의 산호들과 대형 스위트립들이 많이 서식한다.

··· 워싱 머신Washing Machine

▲ (사진 5-34) 투바타하 '워싱 머신'에서 만타레이를 촬영하고 있는 러시아 여성 다이버

이름 그대로 마치 세탁기 속에 들어 있는 것을 연상시킬 만큼 예측 불허의 강한 조류가 자주 발생하는 곳이다. 상승 조류와 하강 조류도 빈번히 발생한다. 그러나 그만큼 상어들과 만타레이와 같은 대형 어류들이 자주 나타난다.

··· 라이트하우스 Lighthouse

비교적 수심이 얕은 리프가 경사
면을 이루고 있는 지형이며, 바닥
에는 수초와 연산호들이 많아서
특히 거북이들이 많이 있는 곳이
다.

▲ (사진 5-35) 투바타하 라이트하우스의
리프와 거북이

Tip

투바타하에 취항하는 리브어보드의 항해 스케줄을 보면 'Regular Trip'이라는 용어와 'Transition Trip'이라는 용어를 종종 발견할 수 있다. 투바타하로 나가는 리브어보드들은 시즌 중에는 대부분 팔라완의 푸에르토프린세사 Puerto Princessa 를 모항母港으로 삼아 이곳에서 출항하여 투바타하 리프로 나가 다이빙 여행 일정을 소화한 후 다시 푸에르토프린세사 항으로 되돌아오는데, 이런 정규 항해를 'Regular Trip'이라고 부른다. 시즌 중 푸에르토프린세사에 머무는 이유는 이곳이 투바타하로부터 가장 가까운 항구이므로 연료비를 최소화할 수 있으며 인근에 공항이 있어서 다이버들을 유치하기가 쉽고 항해에 필요한 보급을 쉽게 받을 수 있기 때문이다.

그러면 일 년에 불과 4개월밖에 되지 않는 투바타하 시즌이 끝나면 이 배들은 어디로 갈까? 대부분의 보트들은 바탕가스의 아닐라오 항 또는 세부 항을 평상시의 모항으로 사용한다. 즉, 투바타하 시즌 외에는 아닐라오나 세부를 중심으로 다른 여행을 소화하는 것이다. 그러다가 투바타하 시즌이 시작되면 원래의 모항을 떠나 먼 길을 항해하여 팔라완의 푸에르토프린세사로 이동한다. 이 첫 항해를 일컬어 투바타하 리브어보드 업계에서는 'Transition Trip 1'이라고 부른다. 빈 배로 긴 여정을 그냥 가는 것보다는 기왕이면 손님들을 싣고 팔라완으로 이동하면서 중간에 투바타하 리프를 거치는 편이 경제적으로 훨씬 이득이다. 어차피 푸에르토프린세사까지 가려면 투바타하 리프를 지나가야 하기 때문이다. 여기에 한 술 더 떠서 많은 다이버들이 가고 싶어 하는 아포 리프Apo Reef까지 경유지 형태로 들를 수 있다. Transition Trip 1에 승선하는 다이버들은 푸에르토프린세사로 들어가는 대신에 아닐라오나 세부로 가서 배를 타야 하지만, 그 대신 Regular Trip과 같은 돈을 내고도 아포 리프에서 하룻동안 보너스 다이빙을 즐길 수 있게 된다. 그리고 일정이 끝나면 푸에르토프린세사에서 하선하여 돌아오게 된다.

6월 초, 드디어 4개월의 투바타하 시즌이 끝나면 보트는 푸에르토프린세사 항에 작별을 고하고 원래의 모항인 아닐라오나 세부로 되돌아와야 한다. 이때에도 마지막 회차回次의 다이버들을 태우고 투바타하 리프에서의 다이빙 일정을 모두 소화한 후 역시 아포 리프를 거쳐 아닐라오로 돌아오게 되는데 이런 시즌의 마지막 항해를 '**Transition Trip 2**'라고 부른다. Transition Trip 2을 선택한 경우에는 푸에르토프린세사에서 승선하고 아닐라오 또는 세부에서 하선하게 된다. 같은 요금에 투바타하 리프에서의 다이빙과 아포 리프에서의 다이빙을 동시에 즐길 수 있기 때문에 어떤 다이버들은 Transition Trip만을 노려 예약하기도 한다.

chapter 6
민다나오 지역

민다나오는 필리핀에서 가장 남쪽에 자리 잡은 거대한 섬이다. 루손에 이어 두 번째로 큰 섬이기는 하지만, 역사적, 정치적, 종교적 이유로 소외되고 차별을 많이 받아 온 탓에 전체적으로 볼 때 필리핀에서도 가장 가난한 지역으로 알려져 있다. 필리핀 내 이슬람교도 대부분이 이 지역에 살고 있으며 모로 이슬람 통일전선MILF:Moro Islamic Liberation Front 등의 반군 세력이 아직도 필리핀 중앙 정부와 마찰을 일으키고 있다. 특히 민다나오 섬 서쪽 술루해의 도서 지역은 테러, 납치, 해적 행위들이 종종 일어나고 있어 전 세계적으로 여행이 금지된 지역이기도 하다. 우리나라에서도 마찬가지이지만, 필리핀 중에서도 민다나오는 위험한 곳이어서 절대로 가면 안 된다는 막연한 인식이 많은 것 같다. 그러나 실제로 서부 도서 지역과 중부 밀림 지대 등 일부 위험 지역을 제외한 대부분의 지역, 특히 다바오를 중심으로 하는 남부 지역과 비사야 지방에 가까운 북부 지역은 필리핀의 다른 지역에 비해 특별히 더 위험한 요인은 거의 없다.

민다나오의 도시들은 필리핀 국내외 관광객들을 유치하기 위해 많은 노력을 기울이고 있으며 실제로 관광객들이 편히 휴식을 취할 수 있는 리조트들이 많이 있다. 다이빙 사이트는 북쪽의

칼리보
Banwa
it Kalibo

마스바테
Masbate

타크로반
Siyudac han
Tacloban

엘로엘로
Iloilo

바콜로드
Bacolod

세부
Dakbayan
sa Sugbu

네그로스 섬
Negros

보홀
Bohal

수리가오
Lungsod
ng Surigao

더마겟
Lungsod ng
Dumeguete

카미긴

부투안
Butuan

민다나오섬
Mindanao

일리간
Iligan

타굼
Lungsod
ng Tagum

다바오
Dabaw

참보앙가
amboanga

다바오

민다나오

제너럴 산토스
Lungsod ng
General Santos

▲ 〈지도 6-1〉 민다나오 지역 다이브 사이트

'카미긴'과 남쪽의 '다바오'를 중심으로 개발되어 있으며 다이브 센터들도 많이 들어서 있다. 그럼에도 불구하고 아직까지는 이곳을 찾는 외국인 다이버의 숫자가 다른 지역에 비해 적은 것이 사실이다. 그래서 이 지역에서는 유난히 필리핀 현지 다이버들을 많이 볼 수 있다. 민다나오의 다이빙은 아직도 진행형이며 민다나오의 바다를 찾는 다이버의 숫자는 앞으로 점점 늘어날 것으로 예상된다.

6-1
카미긴^{Camiguin}

카미긴 지역 개요

카미긴은 행정적으로는 민다나오 섬의 북쪽에 위치한 아름다운 작은 섬 지역이지만, 실제로는 같은 민다나오 섬에 있는 다바오보다 비사야 지역의 보홀에 더 가까운 곳에 위치하고 있다. 따라서 보홀에서 리브어보드 형태로 카미긴을 찾는 경우도 더러 있다. 섬 안에는 1951년까지 폭발을 계속했던 **히복히복 산**^{Mt. Hibok Hibok}을 비롯하여 여러 개의 활화산이 있다. 1521년에 마젤란이 이 섬에 상륙한 이후 오랜 기간 동안 스페인 점령기를 겪은 탓에 아직도 섬 곳곳에 고색창연한 스페인 유적지들과 건축물들이 많이 남아 있다. 1901년 미국과 스페인 간의 전쟁 때에는 미군들이 상륙하여 주둔하였고, 제2차 세계 대전 때에는 일본군들이 진주하여 자치 정부를 세우는 등 파란만장한 역사를 지닌 섬이기도 하다. 섬 주변은 아름다운 백사장들이 많으며 크고 작은 리조트들이 많이 들어서 있다.

카미긴 지역 다이브 리조트

카미긴 섬 안에도 곳곳에 다이브 리조트들이 있다. 다이빙 비용은 자가 장비를 사용할 경우 1회 보트 다이빙에 1,000페소(25불)에서 1,200페소(30불) 정도이며 숙박비 또한 필리핀의 다른 지역에 비해 약간 저렴하다. 카미긴에서 추천할 만한 다이브 리조트들은 다음과 같다.

리조트	위치	객실 수	숙박 비	다이빙 비용	참고 사항
Johnny's Dive www.johnnysdive.com	Agoho	없음		$27	현지 업체
Camiguin Gecko's Dive Resort (agoda) www.camiguin.ph	Agoho	11	$20	$30	현지 업체 Budget
Algen's Dive Resort (agoda) www.algensdivecamiguin.com	Catohugan	10	$36	$30	현지 업체 Budget

찾아가는 법

카미긴 섬 안에 작은 규모의 카미긴 공항Camiguin Airport, CGM이 있으며, 세부퍼시픽이 세부 공항에서 카미긴까지 일주일에 세 편을 운항한다. 카미긴 공항에는 마닐라 직항편이 없기 때문에 대부분의 관광객과 다이버들은 카미긴 공항보다는 민다나오 본 섬의 북부 지역 관문도시인 카가얀 데오로 국제공항Cagayan de Oro International Airport, CGY을 이용한다. 카가얀 데오르 공항까지는 마닐라, 세부는 물론 같은 민다나오 섬의 다바오에서도 항공편이 운항되고 있으며, 가루다항공이 자카르타와의 직항편도 운항하고 있다. 카가얀 데오로는 카미긴에서 불과 88㎞밖에 떨어져 있지 않다. 카가얀 데오로 공항에서 지프니를 타고 약 14㎞ 떨어진 데오로 시내에 있는 아고라Agora 버스 터미널까지 간 후 그곳에서 발링고안까지 버스로 이동한다. 발링고안까지는 버스로 두 시간 정도 소요된다. 이곳에서 카미긴으로 가는 페리를 탈 수 있는데, 보트는 새벽 네 시부터 오후 다섯 시까지 수시로 운항하며 소요 시간은 한 시간 정도이다.

보홀에서 출발하여 카가얀 데오로를 거쳐 카미긴까지 연결하는 고속 카타마란 보트도 매일 한 차례씩 운항되므로 보홀에서 출발하여 카미긴에 들어갈 수도 있다. 보홀의 자그나Jagna 항에서 매일 오후 한 시에 출항한다. 또한 세부 항구에서 출항하여 카미긴까지 들어가는 페리가 일주일에 한 편 운항되는데 소요 시간은 열두 시간 정도이다.

카미긴 지역 다이브 포인트

■ (지도 6-2) 카미긴 다이브 사이트

··· 아구타얀 리프Agutayan Reef

카미긴 섬 북쪽에 있는 작은 섬인 **화이트 아일랜드**White Island 인근에 있는 포인트이다. 이곳은 매우 넓고 얕은 수심의 산호초 지역이어서 다이버와 스노클러들이 함께 즐기는 곳이기도 하다. 각종 산호들과 작은 리프 어류들이 많이 서식한다. 포인트의 동쪽 지역은 15m 정도까지 깊어지는데 이쪽에는 바라쿠다와 참치와 같은 대형 어종들이 나타난다.

··· 메디나 스프링Medina Underwater Spring

아구타얀 리프에서 얼마 떨어지지 않은 화이트 섬 인근의 포인트인데 카미긴 지역에서도 매우 흥미롭고 특이한 다이빙 장소이기도 하다. 이곳에서는 보통 두 번의 다이빙을 하게 되는데 공통적으로 바다 밑바닥으로부터 차가운 민물이 마치 맥주 거품처럼 보글보글 올라오는 신기한 경험을 할 수 있다. 첫째 포인트는 수심 27m 정도까지 내려가는 **파라다이스 캐니언**Paradise Canyons으로 벽에는 수많은 크랙과 크레바스들이 있고 이 안에 다양한 수중 생물들이 서식한다. 따라서 다이빙 라이트를 가져가도록 한다. 둘째 다이빙은 수심이 낮은 지역인 **아쿠아리움**Aquarium인데 이름에서 알 수 있듯 수많은 물고기 떼가 마치 수족관에 들어온 듯한 느낌을 주는 곳이다.

··· 직둡 숄Jigdup Shoal

많은 다이버들이 민다나오 지역에서 최고의 사이트 중 하나로 꼽는 포인트이다. 지형 자체의 경관이 뛰어날 뿐 아니라 온갖 종류의 산호들과 리프 어류들은 물론 바라쿠다, 참치, 상어 종류, 가오리 종류 등 그야말로 다양한 해양 생물들이 다이버들의 정신을 혼미하게 만드는 곳으로 유명하다. 특히 연중 내내 시야가 밝아서 와이드 앵글 수중 사진을 찍는 다이버들에게는 천국과 같은 곳이다. 다만, 조류가 때때로 매우 강하게 일어나므로 주의해야 하며 상황이 좋지 않은 경우에는 공기 잔압이 3분의 2 정도 남았을 때 보트로 되돌아오기 시작하는 것이 좋다. 리프의 얕은 곳은 거의 수면과 맞닿을 정도이지만, 깊은 곳은 40m까지 떨어진다.

⋯ 푼타 디와타Punta Diwata

카미긴 섬의 동쪽 부분에 자리 잡은 포인트인데 마치 계단과 같은 형태로 단계적으로 깊어지는 지형이며 가장 깊은 곳은 40m까지 내려간다. 계단 벽에는 각종 산호들이 군락을 이루며 서식하고 주변에는 다양한 종류의 어류들이 떼를 지어 돌아다닌다. 이곳 역시 비가 많이 오는 경우가 아닌 한 연중 시야가 대단히 좋은 곳이지만, 조류는 조금 있는 편이다.

⋯ 카부안 포인트Cabuan Point

수심이 깊지 않고 조류가 약해서 초보 다이버들도 부담 없이 즐길 수 있는 포인트이다. 위치는 카미긴 섬의 동남쪽이다. 리프 전체가 매우 다양한 종류의 산호들로 덮여 있다.

6-2
다바오^{Davao}

다바오 지역 개요

　　다바오는 민다나오 섬의 남쪽 지역에 자리 잡은 큰 도시이다. 시내는 쇼핑몰과 대규모 시장, 은행, 패스트푸드 식당에 이르기까지 거의 모든 것을 갖추고 있다. 필리핀에서 거의 최남단에 위치한 다바오는 적도에서 불과 7도 정도밖에 떨어져 있지 않다. 필리핀의 다른 곳이 태풍으로 매년 큰 피해를 입는 것과는 달리 다바오를 비롯한 민다나오 대부분의 지역은 태풍의 영향권에 들어가는 일이 결코 없다. 따라서 필리핀의 태풍 시즌에도 다바오에서의 다이빙은 전혀 영향을 받지 않는다. 거의 매일 아주 짧은 시간 동안 비가 내리지만 그 밖의 시간에는 거의 햇살이 내리쬐는 마치 하와이와 비슷한 기후를 보이는 곳이다.

다바오 지역 다이브 리조트

　　민다나오 시내의 산타아나 와프^{Sta. Ana Wharf} 일대에는 적지 않은 다이브 센터들이 영업하고 있는데, 필리핀의 다른 지역과는 달리 현지인 다이버들의 비중이 높다. 아직까지는 민다나오는 위험한 지역이라는 인식이 외국인 다이버들을 본격적으로 유치하는 데 어려움을 주는 듯하다. 이런 이유로 현지 샵으로 직접 가서 다이빙을 하는 경우에는 다른 지역에 비해 비용이 매우 저렴한 편이다. 자가 장비를 사용할 경우 750페소 정도로 2회 보트 다이빙을 즐길 수도 있다.

다바오에서는 두 가지 전혀 다른 다이빙을 선택할 수 있다. 첫째 옵션은 다바오 시내의 적당한 숙소에 묵으면서 현지 다이브 센터를 찾아가서 당일치기 형태로 다이빙을 하는 방법이다. 이렇게 할 경우 모든 비용을 다 감안하더라도 필리핀에서 가장 저렴한 비용으로 다이빙 여행을 즐길 수 있을 것이다. 같은 보트에 타는 동료 다이버들 또한 다른 곳처럼 한국인이나 서구인들이 아닌 필리핀 다이버들일 가능성이 높다. 현지인들이 많은 탓에 안전에 다소 소홀한 경향이 있으므로 각자 주의해서 다이빙하도록 해야 한다. 다바오 시내에서 추천할 만한 다이브 센터들은 다음과 같다.

다바오 지역 다이브 센터 (표6-2)

리조트	위치	객실 수	숙박 비	다이빙 비용	참고 사항
Carabao Dive Center www.divedavao.com	Santa Ana 인근 지역	없음		$19/2회	현지 업체
South Shore Divers southshoredriversdavao.com	Shore Street	없음		$48/2회	현지 업체

▲ (사진 6-1) 다바오 사말 섬에 자리 잡은 '호프 고레이 리조트'.
객실마다 전담해서 시중을 들어 주는 버틀러가 배치된다.

그러나 다바오에서는 또 다른 종류의 귀족(?) 다이빙을 경험할 수도 있다. 바로 다바오 인근 섬의 리조트에 묵으면서 프라이비트 다이빙을 즐기는 방법이다. 다바오 지역을 찾는 외국인 관광객들은 대부분 다바오 시내가 아닌 인근 섬의 리조트에 묵는다. 가장 대표적인 곳이 사말 섬인데 섬의 아름다운 비치를 따라 고급 리조트들이 들어서 있다. 사말 섬의 리조트들은 객실별로 전담하여 시중을 드는 버틀러Butler가 배정되는데 이 버틀러는 밤에 잠자는 시간을 빼고는 항상 주변에서 대기하고 있다가 필요한 시중을 들어 준다. 아침 식사는 버틀러가 방까지 가져와서 차려 주며, 점심 식사와 저녁 식사는 객실, 식당 또는 비치 등 자신이 원하는 곳을 말하면 원하는 시간에 버틀러가 준비해 준다. 사말 섬의 추천할 만한 리조트는 다음과 같다.

사말 섬 지역 주요 리조트 (표 6-3)

리조트	위치	객실 수	숙박비	다이빙 비용	참고 사항
Hof Gorey Beach Resort (agoda) hofgorei-resortdavao.com	Samal Island	18	$60+	Private	현지 업체 Medium
Paradise Island Resort (agoda) www.paradiseislanddavao.com	Paradise Island	76	$70+	Private	현지 업체 Medium
Pearl Farm Beach Resort (agoda) www.pearlfarmresort.com	Samal Island	70	$140+	Private	현지 업체 Luxury

찾아가는 법

다바오 국제공항Davao International Airport, DVO은 민다나오 최대의 공항으로 활주로의 길이가 3,000m, 폭이 45m로 보잉 747 기종까지 이착륙이 가능하다. 필리핀의 거의 모든 항공사들이 마닐라, 세부, 클라크, 카가얀 데오로 등의 필리핀 주요 도시들과 다바오를 연결하며, 실크에어가 싱가폴과 다바오 간의 직항편을 운항하고 있다. 그러나 한국에서 다바오까지 직항편은 아직 없으므로 마닐라나 세부에서 국내선 비행기로 다바오까지 들어가서 다바오 공항에서 택시를 타고 다바오 시내로 들어가면 된다. 사말 섬의 리조트를 예약한 경우라면 공항에서 택시를 타고 산타아나 와프로 가면 되는데, 소요 시간은 30분 이내이다. 산타아나 와프에서 예약한 리조트의 보트를 타고 사말 섬으로 들어가면 된다. 택시 보트Taxi Boat를 타고 들어갈 수도 있는데 선착장에 있는 택시 보트 사무실에 들어가서 신청하면 된다.

다바오 지역 다이브 포인트

다바오 인근에는 수많은 다이브 사이트들이 개발되어 있지만 외국인 다이버들이 즐겨 찾는 포인트들은 아무래도 사말 섬 인근 지역에 밀집되어 있다. 주요 포인트들을 소개하자면 다음과 같다.

··· 리지드 케이브Ligid Cave

사말 섬 북쪽 지역에 자리한 포인트로, 처음에는 거의 수면에 접근해 있는 매우 얕은 산호초 지역으로 시작하지만 조금 더 지나면 약 15m 깊이로 급격하게 떨어진다. 여기에서 조금 더 내려가면 두 개의 동굴이 나타난다. 그중 대부분의 다이버들이 택하는 동굴은 입구가 세 개가 있어 어느 곳으로 들어가든 가운데의 거대한 동공洞空에서 만나게 된다. 이 동공에는 검은색 산호들이 가득 차 있으며 주변에는 각종 어류들이 선회한다. 최대 수심은 30m 정도이며 중급 정도의 다이버들에게 적합한 포인트이다.

⋯ 피너클 포인트Pinnacle Point

조류가 상당히 강한 지역이므로 가급적 만조 시간을 택하는 것이 조류
의 영향을 덜 받으면서 최대의 시야를 확보할 수 있는 방법이다. 입수
지점의 수심은 5m이며 이후 35m 깊이까지 거의 직벽으로 내려간다.
다이빙은 조류가 강하지 않는 한 벽을 따라 남동쪽 방향으로 진행하는
데, 벽에는 문어와 갑각류 등 각종 생물들이 서식한다. 특히 다양한 종
류와 색상의 갯민숭달팽이들이 많아 마크로 사진을 찍기에는 최적의 포
인트이다. 깊은 수심과 강한 조류를 감안하여 수심과 무감압 한계 시간
을 관리해야 하며 넉넉한 안전 정지 시간을 고려하여 충분한 공기 잔압
을 남긴 상태에서 보트로 되돌아가는 것이 좋다.

⋯ 핀다원 월Pindawon Wall

▲ (사진 6-2) '판다원 월'의 대형 양배
추 산호 속에 앉아 다이버를 바라보고
있는 스톤피시

사말 섬 동남쪽 지역에 자리 잡은 포인트
로 웅장한 직벽과 오버행들이 매우 인상
적인 포인트이다. 이 지역은 특히 양배추
형상의 산호들이 많이 서식한다. 입수 지
점의 수심은 10m이며 벽을 따라 40m의
깊은 수심까지 떨어지므로 수심 관리에
신경을 써야 한다.

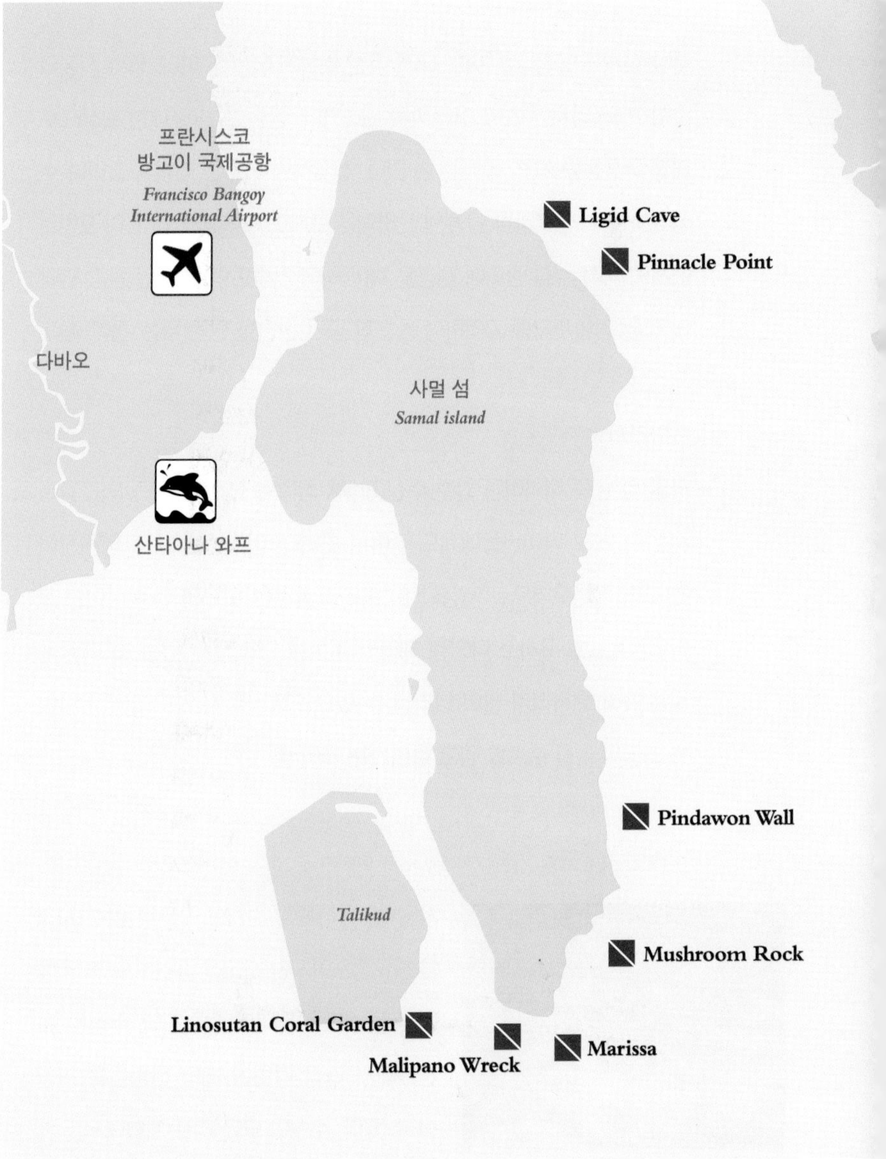

프란시스코
방고이 국제공항
Francisco Bangoy
International Airport

다바오

산타아나 와프

Ligid Cave

Pinnacle Point

사멀 섬
Samal island

Pindawon Wall

Talikud

Mushroom Rock

Linosutan Coral Garden

Malipano Wreck **Marissa**

▲ (지도 6-3) 다바오 다이브 사이트

··· 머시룸 록Mushroom Rock

사말 섬의 남동쪽 지역이며 대개 강한 조류가 있는 곳이다. 입수 지점의 수심은 5m이지만 최대 35m까지 내려간다. 강한 조류에 대한 보상으로 대형 어류들을 자주 목격할 수 있다. 전체적인 지형은 직벽 구조이며 수심 35m까지 급격하게 떨어진다. 바닥은 모래로 이루어져 있다. 이 포인트에서도 역시 수심 관리에 신경을 써야 하며 조류도 강한 곳인 만큼 만약의 경우 감압까지를 고려하여 충분한 공기 잔압을 남겨 두는 것이 좋다.

··· 마리사Marisa 1, 2, 3

사말 섬 남쪽 지역이며 입수 수심 8m에 최대 수심 18m로 조류도 강하지 않아 초보 다이버들에게도 적합한 곳이다. 이 부근은 진주 양식장이 있어서 보호 구역으로 지정되어 있다. 이 때문에 비교적 쉬운 다이빙 사이트임에도 불구하고 다양한 해양 생물들을 관찰할 수 있는 곳이다. 계절에 따라 해파리가 많이 나타날 수 있으므로 쏘이지 않도록 얇은 다이브 스킨이나 풀 수트를 입고 들어가는 것이 좋다.

··· 리노수탄 코랄 가든Linosutan Coral Garden

▲ (사진 6-3) '리노수탄 코랄 가든'의 다양한 산호들

사말 섬 남서쪽에 위치한 곳으로 입수 지점은 5m 정도이지만 비교적 급경사 구조의 벽이 수심 40m 이상까지 떨어진다. 수심 20m 전후에서 가장 다양한 해양 생물들을 관찰할 수 있다. 수심이 낮은 리프 지역에서는 스노클링도 가능하다.

··· 말리파노 렉|Malipano Japanese Wrecks

2차 대전 당시 침몰한 일본 선박 두 척이 약 30m 간격으로 가라앉아 있어서 한 번의 다이빙으로 두 개의 렉을 볼 수 있는 곳이다. 렉 다이빙을 많이 해 본 다이버에게는 그다지 새로울 것이 없어 보일 지도 모르지만, 이 지역에서는 흔치 않은 렉 사이트라는 가치가 있다. 수심이 40m에 달하기 때문에 딥 다이빙 교육 장소로도 많이 이용되는 곳이다.

Tip

Private Diving

다바오 사말 섬의 리조트에서는 여러 가지 액티비티 프로그램들을 제공하는데, 그중 하나가 스쿠바 다이빙이다. 스쿠바 다이빙을 선택하면 자신이 원하는 날짜와 시간에 맞춰 다바오 시내의 다이브 센터에서 전용 방카와 다이브 마스터가 리조트 선착장까지 찾아온다. 이 다이빙 팀은 오직 나와 내 일행만을 위한 사람들이다. 거기에 내 방을 책임지는 버틀러가 간식, 과일, 따뜻한 커피 등을 정성스럽게 챙겨서 다이빙 보트에 동승한다.

다이빙 또한 내가 원하는 포인트에서 내가 원하는 시간만큼 할 수 있다. 포인트들에 대해 잘 모를 때는 내가 원하는 다이빙 스타일이나 포인트 특성을 다이브 마스터에게 말해 주면 이 지역을 꿰고 있는 다이브 마스터가 나에게 가장 적합한 포인트를 추천해 주기 때문에 정보가 부족해도 걱정할 필요는 없다. 1회 다이빙이 끝나면 인근 섬에 상륙하여 해변에서 휴식을 취하는 동안 버틀러가 간식을 차려 준다. 필자는 아닐라오와 같은 곳에서 프라이비트 다이빙을 해 본 적이 있지만, 그런 다이빙이 소위 말하는 귀족 다이빙라면 다바오의 리조트에서 즐기는 프라이비트 다이빙은 말 그대로 황제 다이빙 수준이라고 할 수 있을 것 같다. 다이버라면 평생에 한 번 정도는 누려 볼 만한 호사가 아닐까 싶다. 비용도 비교적 합리적인 수준이다.

▲ (사진 6-4) 다바오의 프라이비트 다이빙 중 휴식을 위해 상륙한 작은 섬의 해변

부록

부록 1 : 필리핀 지역 주요 다이브 포인트 요약

부록 2 : 다이빙 여행 체크 리스트

부록 3 : 필리핀 지역 주요 골프장 목록

부록 4 : 세계 베스트 다이빙 사이트

필리핀 지역 주요 다이브 포인트 요약

지역	위치	포인트	수심(m)	수준	특징
루손	아닐라오	Cathedral	9-30	초중급	수중 십자가, 피시 피딩, 마크로
		Kirby's Rock	3-42	중급	딥, 월, 텍, 마크로
		Bahura	12-37	상급	드리프트, 대형 어류
		Eagle Point	5-18	초중급	리프, 마크로
		Author's Rock	5-18	초중급	리프, 마크로
		Koala	4-24	초중급	마크로
		Beatrice	5-27	중상급	드리프트
		Twin Rocks	2-30	초급	잭피시 스쿨, 마크로
		Daryl Laut	12-27	초중급	해저 구조물, 마크로
		Mainit Point	5-35	중급	수중 온천, 드리프트, 마크로
		Sepoc Wall	5-30	중급	딥, 마크로
		Coral Garden	5-18	초중급	리프, 마크로
	수비크 만	USS New York	15-28	상급(렉)	순양함 렉
		El Capitan	5-20	상급(렉)	마크로, 수중 사진
		Oryoku Maru	15-20	상급(렉)	수송선 렉
		San Quentin	12-16	중급	스페인 화물선
		LST	28-35	상급(렉)	상륙선 렉, 렉 다이빙 교육 사이트
	푸에르토 갈레라	Alma Jane	13-30	중급	화물선 렉
		Sabang Wreck	3-22	초급	폐어선 렉, 피시 피딩
		Coral Garden	3-15	초급	마크로
		West Escarceo	3-30	초중급	마크로, 월
		Hole in the Wall	9-18	중급	수중 동굴, 월
		Canyons	8-40	상급	딥, 드리프트, 대형 어종
		Sinandigan Wall	3-40	중급	딥, 월, 드리프트
		Verde Island	4-30	중급	다양한 어종, 드리프트, 월
	돈솔	Manta Bowl	20-35	상급	만타레이, 드리프트
		San Miguel Island	5-30	중급	드리프트, 마크로
		San Rafael	3-20	초급	마크로, 야간
팔라완	막탄	Tambuli	0-30	초급	월, 피시 피딩
		Kontiki	3-30	초급	월, 마크로
		Marigondon Cave	5-40	중급	월, 동굴, 딥
	모알보알	Pescador Island	5-50	중상급	월, 딥, 드리프트, 동굴, 대형 어종
		June Dive House	3-50	초중급	비치, 월, 딥, 마크로, 정어리 떼
		Talisay Wall	5-35	중급	월, 마크로, 거북
		Tongo Point	3-40	중급	월, 마크로, 거북
		Kasai Wall	5-40	중급	월, 마크로
		Tuble Reef	3-30	초중급	마크로
		Dolphin House	5-25	초중급	월, 마크로
		White Beach Point	5-25	초중급	월, 마크로
		Marine Sanctuary	5-45	중급	월, 딥, 마크로, 대형 어종

지역	위치	포인트	수심(m)	수준	특징
비사야	보홀	Cabilao Island	4–40	중급	해머헤드, 드리프트
		Napaling	3–30	중급	월, 마크로
		Tangan Wall	13–40	중급	월, 마크로, 드리프트
		Balicasag Island	0–40	중급	월, 잭피시, 바라쿠다
	두마게테	Tacot	12–23	상급	드리프트
		Calong Calong	3–36	초중급	월, 마크로
		Ducomi Pier	1–27	중급	항만, 마크로, 대형 어종
		San Miguel Point	5–25	초급	월, 마크로
		Banka / Car Wreck	5–30	초중급	마크로, 오픈 렉
		Poblacion Dauin	5–25	초급	월, 마크로
		Masaplod Norte / Sur	5–25	초급	월, 마크로
		Bahura House Reef	5–25	초급	비치, 월, 마크로
		Apo Island	3–35	초중급	월, 마크로, 대형 어종
	말라파스쿠아	Monad Shoal	15–40	중급	환도상어, 만타레이
		Gato Island	5–25	중급	월, 마크로, 동굴, 화이트팁
		Calanggaman	3–40	초중급	마크로
	보라카이	Yapak	30–40	중급	월, 드리프트, 딥, 대형 어종
		Friday's Rock	7–18	초급	마크로, 교육 다이빙
		Crocodile Island	5–25	중급	월, 드리프트
		Laurel Island 1 & 2	3–20	중급	월, 드리프트
팔라완	코론	Olympia Maru	12–25	상급(렉)	화물선
		Kogyo Maru	22–36	상급(렉)	수송선
		Okinawa Maru	10–26	상급(렉)	유류 보급선
		Akitsushima	22–36	상급(렉)	수상 항공기 지원선
		Ikaro	34–45	상급(렉)	식품 보급선
		East Tangat Gunboat	23–30	초중급	대잠 공격정
		Lusong Gunboat	0–10	초중급	공격정
		Barracuda Lake	0–40	초급	호수 다이빙, 할로클라인
	엘니도	Dilumacad Island	10–25	중급	월, 동굴, 대형 어종
		Matinloc Island	5–20	중급	월, 드리프트, 대형 어종
		Miniloc Island	13–21	초급	월, 마크로, 대형 어종
		Tres Marias	5–28	중급	월, 마크로
	아포 리프	Apo Island	15–50	중상급	드리프트, 대형 어류, 딥, 만타레이
		Shark Ridge	15–50	중급	상어, 만타레이
		Binangaan Drop–Off	15–50	중급	월, 딥, 마크로, 대형 어종
		Hunter's Rock	9–50+	중급	월, 바다뱀, 드리프트, 마크로
	투바타하	Delsan Wreck	6–70	중급	렉, 드리프트, 다양한 어종
		Black Rock	6–70	중급	월, 드리프트, 화이트팁
		Washing Machine	6–70	중상급	드리프트, 대형 어종
		Malay Wreck	5–30	중급	렉, 마크로, 스위트립
		Lighthouse	5–30	중급	월, 마크로, 거북

지역	위치	포인트	수심(m)	수준	특징
민다나오	카미긴	Agutayan Reef	5–40	중급	마크로
		Medina Spring	6–33	초중급	해저 기포, 다양한 어종
		Jigdup Shoal	0–40	중급	월, 드리프트, 다양한 어종, 대형 어류
		Punta Diwata	0–40	중급	월, 마크로
		Cabuan Point	0–30	초급	마크로
	다바오	Ligid Cave	0–30	중급	월, 동굴
		Pinnacle Point	8–35	중급	드리프트, 월, 마크로
		Pindawon Wall	10–40	중급	월, 딥
		Mushroom Rock	5–35	중급	월, 드리프트, 대형 어종
		Marisa 1, 2, 3	8–18	초급	마크로
		Malipano Wreck	18–40	상급	딥, 렉
		Linosutan Garden	5–40	초중급	월, 마크로

다이빙 여행 체크 리스트

목적지: 출국일:

여행기간: 일   귀국일:

	소요량	확인		소요량	확인
1. 다이빙 장비			**5. 필수 전기용품**		
BCD			휴대폰		
호흡기			USB 충전콘센트		
마스크			USB 충전케이블		
웻수트			랩탑컴퓨터/충전케이블		
다이브컴퓨터			전원 어답터		
후드			이어폰		
부티					
레시가드			**6. 구급 약품**		
다이빙장갑			처방약 및 처방전		
핀			영양제		
다이빙칼			멀미약		
SMB(소시지)			안약		
SMB용 릴			귀약		
다이빙라이트			일회용 밴드		
라이트용 배터리/충전기			면봉		
카메라/하우징			상처용 연고제		
조류걸이Reef Hook			진통해열제		
호각 및 반사거울			설사약		
2. 백업장비 및 액세서리			**7. 일상 소품**		
백업 마스크			치약/치솔		
백업 라이트			기초화장품		
백업 컴퓨터			선블럭 크림		
백업 배터리 (라이트용)			선글라스		
백업 배터리 (카메라용)			모기약		
백업 배터리 (컴퓨터용)			면도기		
백업 배터리 (휴대폰용)			샴푸/린스		
백업 메모리카드 (카메라용)			손톱깍기		
마스크 Defog			시계		
실리콘 그리스			펜		
O-링 키트			기호식품/담배/라이터		
수리용 Tool					

	소요량	확인			소요량	확인
3. 여행 서류			8. 의류			
여권			내의, 양말			
항공권e-Ticket			셔츠/티셔츠			
호텔 바우처			바지/반바지			
리조트/리버보드 예약확인서			수영복			
C-Cards			슬리퍼/보트슈즈			
로그북			모자/선캡			
보험카드			바람막이/스웨터			
신용카드						
현금						
랑공사 카드						

출발전 확인사항

	소요량	확인			소요량	확인
전기제품 및 조명 전원차단			가스밸브 차단			
쓰레기, 세탁물 및 냉장고 정리			우편물 수거			
창문/출입문 단속			끝과금 등 예약이체			
휴대폰 및 백업 배터리 충전			환전			

필리핀 주요 골프장 목록

지역/위치	골프 코스	그린 피 : 페소 (주중/주말)	참고 사항
마닐라 인근 지역 마닐라 만달루용 카비테 케손시티 바탕가스	Club Intramuros	2,416/2,636	마닐라 시내, Par-3 중심
	Army Golf Course	1,138/1,534	9홀 군용 퍼블릭(육군)
	Navy Golf Course	1,900/2,400	18홀 군용 퍼블릭(해군)
	Vilamore Golf Club	1,607/2,067	18홀 군용 퍼블릭(공군)
	Wack Wack Golf & CC	3,800/5,800	36홀 퍼블릭
	Veterans Golf Club	1,607/2,607	18홀 퍼블릭
	Canlubang Golf & CC	3,975/6,725	45홀 회원제+퍼블릭
	Eagle Ridge(Greg Norman)	3,700/4,700	
	Sherwood Hills Golf & CC	3,500/4,600	18홀 회원제
	Manila Southwood(Masters)	2,370/3,970	18홀 회원제
	The Orchard Golf & CC	4,400/5,400	36홀
	The Riviera Golf Club	2,900/3,900	36홀
	Calilaya Springs Golf & CC	2,650/3,019	36홀 리조트 스타일
	Royal Northwood	2,950/3,280	18홀 리조트 스타일
	Ayala Greenfield Golf Club	2,000/3,000	
	Mount Maralayat Golf & CC		27홀 회원제
	Summit Point	3,180/4,280	18홀
	Splendido Taal Golf & CC	3,300/3,300	뛰어난 경관, 18홀 리조트
클라크 /수비크 만 지역	Subic Bay Golf & CC	3,000/3,500	18홀
	Air Force City Golf	600/600	9홀 군용 퍼블릭(공군)
	Mimosa Golf & CC	1,397/1,850	27홀 회원제
	Lakewood Golf & CC	1,900/2,200	18홀 회원제
	Royal Garden Golf & CC	3,640/4,400	18홀 리조트 스타일
	Luisita Golf & CC	2,500/3,050	18홀
푸에르토갈레라	Ponderosa Golf Course		9홀 퍼블릭
세부/막탄 지역	Alta Vista Golf & CC	4,200/6,180	
	Cebu International Golf & Resort	4,175/4,175	
	Mactan Island Golf Club	2,810/5,010	18홀 퍼블릭
두마게테	Angtay Golf & CC	2,000/2,000	9홀 퍼블릭
다바오	Apo Golf & CC	2,262/2,485	
	Ranch Palos Verdes	1,994/3,068	18홀 퍼블릭
데오로	Pueblo De Oro Golf & CC	2,000/3,000	
푸에르토프린세사	Western Command GC	600/600	9홀 군용 퍼블릭

세계 베스트 다이빙 사이트

구분	순위	사이트	비고
마크로 다이빙^{Macro}	1 2 3 4 5	인도네시아 렘베 해협^{Lembeh Strait} 남부 호주^{South Australia} 인도네시아 코모도^{Komodo} 필리핀 루손 아닐라오^{Anilao} 태국 안다만 해^{Andaman Sea}	
월 다이빙^{Wall}	1 2 3 4 5	미크로네시아 팔라우^{Palau} 피지^{Fiji} 이집트 남홍해 브라더섬^{Brothers Island} 말레이시아 시파단^{Sipadan} 파푸아뉴기니^{Papua New Guinea}	
렉 다이빙^{Wreck}	1 2 3 4 5	미크로네시아 트루크^{Truk} 미크로네시아 팔라우^{Palau} 이집트 북홍해 샤름 엘 셰이크^{Sharm El Sheikh} 솔로몬 제도^{Solomon Islands} 필리핀 팔라완 코론^{Coron}	
비치 다이빙^{Shore}	1 2 3 4 5	인도네시아 발리 툴람벤^{Tulamben} 이집트 북홍해^{Northern Red Sea} 인도네시아 와카토비^{Wakatobi} 몰디브^{Maldives} 서부 호주^{Western Australia}	USS Liberty Wreck 다합 블루 홀
대형 어류^{Big Animals}	1 2 3 4 5	에콰도르 갈라파고스 제도^{Galapagos Islands} 미크로네시아 얍^{Yap} 코스타리카 코코스섬^{Cocos Island} 필리핀 세부 모알보알^{Moalboal} 몰디브^{Maldives}	고래상어, 해머헤드 만타레이 고래상어, 해머헤드 고래상어, 환도상어 만타레이
최고의 시야^{Best Visibility}	1 2 3 4 5	프랑스령 폴리네시아 타히티^{Tahiti} 미크로네시아 팔라우^{Palau} 피지^{Fiji} 몰디브^{Maldives} 인도네시아 라자암팟^{Raja Ampat}	
해양 환경^{Marine Environment}	1 2 3 4 5	인도네시아 라자암팟^{Raja Ampat} 미크로네시아 팔라우^{Palau} 인도네시아 렘베 해협^{Lembeh Strait} 멕시코 소코로 섬^{Socoro Island} 에콰도르 갈라파고스 제도^{Galapagos Islands}	
수중 사진^{Underwater Photography}	1 2 3 4 5	인도네시아 라자암팟^{Raja Ampat} 인도네시아 렘베 해협^{Lembeh Strait} 에콰도르 갈라파고스 제도^{Galapagos Island} 필리핀 술루해 투바타하^{Tubbataha} 몰디브^{Maldives}	

구분	순위	사이트	비고
상급자 다이버Advanced Diving	1	에콰도르 갈라파고스 제도Galapagos Island	
	2	미크로네시아 추크Chuuk	
	3	코스타리카 코코스 섬Cocos Island	
	4	프랑스령 폴리네시아 타히티Tahiti	
	5	뉴질랜드 푸어나이츠 군도Poor Knights Islands	
초보 다이버Beginner Diving	1	호주 대보초Great Barrier Reef	
	2	이집트 북홍해 샤름 엘 셰이크Sharm El Sheikh	
	3	프랑스령 폴리네시아 타히티Tahiti	
	4	필리핀 루손 아닐라오Anilao	
	5	몰디브Maldives	
종합 순위(국가)	1	인도네시아	
	2	몰디브	
	3	갈라파고스(에콰도르)	
	4	팔라우	
	5	호주	
	6	필리핀	
	7	코코스 섬(코스타리카)	
	8	피지	
	9	홍해(이집트)	
	10	프랑스령 폴리네시아	

찾아보기

사진 목록

그림 목록

지도 목록

표 목록

사진 목록

PART 1 사진 1	비사야 모알보알의 페스카도르 섬	12
PART 1 사진 2	루손 북부 바기오의 산악 지대 마을	12
PART 1 사진 3	민다나오 다바오의 한 리조트 해변	12
PART 1 사진 4	루손 남부 비콜의 마욘 화산	12
사진 1-1	라모스 전 대통령과 필자	23
사진 1-2	필리핀 어디를 가든 볼 수 있는 천주교 성당	26
사진 1-3	필리핀의 대표적인 맥주인 산미구엘	35
사진 1-4	마닐라 파사이에 있는 리조트월드마닐라 카지노	40
사진 1-5	필리핀 주요 화폐의 도안(신권)	44
사진 1-6	필리핀에서 송금할 때 자주 이용하는 '웨스턴유니언' 점포	46
사진 1-7	코론 지역에 있는 한 병원	52
사진 1-8	DAN의 다이버 보험 카드	59
사진 1-9	마닐라의 택시	64
사진 1-10	흰색의 쿠폰제 마닐라 공항 택시	66
사진 1-11	노란색의 미터제 마닐라 공항 택시	66
사진 1-12	필리핀의 명물이자 대표적인 대중 교통수단인 지프니	69
사진 1-13	필리핀의 트라이시클	71
사진 1-14	필리핀의 택배업체 LBC	74
PART 2 사진 1	모알보알의 아네모네피시	81
PART 2 사진 2	아닐라오의 거북이	81
PART 2 사진 3	오슬롭의 고래상어	81
PART 2 사진 4	코론 올림피아마루의 라이언피시	81
사진 2-1	아닐라오 지역의 한 다이브 리조트	83
사진 2-2	필리핀의 전형적인 다이빙 보트 '방카'	84
사진 2-3	장비를 보트에 옮기는 현지인 스텝	85
사진 2-4	오픈 워터 다이버 실습 과정	90

사진 2-5	오픈 워터 다이버 라이선스SSI	91
사진 2-6	필리핀 공항의 수하물 운반용 트레일러	96
Step 1	지퍼백을 이용한 소품 정리	101
Step 2	부티는 핀 속에 넣는다	101
Step 3	안전 소품은 BCD 주머니에 넣는다	101
Step 4	의류는 말아서 정리한다	101
Step 5	롤러백 바닥 공간을 의류로 채운다	102
Step 6	핀을 롤러백 양쪽에 세워 넣는다	102
Step 7	BCD를 가방 바닥에 놓는다	102
Step 8	BCD 위에 호흡기를 배치한다	102
Step 9	의류와 소품을 배치한다	103
Step 10	맨 위를 웨트수트로 덮는다	103
Step 11	로그북 등은 외부 주머니에 넣는다	103
Step 12	가방의 중량을 체크한다	103
사진 2-7	하늘에서 내려다 본 마닐라 국제공항NAIA	105
사진 2-8	마닐라 국제공항 터미널3의 짐 찾는 곳	109
사진 2-9	마닐라 공항 3청사의 세부퍼시픽 체크인 카운터	117
사진 2-10	다이빙 직전의 브리핑	121
사진 2-11A	자이언트 스트라이드 방식의 입수 장면	122
사진 2-11B	백롤 방식의 입수 장면	122
사진 2-12	출수 직전 SMB를 띄우고 안전 정지를 하고 있는 다이버	123
사진 2-13	수중에서 SMB를 띄워 올릴 준비를 하는 다이버	127
사진 2-14	투바타하 리프에 정박 중인 리브어보드 보트M/V Stella Maris	128
사진 2-15	전형적인 리브어보드의 2인용 선실	132
사진 2-16	일반적인 리브어보드에서의 뷔페식 식사	134
사진 2-17	장비가 셋업된 리브어보드의 다이빙 덱	135
사진 2-18	다이빙 직전 스피드 보트에서 장비를 점검 중인 다이버	136

사진 3-1	아닐라오의 바다^{Eagle Point}	149
사진 3-2	아닐라오 마비니 지역의 다이브 리조트들	150
사진 3-3	아닐라오 '캐세드랄'의 수중 십자가	156
사진 3-4	아닐라오 '아서스 록'의 산호 지대	157
사진 3-5	아닐라오 '트윈 록'의 잭피시 떼	159
사진 3-6	아닐라오 '다딜 라웃'의 수중 철 구조물	159
사진 3-7	아닐라오 '세폭 월'의 갑오징어	161
사진 3-8	바다 쪽에서 바라본 수비크 만의 전경	165
사진 3-9	엘 캐피탄 선체에 나 있는 구멍	171
사진 3-10	골격만 남은 수비크 만의 '산 퀜틴' 렉	172
사진 3-11	수비크 만 'LST' 렉 진입 위치에 있는 가이드 헨리	173
사진 3-12	이집트 북홍해의 'Thistlegorm Wreck'	174
사진 3-13	팔라우의 일본 전투기 렉에서 다이빙을 즐기는 필자	176
사진 3-14	푸에르토갈레라 사방 비치 전경	177
사진 3-15	사방 비치 'Garden of Eden' 레스토랑	180
사진 3-16	바탕가스와 사방 비치를 연결하는 방카	182
사진 3-17	사방 비치 '알마 제인 렉'의 선창에서 올라오는 다이버들	185
사진 3-18	사방 비치의 '사방 렉'	186
사진 3-19	사방 비치 '웨스트 에스카르시오'의 명물 전기조개	188
사진 3-20	사방 비치 '홀 인 더 월'의 구멍을 통과하는 다이버	189
사진 3-21	사방 비치 '캐니언'에서 바위를 붙잡고 강한 조류를 버티고 있는 다이버	190
사진 3-22	사방 비치 '시난디간 월'의 다양한 갯민숭달팽이들	191
사진 3-23	돈솔의 'Tourist Center'	195
사진 3-24	돈솔의 '비통 리조트'에 있는 고래상어 모형	199
사진 3-25	돈솔 Tourist Center 건너편에 있는 '비콜 다이브 센터'	199
사진 3-26	돈솔에서 가장 인기 있는 '바라쿠다' 레스토랑	201
사진 3-27	돈솔로 가는 관문인 레가스피 공항	202

사진 3-28	돈솔 산미구엘 섬의 직벽에 붙은 연산호	206
사진 3-29	돈솔 만타 보울에서 접근하는 만타레이를 환영하는 다이버	207
사진 3-30	바다의 거대한 신사 고래상어	211
사진 3-31	필자가 사용하는 조류걸이	215
사진 4-1	이집트 북홍해 샤름 엘 셰이크의 '아네모네 리프'	225
사진 4-2	석양이 지는 모알보알의 파나그사마 비치	227
사진 4-3	모알보알 '페스카도르 섬'의 고래상어와 다이버	231
사진 4-4	모알보알의 정어리 떼와 이를 쫓는 참치들	232
사진 4-5	모알보알 '돌핀 하우스'의 거북이	235
사진 4-6	갈라파고스 다윈에서 조우한 엄청난 크기의 고래상어	239
사진 4-7	보홀의 명물인 초콜릿 힐	241
사진 4-8	로복강 크루즈 도중의 현지인 공연	242
사진 4-9	보홀로 들어가는 관문인 타그빌라란 공항	243
사진 4-10	보홀 '나팔링'의 아름다운 리프	247
사진 4-11	발리카삭 섬의 잭피시 떼	248
사진 4-12	두마게테 다윈 지역의 한 다이브 리조트	251
사진 4-13	두마게테 '타콧'의 물고기 떼	254
사진 4-14	두마게테 '산미구엘 포인트'의 해마	255
사진 4-15	독특한 무늬를 가지고 있는 만다린피시	258
사진 4-16	두마게테 '아포 섬'의 산호초 군락지	260
사진 4-17	말라파스쿠아 '모나드 숄'에서 입수를 준비 중인 다이버	267
사진 4-18	말라파스쿠아 '모나드 숄'에 나타난 두 마리의 환도상어	269
사진 4-19	말라파스쿠아 '모나드 숄'에서 환도상어를 기다리는 다이버들	270
사진 4-20	말라파스쿠아 '가토 섬'의 바다뱀	272
사진 4-21	만타레이	276
사진 4-22	백사장이 있는 보라카이 해변	277
사진 4-23	보라카이 스테이션2 비치에 위치한 한 다이브 리조트 Watercolors Boracay Dive Resort	279

사진 4-24	보라카이 '프라이데이 록'에서 다이버에게 몰려드는 물고기 떼	282
사진 4-25	보라카이 '카미아 렉'의 터줏대감인 Red Bass	283
사진 4-26	보라카이 '로렐 섬'의 산호초 군락	284
사진 4-27	인도네시아 발리 툴람벤의 'USS Liberty Wreck'	287
사진 5-1	바다에서 바라본 코론 타운 전경	292
사진 5-2	코론만 '세븐 아일랜드' 일대의 모습	293
사진 5-3	코론 공용 부두 바로 옆에 있는 'Sea Dive Resort'	296
사진 5-4	'헬다이버 바'에 전시되어 있는 헬다이버 폭격기의 프로펠러	297
사진 5-5	코론 시장 입구에 있는 'Food Trip' 식당	297
사진 5-6	코론의 관문인 부수앙가 공항	299
사진 5-7	코론 '올림피아 마루'의 외부 모습	301
사진 5-8	코론 '고교 마루' 다이빙을 마치고 안전 정지 중인 필자	302
사진 5-9	코론 '이라코' 렉 탐사를 위한 내부 구조 브리핑	305
사진 5-10	코론 '이스트 탕갓' 야간 다이빙에서 발견한 해마	307
사진 5-11	코론 섬의 '바라쿠다 레이크'로 올라가는 사다리 길	308
사진 5-12	코론 섬의 '바라쿠다 레이크' 전경	309
사진 5-13	아름다운 엘니도의 모습	315
사진 5-14	엘니도 '딜루마카드 섬'의 버팔로피시	320
사진 5-15	엘니도 '마틴 록'의 협곡을 통과하고 있는 필자	321
사진 5-16	엘니도 '사우스 미니록'의 양배추 산호 군락	322
사진 5-17	팔라우의 블루 코너	324
사진 5-18	말레이시아 시파단의 바라쿠다 포인트	325
사진 5-19	아포 리프에 떠 있는 방카 리브어보드	326
사진 5-20	푸에르토갈레라에서 출항하는 RAGS II 리브어보드	332
사진 5-21	아포 리프의 아포 섬	334
사진 5-22	아포 리프 '사우스웨스트 포인트'의 마블레이	335
사진 5-23	아포 리프 '사우스 포인트'의 버팔로피시 떼	336

사진 5-24	아포 리프 '아포29'의 바라쿠다 떼	338
사진 5-25	아포 리프 '메노르 섬'에서 잠자는 상어들에게 접근하는 다이버	339
사진 5-26	아포 리프 '노스 월'의 나폴레옹 놀래기	340
사진 5-27	아포 리프 동쪽 '샤크 리지'의 화이트팁 상어	341
사진 5-28	갈라파고스 다윈에서 바위를 붙잡고 조류를 버티고 있는 다이버	345
사진 5-29	투바타하 리프 위에 떠 있는 레인저 스테이션	347
사진 5-30	푸에르토프린세사 공항	350
사진 5-31	투바타하 '델산 렉'의 스위트립	351
사진 5-32	투바타하 '블랙 록'의 화이트팁 상어	352
사진 5-33	투바타하 '말레이 렉'을 살펴보는 다이버	352
사진 5-34	투바타하 '워싱 머신'에서 만타레이를 촬영 중인 러시아 여성 다이버	352
사진 5-35	투바타하 '라이트하우스'의 리프와 거북이	353
사진 6-1	다바오 사말 섬에서 자리 잡은 호프 고레이 리조트	365
사진 6-2	다바오 '판다원 월' 양배추 산호 속의 스톤피시	368
사진 6-3	다바오 '리노수탄 코랄 가든'의 다양한 산호들	370
사진 6-4	다바오에서의 프라이비트 다이빙 중 휴식을 위해 상륙한 섬의 모습	373

지도 목차

지도 1-1	필리핀 위치	15
지도 1-2	필리핀의 3개 지역	16
지도 2-1	필리핀의 다이빙 지역	144
지도 3-1	루손 및 민도로 지역 주요 다이브 사이트	147
지도 3-2	아닐라오 다이브 사이트	154
지도 3-3	수비크 만 다이브 사이트	169
지도 3-4	푸에르토갈레라/사방 비치 다이빙 사이트	184
지도 3-5	베르데 섬 다이브 포인트	193
지도 3-6	돈솔 다이브 사이트	204

지도 4-1	비사야 지역 주요 다이브 사이트	217
지도 4-2	세부 및 막탄 다이브 사이트	221
지도 4-3	모알보알 다이브 사이트	230
지도 4-4	보홀 다이브 사이트	244
지도 4-5	두마게테 다이브 사이트	253
지도 4-6	두마게테 아포 섬 다이브 포인트	269
지도 4-7	말라파스쿠아 다이브 사이트	268
지도 4-8	보라카이 다이브 사이트	282
지도 5-1	팔라완 및 술루해 지역 주요 다이브 사이트	289
지도 5-2	코론 만 다이브 사이트	300
지도 5-3	엘니도 다이브 사이트	319
지도 5-4	아포 리프의 위치	328
지도 5-5	투바타하 국립 공원의 위치	346
지도 6-1	민다나오 지역 다이브 사이트	357
지도 6-2	카미긴 다이브 사이트	361
지도 6-3	다바오 다이브 사이트	369

그림 목차

그림 1-1	필리핀의 국기 'Three Stars and Sun'	18
그림 2-1	마닐라 공항 Map	113
그림 4-1	수중 지형 1 : 리프, 슬로프, 월, 드롭오프	262
그림 4-2	수중 지형 2 : 해저산, 구릉, 협곡, 고원, 피너클	263

표 목차

표 1-1	마닐라와 세부의 월별 평균 기온	31
표 3-1	아닐라오 지역 다이브 센터/다이브 리조트	151
표 3-2	수비크 만 지역 다이브 센터/다이브 리조트	167

표 3-3	사방 비치 지역 다이브 센터/다이브 리조트	179
표 3-4	돈솔 지역 다이브 센터/다이브 리조트	198
표 4-1	막탄 지역 다이브 센터/다이브 리조트	220
표 4-2	모알보알 지역 다이브 센터/다이브 리조트	228
표 4-3	보홀 지역 다이브 센터/다이브 리조트	241
표 4-4	두마게테 지역 다이브 센터/다이브 리조트	251
표 4-5	말라파스쿠아 지역 다이브 센터/다이브 리조트	265
표 4-6	보라카이 지역 다이브 센터/다이브 리조트	279
표 5-1	코론 지역 다이브 센터/다이브 리조트	296
표 5-2	엘니도 지역 다이브 센터/다이브 리조트	316
표 6-1	카미긴 지역 다이브 센터/다이브 리조트	360
표 6-2	다바오 지역 다이브 센터	365
표 6-3	사말 섬 지역 주요 리조트	366

초판 1쇄 인쇄일 2014년 06월 16일
초판 1쇄 발행일 2014년 06월 20일

지은이 박승안
펴낸이 김양수
표지·본문디자인 이정은

펴낸곳 도서출판 맑은샘
출판등록 제2012-000035
주소 경기도 고양시 일산서구 중앙로 1456(주엽동) 서현프라자 604호
대표전화 031.906.5006 팩스 031.906.5079
이메일 okbook1234@naver.com
홈페이지 www.booksam.co.kr

ISBN 978-89-98374-67-9 (03910)

「이 도서의 국립중앙도서관 출판시도서목록(CIP)은 서지정보유통지원 시스템 홈페이지(http://seoji.nl.go.kr)와 국가자료공동목록시스템(http://www.nl.go.kr/kolisnet)에서 이용하실 수 있습니다.(CIP제어번호: CIP2014018064)」